KB106697

독자의 **1초**를 아껴주는 정성!

—

세상이 아무리 바쁘게 돌아가더라도

책까지 아무렇게나 빨리 만들 수는 없습니다.

인스턴트 식품 같은 책보다는

오래 익힌 술이나 장맛이 밴 책을 만들고 싶습니다.

길벗이지톡은 독자여러분이 우리를 믿는다고 할 때 가장 행복합니다.

나를 아껴주는 어학도서, 길벗이지톡의 책을 만나보십시오.

독자의 1초를 아껴주는 정성을 만나보십시오.

미리 책을 읽고 따라해본 2만 베타테스터 여러분과 무따기 체험단, 길벗스쿨 엄마 2% 기획단,

시나공 평가단, 토익 배틀, 대학생 기자단까지!

믿을 수 있는 책을 함께 만들어주신 독자 여러분께 감사드립니다.

(주)도서출판 길벗 www.gilbut.co.kr

길벗 이지톡 www.gilbut.co.kr

길벗 스쿨 www.gilbutschool.co.kr

1권 | 0001-0500 문장

최대현 저

네이티브는 쉬운 일본어로 말한다 – 1000문장 편
The Native Japanese Speaks Easily – 1000 Sentences

초판 발행 · 2017년 6월 20일
초판 8쇄 발행 · 2024년 5월 20일

지은이 · 최대현
발행인 · 이종원
발행처 · (주)도서출판 길벗
브랜드 · 길벗이지톡
출판사 등록일 · 1990년 12월 24일
주소 · 서울시 마포구 월드컵로 10길 56(서교동)
대표 전화 · 02)332-0931 | **팩스** · 02)323-0586
홈페이지 · www.gilbut.co.kr | **이메일** · eztok@gilbut.co.kr

기획 및 책임 편집 · 오윤희(tahiti01@gilbut.co.kr), 이민경 | **디자인** · 최주연 | **제작** · 이준호, 손일순, 이진혁
마케팅 · 이수미, 장봉석, 최소영 | **유통혁신** · 한준희 | **영업관리** · 심선숙 | **독자지원** · 윤정아

편집진행 및 교정 · 정선영 | **전산편집** · 수(秀)디자인 | **오디오 녹음 및 편집** · 와이알미디어
CTP 출력 및 인쇄 · 예림인쇄 | **제본** · 예림바인딩

• 길벗이지톡은 길벗출판사의 성인어학서 출판 브랜드입니다.
• 잘못 만든 책은 구입한 서점에서 바꿔 드립니다.
• 이 책은 저작권법에 따라 보호받는 저작물이므로 무단전재와 무단복제를 금합니다.
  이 책의 전부 또는 일부를 이용하려면 반드시 사전에 저작권자와 (주)도서출판 길벗의 서면 동의를 받아야 합니다.
• 책 내용에 대한 문의는 길벗 홈페이지(www.gilbut.co.kr) 고객센터에 올려 주세요.

ISBN 979-11-5924-114-7 03730
(길벗 도서번호 300883)

이 도서의 국립중앙도서관 출판사도서목록(CIP)은 서지정보유통시스템 홈페이지(http://seoji.nl.go.kr)와
국가자료공동목록시스템(http://www.nl.go.kr/kolisnet)에서 이용하실 수 있습니다. (CIP제어번호: CIP2017011621)

© 최대현, 2017

정가 16,000**원**

독자의 1초까지 아껴주는 정성 길벗출판사

(주)도서출판 길벗 | IT교육서, IT단행본, 경제경영서, 어학&실용서, 인문교양서, 자녀교육서 www.gilbut.co.kr
길벗스쿨 | 국어학습, 수학학습, 어린이교양, 주니어 어학학습, 학습단행본 www.gilbutschool.co.kr

페이스북 · www.facebook.com/gilbuteztok
네이버 포스트 · http://post.naver.com/gilbuteztok
유튜브 · https://www.youtube.com/gilbuteztok

머리말

쉽고 재미있게!
20년 '스크린 일어' 강의의 결정체!
나를 바꿀 1000문장!

오랫동안 일본어 강의를 진행하면서 안타깝게 여겼던 점은 학습자들이 어학을 즐기지 못하고 진지한 공부로 대하고 있다는 사실이었습니다. 기존의 교과서 중심의 공부와 딱딱한 시험 위주의 학습으로는 쉽게 지칠 뿐만 아니라 실력 향상도 더디기만 합니다.
잘 듣고 잘 말하면 되는 언어의 가장 기본적인 특성이 무시된 채 일방통행식 학습법으로는 진정한 실력자로의 꿈을 이루는 것이 결코 쉽지는 않다는 생각을 하게 됩니다.
일본어로 힘들어하고 흥미를 잃어 슬럼프에 빠져 있는 수많은 학습자들에게 도움이 될 수 있는 최고의 일본어 실력 향상의 길은 바로 살아있는 회화체 표현 중심의 학습으로 즐겁게 공부하는 것이라고 자신 있게 말할 수 있습니다.

일본 드라마 속의 꿀 표현들을 모두 담았다!

국내 최초로 학원에 '스크린 일어' 수업을 개설한 후 최고 인기 강좌로 수많은 수강생을 배출한 지도 벌써 20년이 훌쩍 지났습니다. 그사이 엄청난 자료가 쌓이고 수만 개의 알짜 표현들을 차곡차곡 데이터화했습니다. 그중에서도 이것만은 꼭 알았으면 하는, 꼭 알아야만 하는 중요 표현 1000개 문장을 엄선하여 한 권의 책으로 만들게 되었습니다. 일본어 공부의 목적은 드라마가 아니지만, 드라마 속에는 여러분이 목표로 삼은 '일본어 회화 실력 향상'을 가장 빠르고 재미있게 충족시킬 수 있는 매력과 장점이 많습니다. 학원 강의를 통하여 완성시킨 기적의 시스템을 책 속에 전부 담기는 어렵지만 엄선된 문장과 설명, 그리고 함께 제공되는 mp3 녹음파일로 최대한의 효과를 거둘 수 있을 거라고 자신합니다.

생생한 회화체 표현만을 고집한 오랜 현장 강의와 연구!

언어는 '생물'입니다. 지금 이 시간에도 수많은 단어들과 표현들이 새롭게 생겨나기도 하고 사용하지 않는 단어나 표현은 자취를 감추고 사라지기도 합니다. 이러한 언어의 습성 때문에 학습자들은 교재 및 학습서 선택에 매우 애를 먹습니다.

저는 지난 20년 동안 '일본 드라마 전문 현장 강의'를 해왔습니다. 책자로 만든 드라마 대본은 200여 편이 넘고, 일본어 문형 및 표현을 체계적으로 정리한 수업 프린트도 셀 수 없이 많습니다. 이렇게 막대한 양을 강의해 오면서 얻게 된 중요한 결론은 바로 일본인들이 사용하는 일본어가 실제로는 결코 어렵지 않다는 것이었습니다.

쉽고 간단한 단어나 표현만으로도 여러분이 원하는 필요충분조건을 모두 채울 수 있다는 확신이 들었습니다. 정작 일본인들이 일상에서 사용하는 표현이 의외로 쉽고 간단한 표현들의 조합일 뿐이라는 것은 오랜 강의를 통한 커다란 결실입니다.

공부는 많이 한 사람보다 즐겁게 한 사람이 더 잘한다!

즐거운 마음으로 일본어를 공부해 보세요! 특히 외국어 공부는 무조건 즐거워야 합니다. 즐거움을 느끼지 못하면 끝까지 공부를 이어나갈 수 없기 때문입니다.

일본어 문장을 크게 소리를 내어 읽어 보세요! 굳이 외울 필요도 없습니다. 여러 번 읽다 보면 외워지게 됩니다. 여러분 자신이 드라마 속의 주인공이 되었다고 상상하면서 감정을 듬뿍 넣어 읽는 방법도 참 좋습니다.

기적은 생각했던 것보다 매우 가까이에서 다가옵니다. 즐겁게 공부하는 습관만 몸에 익히게 된다면 1000문장은 머릿속에서 자연스럽게 외워져 있을 거라고 믿습니다. 이 책을 끝까지 성실하게 학습해 나간다면 일본어를 전공하는 학생이나 일본 유학생을 능가할 만한 실력을 만들어내는 것도 결코 어렵지 않습니다.

『네이티브는 쉬운 일본어로 말한다 1000 문장편』이 여러분의 일본어 공부에 커다란 전환점이 되는 기회가 되기를 진심으로 바라고, 수많은 일본어 학습서들 속에서 우뚝 뽐내는 여러분만의 인생템이 될 수 있었으면 좋겠습니다.

2017년 5월

최대현

하루 5분, 5문장 일본어 습관을 만드세요!

부담 없이 하루에 5문장 정도만 읽어 보세요. 매일매일의 습관이 일본어 실력을 만듭니다!

1단계 출근길 1분 30초 **일본어 표현을 보고 어떤 의미인지 생각해 보세요.**

한 페이지에 5문장의 일본어 표현이 정리되어 있습니다. 문장 아래 단어 뜻을 참고하여, 어떤 의미인지 생각해 보세요. 다음 페이지에서 뜻을 확인하고, 맞히지 못했다면 오른쪽 상단 체크 박스에 표시한 후 다음 문장으로 넘어 가세요.

2단계 이동 시 짬짬이 2분 **mp3 파일을 들으며 따라 해 보세요.**

mp3 파일에 녹음된 원어민 성우의 음성을 듣고 큰 소리로 따라 해 봅니다. 한자를 보고 발음이 생각나지 않는다면, 한자 위의 읽는 음을 보고 읽어 보세요. 표현을 쓸 상황을 상상하며 감정을 살려 연습하면, 실제 상황에서도 자신 있게 말할 수 있습니다.

3단계 퇴근길 1분 30초 **체크된 표현을 중심으로 한 번 더 확인하세요.**

미리 체크해 놓은 문장을 중심으로 앞 페이지에서는 일본어를 보며 우리말 뜻을 떠올려 보고, 뒤 페이지에서는 우리말 해석을 보고 일본어 문장을 5초 이내로 바로 말할 수 있다면 성공입니다!

망각방지 복습법

매일매일 일본어 습관을 들이는 것과 함께 꼭 신경 써야 할 한 가지가 있습니다. 인간은 망각의 동물! 채워 넣을 것이 수없이 많은 복잡한 머릿속에서 입에 익숙치 않은 일본어 문장은 1순위로 빠져나가겠지요. 그러니 자신 있게 외웠다고 넘어간 표현들도 하루만 지나면 절반 이상 잊어버립니다.

1단계 망각방지장치 ❶

10일에 한 번씩, 50문장을 공부한 후 복습에 들어갑니다. 통문장을 외워서 말해야 한다는 부담 없이, 핵심 키워드만 비워 놓아 가볍게 기억을 떠올려 볼 수 있습니다. 문장을 완성하지 못했다면, 체크하고 다시 앞으로 돌아가 한 번 더 복습합니다.

2단계 망각방지장치 ❷

20일에 한 번씩, 100문장을 복습할 수 있도록 10개의 대화문을 넣었습니다. 우리말 해석 부분을 일본어 표현으로 바꿔 말해 보세요. 네이티브들이 쓰는 생생한 대화로 복습하면, 앞에서 배운 문장을 실제로 어떻게 써먹을 수 있는지 감이 확실히 잡힐 거예요.

이 책의 구성

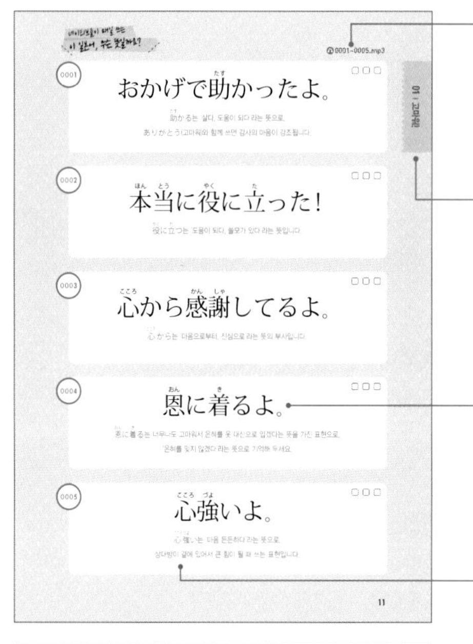

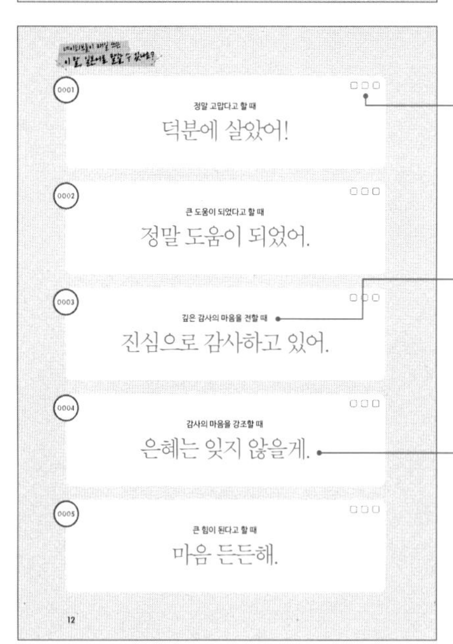

mp3 파일

해당 페이지를 공부할 수 있는 mp3 파일입니다. 우리말 해석과 일본어 문장을 모두 녹음하고, 원어민 남녀 성우가 각각 한 번씩 읽었습니다.

소주제

5개의 문장은 연관 없는 낱개의 문장이 아닙니다. 다섯 문장이 하나의 주제로 연결되어 있어, 하나의 문장만 기억나도 연관된 문장이 줄줄이 연상되도록 구성했습니다.

일본어 문장

한 페이지에 5개의 문장을 넣었습니다. 일본인이 자주 쓰는 표현 중에서 초중급자에게도 어렵지 않은 단어로 된 문장만 뽑았습니다.

단어

일본어 표현을 보고 어떤 뜻인지 감이 오지 않는다면, 간단히 정리한 단어를 참고하세요.

체크 박스

우리말 해석을 보면서 앞 페이지의 일본어 표현이 떠오르지 않는다면 체크하세요. 복습할 때 체크한 문장 위주로 학습합니다.

상황 설명

어떤 상황에서 주로 활용할 수 있는 표현인지 간단하지만 '확!' 와 닿게 설명했습니다. 상황을 떠올리며 일본어 표현을 연습해 보세요.

우리말 해석

일본어 바로 뒤 페이지에 해석을 넣었습니다. 일본어 문장의 뜻과 뉘앙스를 100% 살려, 가장 자연스러운 우리말로 해석했습니다. 우리말을 보고 일본어가 바로 나올 수 있게 연습하세요!

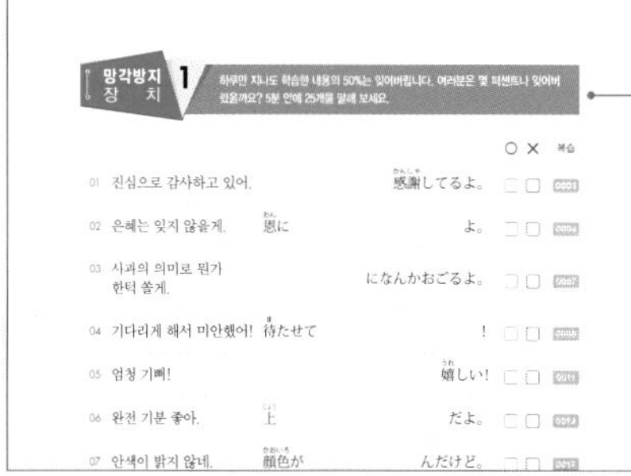

망각방지 장치 1 하루만 지나도 학습한 내용의 50%는 잊어버립니다. 여러분은 몇 퍼센트나 잊어버렸을까요? 5분 안에 25개를 말해 보세요.

			○	×	복습
01	진심으로 감사하고 있어.	感謝してるよ。			
02	은혜는 잊지 않을게.	恩に　よ。			
03	사과의 의미로 뭔가 한턱 쏠게.	になんかおごるよ。			
04	기다리게 해서 미안했어!	待たせて　!			
05	엄청 기뻐!	嬉しい!			
06	완전 기분 좋아.	上　だよ。			
07	안색이 밝지 않네.	顔色が　んだけど。			

확인학습 망각방지장치 ❶

표현 50개마다 문장을 복습할 수 있는 연습문제를 넣었습니다. 빈칸에 알맞은 말을 넣어 5초 이내에 문장을 말해 보세요. 틀린 문장은 오른쪽 표현 번호를 참고해, 그 표현이 나온 페이지로 돌아가서 다시 한번 확인하고 넘어 가세요.

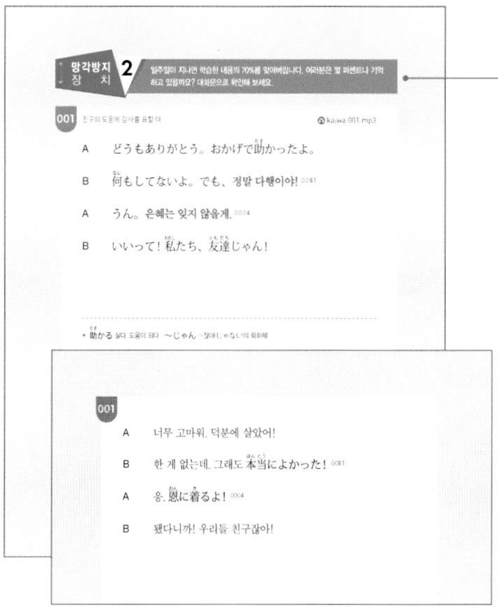

망각방지 장치 2 일주일이 지나면 학습한 내용의 70%를 잊어버립니다. 여러분은 몇 퍼센트나 기억하고 있을까요? 대화문으로 확인해 보세요.

001 친구의 도움에 감사를 표할 때 kaiwa 001.mp3

A どうもありがとう。おかげで助かったよ。

B 何もしてないよ。でも、정말 다행이야! 0081

A うん。은혜는 잊지 않을게. 0004

B いいって！私たち、友達じゃん！

• 助かる 살다, 도움이 되다 ～じゃん ~잖아(じゃない의 회화체)

001

A 너무 고마워. 덕분에 살았어!

B 한 게 없는데. 그래도 本当によかった！0081

A 응. 恩に着るよ！0004

B 됐다니까! 우리들 친구잖아!

확인학습 망각방지장치 ❷

책에 나오는 문장들이 실생활에서 정말 쓰는 표현인지 궁금하다고요? 표현 100개를 배울 때마다, 표현을 활용할 수 있는 대화문 10개를 넣었습니다. 대화 상황 속에서 우리말 부분을 일본어로 바꿔 말해 보세요. 뒤 페이지에서 정답과 해석을 바로바로 확인할 수 있습니다.

mp3 파일 활용법

책에 수록된 모든 문장은 일본인 베테랑 성우의 목소리로 직접 녹음했습니다. 오디오만 들어도 이 책의 모든 문장을 외울 수 있도록, 일본어 문장뿐 아니라 우리말 해석까지 녹음했습니다. 한 페이지에 나오는 5개의 문장을 하나의 mp3 파일로 묶어, 모르는 부분을 쉽게 찾아 들을 수 있습니다. 일본어 문장이 입에 착! 붙을 때까지 여러 번 듣고 따라 하세요. mp3 파일은 길벗이지톡 홈페이지(www.eztok.co.kr)에서 무료로 다운로드 받거나, 각 Part가 시작하는 부분의 QR코드를 스캔해 스마트폰에서 바로 들을 수 있습니다.

1단계 **그냥 들으세요!** 우리말 해석 ➡ 일본어 문장 2회 (남/여)

2단계 **일본어로 말해 보세요!** 우리말 해석 ➡ 답하는 시간 ➡ 일본어 문장 1회

차례

1권

2권

Part
1

네이티브가 감정·상태를 나타낼 때 자주 쓰는 표현 100

우리가 느낄 수 있는 다양한 감정이나 기분, 상황 등을
제대로 상대방에게 전달하는 것이야말로
진정한 일본어 실력을 가늠할 수 있는 척도가 되기도 합니다.
의외로 쉬운 표현이지만 우리가 미처 몰랐던 꿀 표현들을
엄선하여 모았습니다. 감정이나 상태를 나타내는 표현은
굳이 어려운 단어를 쓰지 않고 쉬운 한 마디 표현으로도 전달할 수 있답니다.

01 고마워! 02 미안해! 03 기뻐! 04 우울해! 05 슬퍼! 06 깜짝이야! 07 부러워!
08 감동이야! 09 피곤해! 10 힘들어! 11 오해하지 마! 12 흥분했어! 13 화났어! 14 침착해!
15 겁먹지 마! 16 어이가 없네! 17 다행이야! 18 유감이네! 19 잘 될 거야! 20 기운 내!

0001~0005.mp3

0001

おかげで助(たす)かったよ。

助(たす)かる는 '살다, 도움이 되다'라는 뜻으로,

ありがとう(고마워)와 함께 쓰면 감사의 마음이 강조됩니다.

0002

本当(ほんとう)に役(やく)に立(た)った！

役(やく)に立(た)つ는 '도움이 되다, 쓸모가 있다'라는 뜻입니다.

0003

心(こころ)から感謝(かんしゃ)してるよ。

心(こころ)から는 '마음으로부터, 진심으로'라는 뜻의 부사입니다.

心からありがとう！(진심으로 고마워!)라는 표현도 알아 두세요.

0004

恩(おん)に着(き)るよ。

恩(おん)に着(き)る는 너무나도 고마워서 은혜를 옷 대신으로 입겠다는 뜻을 가진 표현으로,

'은혜를 잊지 않겠다'라는 뜻으로 기억해 두세요.

0005

心強(こころづよ)いよ。

心強(こころづよ)い는 '마음 든든하다'라는 뜻으로,

상대방이 곁에 있어서 큰 힘이 될 때 쓰는 표현입니다.

0001

정말 고맙다고 할 때

덕분에 살았어!

0002

큰 도움이 되었다고 할 때

정말 도움이 되었어.

0003

깊은 감사의 마음을 전할 때

진심으로 감사하고 있어.

0004

감사의 마음을 강조할 때

은혜는 잊지 않을게.

0005

큰 힘이 된다고 할 때

마음 든든해.

0006~0010.mp3

0006

申し訳(もうわけ)ないね。

申し訳(もうわけ)ない는 '죄송하다'라는 뜻으로,
정중히 사과하려면 申し訳(もうわけ)ありません 또는 申し訳(もうわけ)ございません이라고 합니다.

0007

お詫(わ)びになんかおごるよ。

詫(わ)びる는 '사죄하다'라는 뜻으로, 謝(あやま)る(사과하다)보다 정중한 표현입니다.
おごる는 '(밥, 술 등을) 한턱내다, 쏘다'라는 뜻입니다.

0008

待(ま)たせてすまなかった！

すまない는 '미안하다'라는 뜻으로, 정중하게 말하려면 すみません을 쓰면 됩니다.

0009

面倒(めんどう)かけて、ごめんね。

面倒(めんどう)をかける는 '폐를 끼치다, 귀찮게 하다'라는 뜻입니다.
面倒(めんどう) 대신에 迷惑(めいわく)(폐, 민폐)로 바꾸어도 뜻은 같습니다.

0010

今度(こんど)、埋(う)め合(あ)わせするよ。

埋(う)め合(あ)わせ는 '벌충, 보충'이라는 뜻입니다.
먼저 자리를 뜨거나 약속을 어기는 등 잘못한 부분을 메꾸기 위해 대접할 때 씁니다.

0006

정중하게 사과할 때

죄송하네.

0007

진심을 담아 사과하는 의미로

사과의 의미로 뭔가 한턱 쏠게.

0008

약속시간에 늦었을 때

기다리게 해서 미안했어!

0009

번거롭고 귀찮은 일을 부탁할 때

귀찮게 해서 미안해.

0010

잘못한 부분을 벌충해야 할 때

다음에 한턱 쏠게.

0011

めっちゃ嬉(うれ)しい!

めっちゃ는 '아주, 몹시, 엄청'이라는 뜻입니다.

응용해서 めっちゃかわいい！라고 하면 '엄청 귀여워!'라는 뜻이지요.

0012

上機嫌(じょうきげん)だよ。

機嫌(きげん)은 '기분, 심기'라는 뜻으로,

上機嫌(じょうきげん)은 '좋은 기분'이라는 뜻이고, 不機嫌(ふきげん)은 '안 좋은 기분'이라는 뜻입니다.

0013

天(てん)にも登(のぼ)る心地(ここち)なの。

心地(ここち)는 '기분'이라는 뜻으로, 気分(きぶん)(기분)과 같은 뜻입니다.

이 표현은 숙어처럼 통째로 외워 두세요.

0014

まるでお祭(まつ)り気分(きぶん)だな。

まるで는 '마치'라는 뜻이고, お祭(まつ)り는 '축제'라는 뜻입니다.

お祭(まつ)り気分(きぶん)은 축제를 하는 것처럼 '기쁘고 신나는 기분'이라는 뜻이지요.

0015

やった!

やった는 직역하면 '했다'라는 뜻인데, 기쁠 때 감탄사처럼 쓰이기도 합니다.

'신난다!, 앗싸!, 나이스!, 이겼다!, 붙었다!, 해냈다!' 등 다양하게 해석되는 만능 표현입니다.

0011

기분이 아주 좋을 때

엄청 기뻐!

0012

좋은 기분을 나타낼 때

완전 기분 좋아.

0013

기뻐서 어쩔 줄 모를 때

하늘에라도 오를 것 같은 기분이야.

0014

축제 분위기일 때

마치 축제 기분이야.

0015

좋은 일이 생겼을 때

신난다!

0016~0020.mp3

0016

なんか気分(きぶん)が冴(さ)えないね。

冴(さ)えるは '맑고 깨끗하다, 선명하다'라는 뜻입니다.
부정형인 冴(さ)えないは '울적하다, 시원찮다, 꿀꿀하다'로 해석하면 됩니다.

0017

顔色(かおいろ)が冴(さ)えないんだけど。

표정이 밝은 사람에게는 朝(あさ)から冴(さ)えてるね(아침부터 얼굴이 활짝 폈네)라고 합니다.

0018

浮(う)かぬ顔(かお)をしてるよね。

浮(う)くは '(표면에) 뜨다, (마음이) 들뜨다'라는 뜻입니다.
浮(う)かぬ顔(かお)는 걱정거리가 많아서 가라앉은 '우울한 얼굴 표정'을 나타내지요.

0019

ちょっとブルー入(はい)ってるね。

ブルーが入(はい)るは 실망하여 풀이 죽은 모습을 나타내는 말입니다.
ブルー는 영어 blue(우울하다)에서 온 말이에요.

0020

今日(きょう)、ご機嫌(きげん)斜(なな)めだね。

ご機嫌斜(きげんなな)めは 직역하면 '기분이 경사진' 즉, '저기압'이라는 뜻입니다.
機嫌(きげん)が悪(わる)い(기분이 나쁘다)도 같은 뜻의 숙어이므로 기억해 두세요.

0016

울적한 기분일 때

왠지 기분이 꿀꿀하네.

0017

표정이 밝지 않은 사람을 보았을 때

안색이 밝지 않네.

0018

시무룩한 얼굴을 하고 있을 때

우울한 얼굴을 하고 있네.

0019

풀이 죽은 모습을 하고 있을 때

왠지 우울해 보여.

0020

기분이 상해있을 때

오늘 저기압이네.

0021~0025.mp3

0021

思(おも)いっきり泣(な)いたよ。

思(おも)いっきり는 '마음껏, 실컷'이라는 뜻의 부사입니다.
뒤에는 보통 遊(あそ)ぶ(놀다), 飲(の)む(마시다), 楽(たの)しむ(즐기다) 등의 동사가 와요.

0022

やれやれ!

やれやれ는 낙담하거나 탄식할 때 내뱉는 말로,
'아 이것 참, 이런 이런, 아이고 맙소사' 등으로 해석하면 자연스럽습니다.

0023

やけくそだ!

やけ는 '자포자기'라는 뜻으로, やけくそ는 やけ를 강조한 말입니다.
참고로 やけ酒(ざけ)는 자포자기하여 마시는 '홧술'이라는 뜻이에요.

0024

ぶわっと涙(なみだ)が出(で)ちゃった!

ぶわっと는 '왈칵'이라는 뜻으로, わっと 또는 どっと를 강조한 말입니다.

0025

ひどい目(め)に遭(あ)ったよ。

ひどい目(め)に遭(あ)う는 '심한 꼴을 당하다'라는 뜻으로,
우리말로는 '호되게 당하다, 혼쭐나다'라고 해석하면 자연스러워요.

0021

울고 싶은 만큼 울었을 때

실컷 울었어.

0022

좌절하거나 탄식할 때

아이고 맙소사!

0023

자포자기하여 낙담할 때

될 대로 되라지!

0024

울음보가 터졌을 때

왈칵 눈물이 나와 버렸어.

0025

심한 꼴을 당했다고 할 때

혼쭐났어.

0026~0030.mp3

0026

びっくりした！

びっくりする는 '깜짝 놀라다'라는 뜻입니다.
바꿔 쓸 수 있는 驚く(おどろく)(놀라다)보다 놀란 정도가 강해요.

0027

びっくりさせないで！

びっくりさせる는 '깜짝 놀라게 하다'라는 뜻으로, 驚(おどろ)かす와 같은 뜻입니다.

0028

ドキッとしたね。

ドキッと는 '덜컥'이라는 뜻으로, 갑자기 놀라서 가슴이 뛰는 모양을 나타내는 말입니다.
참고로 '몰래 카메라'를 どっきりカメラ라고 하지요.

0029

開(あ)いた口(くち)が塞(ふさ)がらないね。

직역하면 '(너무 놀라서) 열린 입이 다물어지지 않는다'라는 뜻의 표현입니다.
塞(ふさ)がる는 '닫히다, 막히다'라는 뜻이에요.

0030

鳥肌(とりはだ)が立(た)ったよ。

鳥肌(とりはだ)는 '닭살, 소름'이라는 뜻이고, 立(た)つ는 '서다, 일어나다'라는 뜻입니다.
보통 의역하여 '소름이 돋다'라고 해석해요.

0026

갑작스럽게 깜짝 놀랐을 때

깜짝 놀랐어!

0027

깜짝 놀라서 정신이 없을 때

깜짝 놀라게 하지 마!

0028

갑자기 놀라서 가슴이 두근거릴 때

깜짝 놀랐네.

0029

기가 막혀 말이 안 나올 때

어이가 없어 말이 안 나오네.

0030

소름이 끼쳤을 때

소름이 돋았어.

0031~0035.mp3

いいなあ！

뒤에 うらやましい(부럽다)를 넣어서 함께 사용하는 경우도 많아요.

0032

やいてるの？

やく는 やきもちを焼(や)く를 줄인 말로 '질투하다'라는 뜻입니다.
嫉妬(しっと)する(질투하다)도 같은 뜻이므로 함께 알아두세요.

0033

やきもち焼(や)きだね。

やきもち는 '질투'라는 뜻이고, やきもち焼(や)き는 '질투심이 많은 사람'이라는 뜻입니다.

0034

妬(や)けるね。

妬(や)ける는 '질투 나다, 샘나다'라는 뜻입니다.

0035

隣(となり)の花(はな)は赤(あか)い！

직역하면 '이웃집 꽃은 빨갛다'라는 뜻으로,
우리말 속담인 '남의 떡이 커 보인다'와 같은 뜻의 표현입니다.

0031

상대방이 부러울 때

좋겠다!

0032

질투의 시선이 느껴질 때

질투하는 거야?

0033

질투심이 많은 사람이라고 할 때

질투심이 많구나.

0034

질투나 시샘이 날 때

샘이 나네.

0035

남의 것이 더 좋아 보일 때

남의 떡이 더 커 보여!

0036~0040.mp3

□ □ □

泣(な)けるね。

泣(な)けるは '매우 감동하여 자꾸 눈물이 나오다'라는 뜻입니다.
도움을 받아서 기쁠 때도 자주 씁니다.

□ □ □

痺(しび)れる！

痺(しび)れるは '마비되다'라는 뜻인데, 여기에서는 '온몸이 마비될 정도로 전율을 느끼다'라는 뜻입니다.
노래나 연주, 공연 등을 보고 느낀 감동을 나타내는 표현이에요.

0038

□ □ □

やばいな！

やばいは '위험하다'라는 뜻이지만 칭찬할 때도 쓰는 말입니다.
예를 들어 음식이 맛있거나 경치가 멋질 때 긍정적인 의미로 쓰지요.

0039

□ □ □

言葉(ことば)も出(で)ない！

너무 감동하여 무슨 말을 해야 할지 모를 때 쓰는 표현으로,
感動(かんどう)した(감동했어)도 같은 뜻이므로 함께 알아두세요.

0040

□ □ □

半端(はんぱ)じゃないよ。

半端(はんぱ)じゃないは 직역하면 '반쪽이 아니다'라는 뜻이지만,
'완벽하다, 엄청나다'라는 뜻으로 칭찬할 때 자주 쓰지요.

0036

감동을 받았을 때

눈물 나네.

0037

너무 멋져서 감동했을 때

소름 돋네!

0038

매력적인 뭔가에 반할 때

멋지군!

0039

너무 감동하여 말문이 막혔을 때

말도 안 나오네!

0040

정말 멋지다고 칭찬할 때

끝내줘!

0041

あ～、疲(つか)れた！

疲(つか)れる는 '피곤하다, 지치다'라는 뜻입니다.
현재형을 써서 疲(つか)れる！라고 해도 좋아요.

0042

くたびれちゃった！

くたびれる는 '몸 전체가 지치다'라는 뜻입니다.
疲(つか)れる보다 훨씬 강조된 표현입니다.

0043

もうくたくただよ。

くたくた는 너무 피곤해서 온몸의 힘이 다 빠진 녹초 상태를 나타내는 말입니다.
비슷한 표현인 ヘロヘロ도 함께 알아두세요.

0044

一(ひと)眠(ねむ)りしなくちゃ！

一眠(ひとねむ)りする는 '한숨 자다'라는 뜻이고, ~しなくちゃ는 '~해야겠다, ~해야지'라는 뜻입니다.

0045

頭(あたま)がくらくらする！

くらくらする는 현기증이 나는 모양을 나타내는 말로, '어질어질하다'라는 뜻입니다.
참고로 '현기증이 나다'는 目眩(めまい)がする라고도 하므로 함께 알아두세요.

0041

지치고 피곤할 때

아~, 피곤해!

0042

기진맥진하여 힘이 다 빠졌을 때

온몸이 지쳤어!

0043

정말 지쳐 버렸을 때

완전 녹초야!

0044

피곤해서 눈이 감길 때

한숨 자야겠어.

0045

과로나 수면 부족 등으로 현기증이 날 때

머리가 어질어질해!

0046~0050.mp3

しんどいよ。

しんどい는 '(육체적으로)피곤을 느끼다'라는 뜻으로, '힘들다, 지치다'라고 해석하면 무난합니다.

0047

最近(さいきん)、ろくなことがない。

ろくなこと는 '제대로 된 일, 변변한 일'이라는 뜻으로, 안 좋은 일만 연달아 일어날 때 씁니다.

0048

ついてない！

ついてる는 '운/재수가 좋다'라는 뜻이고, ついてない는 '운/재수가 나쁘다'라는 뜻입니다.

0049

縁起悪(えんぎわる)い！

縁起(えんぎ)는 '재수, 운수'라는 뜻입니다.
縁起(えんぎ)でもないこと、言(い)わないで(재수 없는 소리 하지 마!)라는 표현도 함께 알아두세요.

0050

生(い)きることって、大変(たいへん)だな。

～って는 '~라는 것은'이라는 뜻으로, 앞에 오는 말을 설명할 때 씁니다.
大変(たいへん)だ는 '힘들다, 큰일이다'라는 뜻입니다.

0046

힘들고 지칠 때

힘들어!

0047

되는 일이 없을 때

요새 되는 일이 없어.

0048

일이 잘 안 풀릴 때

운이 안 좋아!

0049

뭔가 불길한 느낌이 들 때

느낌이 불길해!

0050

산다는 것이 쉽지 않을 때

사는 게 힘드네.

망각방지 장치 1

하루만 지나도 학습한 내용의 50%는 잊어버립니다. 여러분은 몇 퍼센트나 잊어버렸을까요? 5분 안에 25개를 말해 보세요.

			○	✕	복습
01	진심으로 감사하고 있어.	＿＿＿ 感謝(かんしゃ)してるよ。	□	□	0003
02	은혜는 잊지 않을게.	恩(おん)に ＿＿＿ よ。	□	□	0004
03	사과의 의미로 뭔가 한턱 쏠게.	＿＿＿ になんかおごるよ。	□	□	0007
04	기다리게 해서 미안했어!	待(ま)たせて ＿＿＿ !	□	□	0008
05	엄청 기뻐!	＿＿＿ 嬉(うれ)しい!	□	□	0011
06	완전 기분 좋아.	上(じょう) ＿＿＿ だよ。	□	□	0012
07	안색이 밝지 않네.	顔色(かおいろ)が ＿＿＿ んだけど。	□	□	0017
08	오늘 저기압이네.	今日(きょう)、ご機嫌(きげん) ＿＿＿ だね。	□	□	0020
09	실컷 울었어.	＿＿＿ 泣(な)いたよ。	□	□	0021
10	혼쭐났어.	＿＿＿ 目(め)に遭(あ)ったよ。	□	□	0025
11	깜짝 놀랐어!	＿＿＿ した!	□	□	0026
12	어이가 없어 말이 안 나오네.	開(あ)いた口(くち)が ＿＿＿ ね。	□	□	0029
13	소름이 돋았어.	鳥肌(とりはだ)が ＿＿＿ よ。	□	□	0030

정답 01 心(こころ)から 02 着(き)る 03 お詫(わ)び 04 すまなかった 05 めっちゃ 06 機嫌(きげん) 07 冴(さ)えない 08 斜(なな)め 09 思(おも)いっきり 10 ひどい 11 びっくり 12 塞(ふさ)がらない 13 立(た)った

			○	✕	복습
14	질투심이 많구나.	やきもち ＿＿＿ だね。	☐	☐	0033
15	샘이 나네.	＿＿＿ ね。	☐	☐	0034
16	말도 안 나오네!	＿＿＿ も出(で)ない!	☐	☐	0039
17	끝내줘!	＿＿＿ じゃないよ。	☐	☐	0040
18	아~, 피곤해!	あ〜、＿＿＿ !	☐	☐	0041
19	완전 녹초야!	もう ＿＿＿ だよ。	☐	☐	0043
20	한숨 자야겠어.	＿＿＿ しなくちゃ!	☐	☐	0044
21	머리가 어질어질해!	頭(あたま)が ＿＿＿ する!	☐	☐	0045
22	힘들어!	＿＿＿ よ。	☐	☐	0046
23	요새 되는 일이 없어.	最近(さいきん)、＿＿＿ なことがない。	☐	☐	0047
24	운이 안 좋아!	＿＿＿ ない!	☐	☐	0048
25	느낌이 불길해!	縁起(えんぎ) ＿＿＿ !	☐	☐	0049

맞은 개수: 25개 중 ＿＿＿ 개

당신은 그동안 ＿＿＿%를 잊어버렸습니다.

틀린 문장들은 다시 한번 보고 넘어가세요.

정답 14 焼(や)き 15 妬(や)ける 16 言葉(ことば) 17 半端(はんぱ) 18 疲(つか)れた 19 くたくた 20 一眠(ひとねむ)り 21 くらくら 22 しんどい 23 ろく 24 ついて 25 悪(わる)い

0051~0055.mp3

0051

悪く思うなよ。

悪く思う는 '나쁘게 생각하다, 언짢게 생각하다'라는 뜻입니다.

～な(～하지마)는 강하고 거친 금지표현으로, 주로 남자들이 씁니다.

0052

悪気はない！

悪気는 '나쁜 뜻, 악의'라는 뜻으로, 주로 ない(없다)와 함께 쓰는 경우가 많아요.

0053

気を悪くしないでね。

불쾌해하거나 기분 상하지 말라는 뜻의 표현으로,

悪く取らないでね(나쁘게 받아들이지 마!)도 비슷한 표현입니다.

0054

そんなつもりじゃなかった。

つもり는 '생각, 작정'이라는 뜻으로,

そんなつもりで言ってない(그럴 생각으로 말하지 않았어)도 비슷한 표현입니다.

0055

恨みっこなしだよ！

恨みっこ는 '서로가 원망함'이라는 뜻입니다.

なし는 ない(없다)의 명사형이지요.

0051

기분 나쁘게 생각하지 말라고 할 때

언짢게 생각하지 마!

0052

악의는 없다고 할 때

나쁜 뜻은 없어!

0053

나쁜 감정을 갖지 말라고 할 때

기분 나빠하지 마!

0054

본의 아니게 해를 끼쳤을 때

그럴 생각은 아니었어.

0055

어떤 결과에도 승복하라고 할 때

원망하기 없기야!

0056 □□□

取(と)り乱(みだ)したよ。

取(と)り乱(みだ)す는 '감정을 못 이기고 폭발하다'라는 뜻으로 이성을 잃었을 때 쓰는 표현이지요.

0057 □□□

カッカしないで!

カッカ는 원래 불이 활활 타오르는 모양을 나타내는 말로,
カッカする 대신에 興奮(こうふん)する(흥분하다)를 써도 좋아요.

0058 □□□

向(む)きになるなよ。

向(む)きになる는 '사소한 일에 금방 정색하고 대들다'라는 뜻입니다.
向(む)きになって怒(おこ)る는 '정색하고 화내다'라는 뜻이 되겠네요.

0059 □□□

そこまで言(い)う?

そこまで言(い)うことはない(그렇게까지 말할 필요는 없어)를 강조한 표현입니다.
주의할 점은 言(い)う의 끝음을 길게 발음해야 한다는 것입니다.

0060 □□□

ついカッとなって!

カッと는 '발끈, 울컥'이라는 뜻입니다.
충동적으로 행동한 이유를 말할 때 자주 쓰는 표현입니다.

0056

감정에 못 이겨 폭발했을 때

이성을 잃었어.

0057

갑자기 흥분해서 화를 낼 때

흥분하지 마!

0058

사소한 일에 흥분할 때

정색하지 마!

0059

심한 말을 들었을 때

그렇게 심한 말을!

0060

순간적으로 화가 나서 행동했을 때

그만 욱해서!

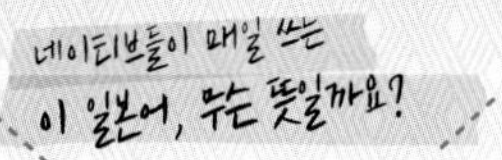

0061

むかつく！

むかつく는 '화가 나다'라는 뜻으로, 腹(はら)が立(た)つ와 바꿔 써도 됩니다.
'완전 열 받아!'라고 하려면 超(ちょう)むかつく！라고 하면 되지요.

0062

頭(あたま)に来(く)る！

頭(あたま)に来(く)る는 '몹시 화나다, 열 받다'라는 뜻의 관용표현입니다.
과거형인 頭(あたま)(に)来(き)た！라고 해도 좋아요.

0063

ばかにするな！

ばかにする는 '무시하다'라는 뜻으로, '무시당했다'는 ばかにされた라고 하면 됩니다.
또, ばかにしないで！라고 하면 여자가 써도 무난한 표현이 됩니다.

0064

もう耐(た)えられない！

耐(た)える는 '참다, 견디다, 버티다'라는 뜻으로,
더 이상은 참고 버티기 어려운 상황임을 판단했을 때 쓰는 표현입니다.

0065

逆(ぎゃく)ギレだね。

逆(ぎゃく)ギレ는 逆(ぎゃく)にキレる(도리어/거꾸로 화를 내다)의 명사형으로,
잘못한 쪽이 오히려 거꾸로 화를 내는 어이없는 상황일 때 씁니다.

0061

화가 나서 울컥할 때

열 받네!

0062

몹시 화가 났을 때

열 받았어!

0063

사사건건 바보 취급할 때

무시하지 마!

0064

참고 견디기 힘든 상황일 때

더는 못 참아!

0065

잘못한 쪽이 도리어 화를 낼 때

적반하장이네.

0066~0070.mp3

0066

落ち着いて！

落ち着くは '침착하다, 진정하다'라는 뜻입니다.
落ち着け！라고 하면 명령투가 되어 강한 뉘앙스가 됩니다.

0067

まあ、そう焦らずに！

焦るは '안달하다, 서두르다, 초조해하다'라는 뜻입니다.
~ずに(~하지 않고/말고)는 ~ないで와 같은 뜻으로 회화체 표현입니다.

0068

肩の力を抜いてね。

力を抜くは '힘을 빼다'라는 뜻입니다.
이 표현은 심각하게 생각하지 말라고 할 때 씁니다.

0069

いつも通りにやればいい！

앞에 緊張せずに(긴장하지 말고)를 붙여서 함께 쓰는 경우도 많습니다.

0070

気楽に行こう！

気楽に行くは '마음 편하게 가다/하다'라는 뜻입니다.
気楽にやろうよ(마음 편하게 하자)도 많이 쓰므로 함께 알아두세요.

0066

진정하라고 할 때

진정해!

0067

편하게 하라고 할 때

자, 그렇게 안달하지 말고!

0068

심각하게 생각하지 말라고 할 때

어깨 힘 좀 빼!

0069

긴장하지 말라고 할 때

평소대로 하면 돼!

0070

마음을 편하게 가지라고 할 때

마음 편하게 하자!

0071~0075.mp3

0071

意気地(いくじ)なし！

意気地(いくじ)는 '패기'라는 뜻으로,
意気地(いくじ)なし는 '패기가 없는 사람, 겁쟁이'라는 뜻입니다.

0072

弱虫(よわむし)だね。

虫(むし)는 '벌레'라는 뜻이지만 여기서는 '어떤 성향을 많이 가진 사람'을 뜻합니다.
비슷한 단어 조합으로 泣き虫(なきむし)(울보)라는 단어도 있어요.

0073

怖(こわ)がることない！

怖(こわ)がる는 '무서워하다'라는 뜻으로, 怖(こわ)い(무섭다)와 ～がる(~해하다)가 합쳐진 말이지요.

0074

びびるなよ。

びびる는 びくびくする의 준말로, '벌벌 떨다, 쫄다'라는 뜻입니다.

0075

気(き)が引(ひ)けるよ。

気(き)が引(ひ)ける는 '기가 죽다, 주눅이 들다, 열등감을 느끼다'라는 뜻입니다.

0071

패기가 없다고 할 때

겁쟁이!

0072

자신감 없는 사람에게

겁쟁이네.

0073

안심하라고 할 때

무서워할 거 없어!

0074

무서워서 벌벌 떠는 사람에게

쫄지 마!

0075

열등감으로 소극적이 될 때

주눅이 들어!

0076~0080.mp3

0076

呆(あき)れた！

呆(あき)れる는 '어이가 없다, 질리다, 기가 막히다'라는 뜻입니다.

0077

子供(こども)じゃあるまいし！

조동사 まい는 보통 ～じゃあるまいし(~도 아니고 말이지)의 형태로 씁니다.
あるまい는 ないだろう와 같은 뜻입니다.

0078

年甲斐(としがい)もなく！

年甲斐(としがい)는 '(나이에 맞는) 사려, 분별'이라는 뜻으로, '나잇값'이라고 해석하면 자연스러워요.

0079

青臭(あおくさ)いんだから。

青臭(あおくさ)い는 '풋내기 같다, 풋내가 난다'라는 뜻으로, 미숙한 행동을 비난할 때 쓰는 표현입니다.

0080

もうガキじゃない！

ガキ는 '어린애, 꼬맹이'라는 뜻으로, 주로 남자들이 쓰는 子供(こども)의 거친 말입니다.

0076

기가 막히거나 어이가 없을 때

어이가 없네!

0077

어린애처럼 유치하게 행동할 때

애도 아니고 말이지!

0078

나이에 걸맞는 행동을 하지 않을 때

나잇값도 못하고!

0079

행동을 어린애처럼 유치하게 할 때

유치하기는!

0080

이제 어린애가 아님을 알려줄 때

더 이상 어린애가 아니야!

0081~0085.mp3

0081

本当(ほんとう)によかった!

よかった는 '좋았다, 다행이다'라는 뜻으로, 다행인 상황일 때 가장 보편적으로 쓰는 표현입니다.

0082

危(あぶ)ないところだった。

~ところだった는 '(하마터면) ~할 뻔했다, ~할 참이었다'라는 뜻입니다.
문장 앞에 '하마터면'이라는 뜻의 부사 'あやうく'를 넣어도 됩니다.

0083

ほっとしたよ。

ほっとする는 '안심하다, 한숨 돌리다'라는 뜻으로, 安心(あんしん)する(안심하다)보다 넓은 의미입니다.

0084

不幸中(ふこうちゅう)の幸(さいわ)いだったね。

不幸中(ふこうちゅう)の幸(さいわ)い는 '불행 중 다행'이라는 뜻입니다.

0085

間一髪(かんいっぱつ)だった!

間一髪(かんいっぱつ)는 '간발, 간발의 차이'라는 뜻으로,
어떠한 일이 일어나는 매우 아슬아슬한 상태를 나타내는 표현입니다.

0081

다행인 상황이 되었을 때

정말 다행이야!

0082

위험할 뻔한 상황이었을 때

하마터면 큰일 날 뻔했어!

0083

안도하여 한숨 돌릴 때

안심했어!

0084

천만다행이라고 할 때

불행 중 다행이었네.

0085

간신히 살았다고 할 때

간발의 차이였어!

0086

残念(ざんねん)だな。

残念(ざんねん)だ는 '아쉽다, 유감스럽다, 안타깝다' 등의 다양한 뜻을 가진 말입니다.

0087

お気(き)の毒(どく)に！

気(き)の毒(どく)는 '딱함, 가여움, 불쌍함'이라는 뜻으로,
それはお気(き)の毒(どく)だね(그것 참 딱하네/가엾네)도 자주 쓰므로 기억해 두세요.

0088

かわいそうに！

かわいそうだ는 '가엾다, 불쌍하다'라는 뜻입니다.
かわいそうに는 残念(ざんねん)だね・お気(き)の毒(どく)に와 비슷한 뜻이므로 함께 알아두세요.

0089

おあいにくさま！

あいにく는 '공교롭게, 마침'이라는 뜻으로,
おあいにくさま는 상대방의 희망대로 되지 않은 상황에 대해 양해를 구할 때 씁니다.

0090

情(なさ)けないね。

情(なさ)けない는 '한심하다, 한심스럽다, 정 떨어진다'라는 뜻입니다.

0086

아쉽거나 유감스러울 때

아쉽네!

0087

슬픈 소식을 들었을 때

딱하게도! 가엾게도!

0088

상황이 가엾고 불쌍할 때

불쌍하게도!

0089

마침 좋지 않은 상황이 되었을 때

공교롭게도 안됐네!

0090

기가 막히고 한심해 보일 때

한심스럽네!

前向(まえむ)きに行(い)こう！

前向(まえむ)きには '적극적으로, 긍정적으로, 전향적으로'라는 뜻입니다.
반대말은 後(うし)ろ向(む)き(소극적, 부정적)라고 합니다.

ないよりましだね。

ましは '더 낫다'라는 뜻으로,
何(なに)もないよりはまし！(아무것도 없는 것보다는 나아!)도 함께 알아두세요.

0093

時(とき)が経(た)てば傷(きず)も癒(い)える！

직역하면 '시간이 지나면 상처도 아문다'라는 뜻으로, 癒(い)えるは '낫다, 아물다'라는 뜻입니다.
슬픔이나 괴로움, 고민 등이 사라진다는 뜻으로 쓰는 표현이지요.

0094

三度目(さんどめ)の正直(しょうじき)だよ。

직역하면 '세 번째의 정직'이라는 뜻으로,
두 번째까지의 도전이 실패했더라도 세 번째 도전에는 성공한다는 뜻의 속담입니다.

0095

きっとうまくいく！

うまくいくは '잘 되다'라는 뜻으로,
공부, 일, 시험, 시합 등의 다양한 상황에서 상대방을 격려할 때 쓰는 표현입니다.

0091

적극적으로 행동하라고 할 때

긍정적으로 가 보자!

0092

안 좋은 상황을 좋게 판단할 때

없는 것보다 낫네.

0093

시간이 지나면 해결된다는 뜻일 때

시간이 약이야.

0094

세 번째는 성공한다는 뜻으로

삼세판이야.

0095

상대방을 격려할 때

분명 잘 될 거야!

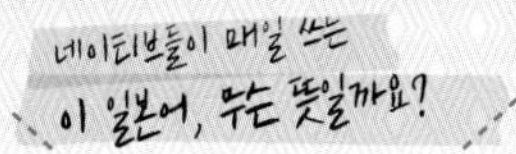

0096~0100.mp3

0096 □□□

ドンマイ！ドンマイ！

ドンマイ는 영어 Don't mind에서 온 말로, 보통 두 번 이어서 씁니다.

0097 □□□

げん き だ
元気、出して！

げん き だ
元気を出す는 '기운을 내다'라는 뜻입니다.
げん き で
참고로 元気が出る는 '기운이 나다'라는 뜻입니다.

0098 □□□

へこ あか い
凹むなよ。明るく行こうよ。

へこ
凹む는 '의기소침하다, 기가 죽다'라는 뜻으로,
お こ
落ち込む(우울해하다, 가라앉다, 침울해하다)도 비슷한 뜻이므로 함께 알아두세요.

0099 □□□

すこ が まん
もう少しの我慢だから。

が まん
我慢은 '참음, 견딤, 인내'라는 뜻으로,
조금만 더 고생하면 힘든 시기가 끝날 거라고 위로할 때 쓰는 표현입니다.

0100 □□□

ひと いき ふ ば
もう一息！踏ん張ろう！

ひといき ふ ば
一息는 '한숨, 한고비'라는 뜻이고, 踏ん張る는 '참고 버티다'라는 뜻입니다.
がん ば
頑張る(힘내다, 분발하다)의 강조 표현이므로 꼭 기억해 두세요.

0096

실수한 사람을 위로할 때

격정하지 마!

0097

기운 내라고 격려할 때

기운 내!

0098

기분이 울적한 사람을 위로할 때

기죽지 마! 밝게 가 보자!

0099

힘든 상황을 위로할 때

조금만 더 참자!

0100

조금만 더 버티자고 격려할 때

이제 한고비 남았어! 힘내자!

망각방지 장치 1

하루만 지나도 학습한 내용의 50%는 잊어버립니다. 여러분은 몇 퍼센트나 잊어버렸을까요? 5분 안에 25개를 말해 보세요.

			○	✕	복습
01	나쁜 뜻은 없어!	________はない!	□	□	0052
02	원망하기 없기야!	________っこなしだよ!	□	□	0055
03	흥분하지 마!	________しないで!	□	□	0057
04	정색하지 마!	________になるなよ。	□	□	0058
05	그렇게 심한 말을!	________言(い)う?	□	□	0059
06	그만 욱해서!	________カッとなって!	□	□	0060
07	열 받았어!	頭(あたま)に________!	□	□	0062
08	무시하지 마!	________にするな!	□	□	0063
09	적반하장이네.	逆(ぎゃく)________だね。	□	□	0065
10	자, 그렇게 안달하지 말고!	まあ、そう________ずに!	□	□	0067
11	어깨 힘 좀 빼!	肩(かた)の力(ちから)を________ね。	□	□	0068
12	마음 편하게 하자!	________に行(い)こう!	□	□	0070
13	겁쟁이!	________なし!	□	□	0071

정답 01 悪気(わるぎ) 02 恨(うら)み 03 カッカ 04 向(む)き 05 そこまで 06 つい 07 来(く)る 08 ばか 09 ギレ 10 焦(あせ)ら 11 抜(ぬ)いて 12 気楽(きらく) 13 意気地(いくじ)

			○	×	복습
14	무서워할 거 없어!	＿＿＿ことない！	□	□	0073
15	주눅이 들어!	気(き)が＿＿＿よ。	□	□	0075
16	애도 아니고 말이지!	子供(こども)じゃある＿＿＿！	□	□	0077
17	유치하기는!	＿＿＿んだから。	□	□	0079
18	안심했어!	＿＿＿したよ！	□	□	0083
19	불행 중 다행이었네.	不幸中(ふこうちゅう)の＿＿＿だったね。	□	□	0084
20	한심스럽네!	＿＿＿ね。	□	□	0090
21	긍정적으로 가 보자!	＿＿＿に行(い)こう！	□	□	0091
22	없는 것보다 낫네.	ないより＿＿＿だね。	□	□	0092
23	분명 잘 될 거야!	きっと＿＿＿いく！	□	□	0095
24	기운 내!	元気(げんき)、＿＿＿！	□	□	0097
25	이제 한고비 남았어! 힘내자!	もう＿＿＿！踏(ふ)ん張(ば)ろう！	□	□	0100

맞은 개수: 25개 중 ＿＿＿ 개

당신은 그동안 ＿＿＿%를 잊어버렸습니다.
틀린 문장들은 다시 한번 보고 넘어가세요.

정답 14 怖(こわ)がる 15 引(ひ)ける 16 まいし 17 青臭(あおくさ)い 18 ほっと 19 幸(さいわ)い 20 情(なさ)けない 21 前向(まえむ)き 22 まし 23 うまく 24 出(だ)して 25 一息(ひといき)

망각방지 장치 2

일주일이 지나면 학습한 내용의 70%를 잊어버립니다. 여러분은 몇 퍼센트나 기억하고 있을까요? 대화문으로 확인해 보세요.

001 친구의 도움에 감사를 표할 때

kaiwa 001.mp3

A　どうもありがとう。おかげで助(たす)かったよ。

B　何(なに)もしてないよ。でも、정말 다행이야! 0081

A　うん。은혜는 잊지 않을게. 0004

B　いいって! 私(わたし)たち、友達(ともだち)じゃん!

- 助(たす)かる 살다, 도움이 되다　～じゃん ～잖아(じゃない의 회화체)

002 취직을 앞둔 친구를 격려할 때

kaiwa 002.mp3

A　この間(あいだ)の資料(しりょう)はすごく役(やく)に立(た)ったよ。

B　よかったね、役(やく)に立(た)てて。분명히 잘 될 거야! 0095

A　いい友達(ともだち)がいて心強(こころづよ)いよ。

B　就職(しゅうしょく)まで 이제 한고비 남았어! 힘내자! 0100

- 役(やく)に立(た)つ 도움이 되다　心強(こころづよ)い 마음이 든든하다

001

A　너무 고마워. 덕분에 살았어!

B　한 게 없는데. 그래도 本当によかった！ 0081

A　응. 恩に着るよ！ 0004

B　됐다니까! 우리들 친구잖아!

002

A　요전 날 자료는 엄청 도움이 되었어.

B　다행이네, 도움이 될 수 있어서. きっとうまくいく！ 0095

A　좋은 친구가 있어서 마음이 든든해.

B　취직까지 もう一息！ 踏ん張ろう！ 0100

003 갑작스러운 용무로 먼저 자리를 뜰 때

kaiwa 003.mp3

A　ごめん。ちょっと急用を思い出しちゃって。

B　もう行く？ 아쉽네! 0086 せっかく会ったのに。

A　本当ごめん。다음에 한턱 쏠게. 0010

B　まあ、急用なら仕方ないね。

- 急用(きゅうよう) 급한 볼일　思い出す(おもいだす) 생각나다　仕方ない(しかたない) 어쩔 수 없다

004 피곤이 쌓였다고 할 때

kaiwa 004.mp3

A　大丈夫？ なんか顔色が悪いよ。

B　最近忙しくて、완전 녹초야! 0043

A　疲れが溜まってるのね。

B　そうみたい。사는 게 힘드네. 0050

- 疲れ(つかれ) 피곤　溜まる(たまる) 쌓이다

003

A 미안해! 좀 급한 볼일이 생각나서.

B 벌써 가는 거야? 残念だな。0086 모처럼 만났는데.

A 정말 미안해! 今度、埋め合わせするよ。0010

B 뭐, 급한 볼일이라면 어쩔 수 없지.

004

A 괜찮아? 왠지 안색이 안 좋아.

B 요즘 바빠서 もうくたくただよ。0043

A 피곤이 쌓였구나.

B 그런 것 같아. 生きることって、大変だな。0050

005 친구에게 생일선물을 건네줄 때

kaiwa 005.mp3

A　はい、これ。誕生日(たんじょうび)プレゼント！

B　ありがとう。やった！ 엄청 기뻐! 0011

A　前(まえ)から欲(ほ)しがってたんでしょう。

B　눈물 나네. 0036 やっぱり持(も)つべきものは友達(ともだち)なんだよ。

• やった 신난다, 해냈다, 앗싸　欲(ほ)しがる 갖고 싶어 하다　持(も)つべきものは友達(ともだち)だ 친구가 최고다

006 영화를 보고 감동을 받았을 때

kaiwa 006.mp3

A　『君(きみ)の名(な)は』、見(み)た？

B　もちろん見(み)たよ。映像美(えいぞうび)が 끝내줘! 0040

A　うん、きれいで 깜짝 놀랐어! 0026

B　久(ひさ)しぶりに感動(かんどう)したね。

005

A　자, 이것! 생일 선물이야.

B　고마워. 앗싸! めっちゃ嬉(うれ)しい! 0011

A　전부터 갖고 싶어 했었잖아.

B　泣(な)けるね。0036 역시 친구가 최고야.

006

A　『너의 이름은』, 봤어?

B　물론 봤지. 영상미가 半端(はんぱ)じゃないよ。0040

A　응, 예뻐서 びっくりした! 0026

B　오랜만에 감동했어.

007 서툰 운전 실력을 지적 받았을 때

kaiwa 007.mp3

A　ちゃんと運転して! 事故でも起こったら、まずいよ。

B　黙ってくれる？ 느낌이 불길해! 0049

A　冗談だよ。정색하지 마! 0058

B　変な冗談はやめてほしいわね。

- 黙る 잠자코 있다　～てほしい ~해 주길 바라다, ~해 주면 좋겠다

008 요즘 안 좋은 일이 일어난다고 할 때

kaiwa 008.mp3

A　遅くなってごめんね。電車に乗り遅れたのよ。

B　昨日も乗り過ごしたって言わなかった？

A　요새 되는 일이 없어. 0047

B　기운 내! 0097 いい時もあれば悪い時もあるよ。

- 電車に乗り遅れる 전철을 놓치다　乗り過ごす (내릴 정거장을) 지나치다

007

A　똑바로 좀 운전해! 사고라도 나면 곤란해.

B　잠자코 있어 줄래? 縁起悪い! 0049

A　농담이야. 向きになるなよ。 0058

B　이상한 농담은 그만해 주면 좋겠어.

008

A　늦어서 미안해. 전철을 놓쳤어.

B　어제도 내릴 정거장을 지나쳤다고 하지 않았어?

A　最近、ろくなことがない。 0047

B　元気、出して! 0097 좋을 때도 있고 나쁠 때도 있는 거야.

009 부모에게 의지하지 말라고 충고할 때

kaiwa 009.mp3

A　いつまでも親(おや)に甘(あま)ったれないで！

B　何(なん)だよ、その言(い)い方(かた)？ 무시하지 마! 0063

A　もう 애도 아니고 말이지! 0077

B　ほっといてよ。

- 甘(あま)ったれる 어리광부리다　ほっとく 내버려두다

010 친구가 갑자기 어지럽다고 할 때

kaiwa 010.mp3

A　あっ、머리가 어질어질해! 0045

B　おい、大丈夫(だいじょうぶ)？ しっかりして！

A　大丈夫(だいじょうぶ)だよ。ちょっと疲(つか)れただけだから。

B　깜짝 놀라게 하지 마! 0027 もう！

- しっかりする 정신 차리다

009

A　언제까지나 부모에게 어리광부리지 마!

B　뭐야? 그 말투? ばかにするな! 0063

A　더 이상 子供(こども)じゃあるまいし! 0077

B　내버려 둬.

010

A　앗! 頭(あたま)がくらくらする! 0045

B　어이! 괜찮아? 정신 차려!

A　괜찮아. 좀 피곤했을 뿐이니까.

B　びっくりさせないで! 0027 정말!

Part 2

네이티브가 입에 달고 사는 한마디 표현 100

일본 사람들이 평상시에 습관처럼 자주 쓰며
입에 달고 사는 한마디 표현들을 모았습니다.
예를 들어 '그건 내가 할 말이야, 짜증나, 해냈구나!, 끝내주네!,
대단해!' 등의 표현을 일본어로 어떻게 말하는지 배울 수 있습니다.
네이티브들이 입에 달고 사는 표현이므로 잘 외워서 사용한다면
일본어 실력이 대단한 사람으로 보여질 수 있습니다.

01 대단하네! 02 아주 잘했어! 03 정답이야! 04 진짜야! 05 힘내! 06 당연하지!
07 내가 있잖아! 08 신경 쓰지 마! 09 약해지지 마! 10 어쩔 수 없지! 11 말은 잘하네!
12 깜빡 실수했어! 13 서투르네! 14 조심해! 15 귀찮아! 16 한 번만 봐 줘!
17 진지하게 들어! 18 알아들었니? 19 잘 알고 있어! 20 도전해 볼까?

0101~0105.mp3

0101

やるね!

여기서의 やる는 '하다'가 아니라 '뭔가를 이루어내다'라는 뜻입니다.
의역하여 '대단하다, 멋지다'라고 해석해야 자연스러워요.

0102

ばっちり!

ばっちり는 생각대로 잘 되었을 때 쓰는 말로, '끝내준다, 완벽해'라고 해석하면 좋아요.

0103

感心(かんしん)するよ。

感心(かんしん)은 '감탄, 감동'이라는 뜻입니다. 주로 훌륭하거나 뛰어난 기량을 칭찬해 줄 때 씁니다.

0104

なかなか大(たい)したもんだ!

大(たい)した는 '대단한'이라는 뜻입니다. 여기서 ~もんだ는 감탄할 때 쓰는 표현이에요.
직역하면 '꽤 대단하구나.'가 됩니다.

0105

ただ者(もの)じゃないね。

ただ者(もの)는 '보통 사람, 여간내기'라는 뜻입니다. 상식을 뛰어넘는 실력자를 가리키는 말이지요.

0101

결과를 칭찬할 때

대단하네!

0102

최고라고 칭찬을 할 때

끝내주네!

0103

뛰어난 기량을 칭찬할 때

감탄했어!

0104

상대방의 능력을 인정할 때

꽤 하는데!

0105

능력을 인정하면서 치켜세울 때

보통내기가 아니네.

0106~0110.mp3

0106

偉(えら)いね！

偉(えら)いは '훌륭하다, 잘났다'라는 뜻입니다.

보통 손아랫사람을 칭찬할 때 '대견하다, 장하다'라는 뜻으로 씁니다.

0107

よく頑張(がんば)ったね。

頑張(がんば)るは '힘내다, 참다, 열심히 하다'라는 뜻입니다.

頑張(がんば)ってね(힘내, 열심히 해)도 자주 쓰는 표현이므로 함께 알아두세요.

0108

いい子(こ)！いい子(こ)！

いい子(こ)(좋은 아이)는 우리말로 '착하다'라고 의역하면 자연스러워요.

보통은 아이들을 쓰다듬어 주면서 칭찬할 때 쓰는 표현인데, 친구나 애완동물에게 쓰기도 합니다.

0109

よく思(おも)いついたな。

思(おも)いつくは '(아이디어 등이) 떠오르다, 생각해내다'라는 뜻입니다.

멋진 아이디어를 제안한 사람을 칭찬할 때 쓰지요.

0110

君(きみ)には適(かな)わないよ。

適(かな)うは '대적하다, 상대하다'라는 뜻으로, 자신보다 뛰어난 상대방의 능력을 인정할 때 씁니다.

0106

손아랫사람을 칭찬할 때

대견하네!

0107

잘 참았다고 격려할 때

잘 견뎌냈어.

0108

아이를 칭찬할 때

착하네! 착해!

0109

좋은 아이디어를 칭찬할 때

잘 생각해냈군.

0110

적수가 안 된다고 할 때

자네에게는 적수가 안 돼!

0111

当(あ)たり！

当(あ)たり는 '적중, 명중, 당첨'이라는 뜻으로, 상대방의 답이 맞았을 때 외치는 말입니다.
동사 当(あ)たる(들어맞다)의 명사형입니다.

0112

ピンポーン！

원래 뜻은 부저 소리인 '딩동댕'이지만 '정답'이라는 뜻으로도 씁니다.
뒤에 正解(せいかい)(정답)라는 말을 추가하여 말하기도 하지요.

0113

図星(ずぼし)だろう？

図星(ずぼし)는 원래 '과녁의 흑점에 적중함'이라는 뜻입니다.
정곡을 찔렀다고 할 때 자주 쓰는 회화체 표현이므로 꼭 외워두세요.

0114

やったね！おめでとう！

합격이나 승리 등 바라던 좋은 결과를 이루어내어 축하해 줄 때 쓰는 표현입니다.
やった는 やる의 과거형이지만 감탄사로도 쓰여요.

0115

外(はず)れだね。

外(はず)れ는 예상했던 것과 다를 때 쓰는 표현으로, '꽝, 빗나감, 벗어남'이라는 뜻입니다.
즉, 예상이나 기대 밖의 모든 결과를 뜻하지요. 강조하면 大外(おおはず)れ가 됩니다.

0111

정답을 맞혔을 때

정답!

0112

정답이라고 말할 때

정답이야!

0113

상대의 속마음을 정확히 간파했을 때

내 말이 맞지?

0114

좋은 결과를 이루어냈을 때

해냈구나! 축하해!

0115

예상했던 것과 어긋났을 때

예상 밖이네.

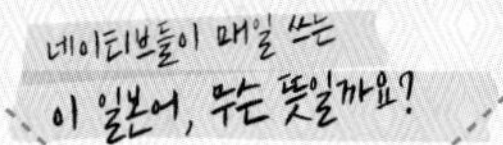

0116 ☐ ☐ ☐

本気(ほんき)だよ。

本気(ほんき)는 '진심, 속마음, 속내'라는 뜻입니다.
本気(ほんき)にする는 '정말이라고 믿다, 곧이듣다'라는 표현이에요.

0117 ☐ ☐ ☐

マジだよ。

マジ는 真面目(まじめ)(성실함, 진지함)에서 온 말로, 本当(ほんとう)(정말)나 本気(ほんき)(진심)의 회화체 표현입니다.

0118 ☐ ☐ ☐

本音(ほんね)だから。

本音(ほんね)는 '겉으로 보이지 않는 본심, 속마음'이라는 뜻입니다.
반대말인 '겉으로 보이는 행동, 방침'은 建前(たてまえ)라고 합니다.

0119 ☐ ☐ ☐

嘘(うそ)じゃないって!

문장 끝에 쓰는 ～って는 '~라니까'라는 뜻으로, 말하는 사람의 주장을 나타내는 표현입니다.

0120 ☐ ☐ ☐

嘘偽(うそいつわ)りない!

嘘(うそ)(거짓)와 偽(いつわ)り(거짓, 거짓말)가 같이 쓰여서 거짓의 뜻이 강조되었어요.

0116

속마음을 말할 때

진심이야.

0117

진심임을 강조할 때

진짜야.

0118

속마음을 털어놓을 때

본심이야.

0119

말이 사실임을 강조할 때

거짓말이 아니라니까!

0120

거짓이 없음을 더욱 강조할 때

전혀 거짓은 없어!

0121~0125.mp3

0121

頑張(がんば)れ！頑張(がんば)れ！

頑張(がんば)る(힘내다, 분발하다)의 명령형으로, 운동 경기에서 쓰는 대표적인 응원 구호입니다.

0122

行(い)け！行(い)け！

우리말의 '가자! 가자!' 또는 '아자! 아자!'에 해당하는 표현입니다.
보통 뒤에 ゴー！ゴー！(go! go!)를 함께 쓰는 경우가 많아요.

0123

ファイト！

우리말에서는 명사 파이팅(fighting)을 쓰지만, 일본어에서는 동사 ファイト(fight)를 씁니다

0124

ガッツだよ！ガッツ！

ガッツ는 영어 guts에서 온 말로, '근성, 담력, 끈기, 배짱' 등의 다양한 뜻으로 씁니다.
우리말로는 '힘내!'라고 해석하는 것이 자연스러워요.

0125

盛(も)り上(あ)がりましょう！

盛(も)り上(あ)がる는 '(분위기 등이) 고조되다'라는 뜻으로,
분위기를 살려서 신나게 즐기자고 할 때 쓰는 표현이지요.

0121

경기를 응원할 때

힘내라 힘!

0122

밀어붙이라고 할 때

아자! 아자!

0123

힘을 내라고 할 때

파이팅!

0124

근성을 보여 달라고 할 때

힘내! 힘내!

0125

분위기를 띄우려고 할 때

신나게 갑시다!

0126

決(き)まってるだろう！

決(き)まってる는 '당연하다, 뻔하다'라는 뜻으로,

'두말하면 잔소리'라는 뜻으로 알아두세요.

0127

当(あ)たり前(まえ)だよ。

当(あ)たり前(まえ)だ는 '당연하다'라는 뜻으로,

当然(とうぜん)だ 또는 もちろんだ로 바꿔 쓸 수도 있어요.

0128

はい、喜(よろこ)んで！

喜(よろこ)ぶ는 '기뻐하다, 즐거워하다'라는 뜻으로,

부탁이나 초대를 흔쾌히 기쁜 마음으로 받아들일 때 쓰는 표현입니다.

0129

言(い)うまでもない！

言(い)うまでもない는 직역하면 '(굳이) 말할 것까지도 없다'라는 뜻인데,

말할 필요도 없이 당연한 상황일 때 쓰는 표현입니다.

0130

お安(やす)いご用(よう)だよ。

お安(やす)いご用(よう)는 '쉬운 일, 간단한 일'이라는 뜻으로,

어렵지 않은 간단한 일이므로 문제없다고 대답할 때 씁니다.

0126

답이 정해져 있을 때

뻔하지!

0127

당연하다고 말할 때

당연하지!

0128

상대의 제안을 받아들일 때

네, 기꺼이!

0129

당연한 이야기라고 말할 때

두말하면 잔소리지!

0130

부탁을 흔쾌히 받아들일 때

문제없어!

0131~0135.mp3

0131

肩(かた)を持(も)つよ。

肩(かた)を持(も)つ는 '편들다, 지지하다, 두둔하다'라는 뜻입니다.

상대방의 어깨를 토닥이며 힘내라고 격려할 때 쓰는 표현이지요.

0132

いつも味方(みかた)だから。

味方(みかた)는 '자기 편, 아군'이라는 뜻이고, 味方(みかた)する는 '편들다, 지지하다'라는 뜻입니다.

0133

任(まか)せとけって!

任(まか)せとけって는 회화체 표현으로 任(まか)せておけって의 준말입니다.

문장 끝에 쓰인 ～って는 '~라니까'라는 뜻이에요.

0134

甘(あま)えていいよ。

甘(あま)える는 '어리광부리다'라는 뜻 외에 頼(たよ)る(의지하다)의 뜻으로 쓰는 경우도 많아요.

힘들 때는 의지해도 된다고 할 때 이 표현을 쓰면 좋습니다.

0135

フォローする!

フォローする는 영어 follow에서 온 말로, 手伝(てつだ)う(도와주다)의 뜻으로 쓰는 표현입니다.

ちょっとフォローして(좀 도와 줘)라는 표현도 함께 알아두세요.

0131

걱정하지 말라고 위안을 줄 때

내가 편들어 줄게.

0132

상대방을 지지한다고 할 때

언제나 네 편이야.

0133

상대방을 안심시킬 때

나한테 맡겨 두라니까!

0134

어리광부려도 된다고 할 때

의지해도 돼!

0135

도움을 주겠다고 말할 때

도와줄게!

0136~0140.mp3

0136

気(き)にしないで!

気(き)にする는 '신경 쓰다, 걱정하다'라는 뜻의 관용 표현입니다.

0137

心配(しんぱい)するなって!

心配(しんぱい)する는 '걱정하다'라는 뜻이고, 문장 끝의 ～な는 '～하지 마'라는 강한 금지 표현입니다.

별거 아니니까 마음 쓰지 말라고 할 때 쓰는 표현이지요.

0138

どうぞご心配(しんぱい)なく。

걱정하지 말라는 뜻으로 쓰는 전형적인 표현입니다.

더 정중하게 말하려면 どうぞご心配(しんぱい)なさらずに라고 합니다.

0139

どうぞおかまいなく。

構(かま)う는 '신경 쓰다, 돌보다'라는 뜻으로, 이 표현은 통째로 외워 두면 좋습니다.

0140

真(ま)に受(う)けちゃだめだよ。

真(ま)に受(う)ける는 '곧이듣다'라는 뜻입니다.

농담을 진담으로 받아들이지 말라고 할 때 씁니다.

0136

신경 쓰지 말라고 할 때

신경 쓰지 마!

0137

걱정하지 말라고 할 때

걱정하지 말라니까!

0138

걱정할 필요가 없다고 할 때

부디 걱정하지 말아요.

0139

마음 쓰지 말라고 할 때

부디 마음 쓰지 말아요.

0140

농담이니까 신경 쓰지 말라고 할 때

곧이곧대로 들으면 안 돼!

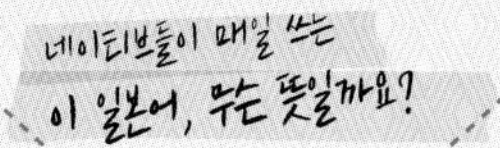

0141~0145.mp3

0141 □□□

落(お)ち込(こ)まないで！

落(お)ち込(こ)むは '의기소침하다, 풀이 죽다, 침울해하다'라는 뜻입니다.
落(お)ち込(こ)むなよ라는 표현도 같은 뜻이므로 함께 알아두세요.

0142 □□□

くじけないでね！

くじける는 '기가 죽다, 풀이 죽다'라는 뜻입니다.
일본에서 99세에 시집을 내고 유명해진 柴田(しばた)トヨ의 시집 제목이기도 합니다.

0143 □□□

怯(おび)えるな！

怯(おび)える는 '무서워하다, 두려워하다, 겁내다'라는 뜻입니다.
怯(おび)えることないよ(두려워할 거 없어)라는 표현도 함께 알아두세요.

0144 □□□

恐(おそ)れるな！

실패나 도전을 두려워하거나 무서워하지 말라고 격려할 때 씁니다.
失敗(しっぱい)を恐(おそ)れるな(실패를 두려워하지 마)라는 표현도 함께 알아두세요.

0145 □□□

くよくよするなよ。

くよくよする는 사소한 일로 한없이 걱정만 하고 있는 모양을 나타내는 말입니다.

0141

풀이 죽지 말라고 할 때

우울해하지 마!

0142

기가 꺾인 상황일 때

약해지지 마!

0143

두려움을 느끼고 있을 때

두려워하지 마!

0144

무서움을 느끼고 있을 때

무서워하지 마!

0145

계속 걱정만 하고 있을 때

끙끙 앓지 마!

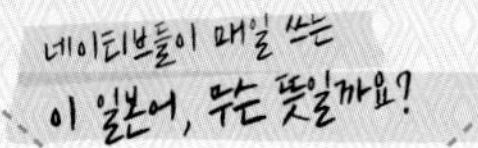

0146

しょうがない！

しょうがない는 '어쩔 수가 없다'라는 뜻으로, 더 이상 별다른 방법이 없다고 할 때 씁니다.
仕方(しかた)がない의 회화체 표현이지요.

0147

どうしようもないね。

しょうがない를 좀 더 강조한 표현입니다.
상황에 따라 '어쩔 수 없다, 속수무책이다, 구제불능이다' 등 다양한 뜻으로 쓰입니다.

0148

やむを得(え)ないだろう！

やむを得(え)ない는 '할 수 없다, 어쩔 수 없다'라는 뜻입니다.
やむを得(え)ない事情(じじょう)(부득이한 사정)도 자주 쓰는 표현이므로 알아두세요.

0149

もう打(う)つ手(て)がない！

여기서의 手(て)는 '수단, 방법'을 뜻하고, 打(う)つ手(て)는 手(て)を打(う)つ(손을 쓰다)의 명사형입니다.
'해결책'이라고 해석해도 자연스러워요.

0150

いつものことだよ。

いつものこと는 '늘 있는 일'이라는 뜻으로, いつも가 명사일 때는 '여느 때, 보통 때'라고 해석합니다.
よくあることだよ(자주 있는 일이야)로 바꿔 쓸 수 있어요.

0146

별다른 방법이 없을 때

어쩔 수가 없어!

0147

뾰족한 방법이 없을 때

어찌할 수도 없네.

0148

부득이한 상황일 때

어쩔 수 없잖아!

0149

다른 수단과 방법이 없을 때

더 이상 방법이 없어!

0150

일상적인 일이라고 할 때

늘 있는 일이야.

망각방지 장치 1

하루만 지나도 학습한 내용의 50%는 잊어버립니다. 여러분은 몇 퍼센트나 잊어버렸을까요? 5분 안에 25개를 말해 보세요.

				○	✕	복습
01	끝내주네!		!	□	□	0102
02	감탄했어!		するよ。	□	□	0103
03	잘 생각해냈군.	よく	な。	□	□	0109
04	내 말이 맞지?		だろう？	□	□	0113
05	진심이야.		だよ。	□	□	0116
06	거짓말이 아니라니까!		じゃないって！	□	□	0119
07	파이팅!		!	□	□	0123
08	뻔하지!		だろう！	□	□	0126
09	당연하지!		だよ。	□	□	0127
10	네, 기꺼이!	はい、	!	□	□	0128
11	두말하면 잔소리지!	言(い)う	ない！	□	□	0129
12	언제나 네 편이야.	いつも	だから。	□	□	0132
13	의지해도 돼!		いいよ。	□	□	0134

정답 01 ばっちり 02 感心(かんしん) 03 思(おも)いついた 04 図星(ずぼし) 05 本気(ほんき) 06 うそ 07 ファイト 08 決(き)まってる 09 当(あ)たり前(まえ) 10 喜(よろこ)んで 11 までも 12 味方(みかた) 13 甘(あま)えて

			○	×	복습
14	걱정하지 말라니까!	するなって!	☐	☐	0137
15	부디 마음 쓰지 말아요.	どうぞお　　　なく。	☐	☐	0139
16	곧이곧대로 들으면 안 돼!	ちゃだめだよ。	☐	☐	0140
17	우울해하지 마!	ないで!	☐	☐	0141
18	약해지지 마!	ないでね!	☐	☐	0142
19	두려워하지 마!	な!	☐	☐	0143
20	무서워하지 마!	な!	☐	☐	0144
21	끙끙 앓지 마!	するなよ。	☐	☐	0145
22	어쩔 수가 없어!	がない!	☐	☐	0146
23	어찌할 수도 없네.	どう　　　もないね。	☐	☐	0147
24	어쩔 수 없잖아!	やむを　　　だろう!	☐	☐	0148
25	더 이상 방법이 없어!	もう　　　がない!	☐	☐	0149

맞은 개수: 25개 중 ______ 개

당신은 그동안 ______%를 잊어버렸습니다.

틀린 문장들은 다시 한번 보고 넘어가세요.

정답 14 心配(しんぱい) 15 かまい 16 真(ま)に受(う)け 17 落(お)ち込(こ)ま 18 くじけ 19 怯(おび)える 20 恐(おそ)れる 21 くよくよ
22 しょう 23 しよう 24 得(え)ない 25 打(う)つ手(て)

0151~0155.mp3

0151

いつも口(くち)だけ！

口(くち)だけ는 '입뿐, 말뿐'이라는 뜻입니다.

口(くち)だけなんだから(말뿐이라니까)도 자주 쓰이므로 함께 알아두세요.

0152

口先(くちさき)ばっかり！

口(くち)를 강조한 표현인 口先(くちさき)는 '입언저리'라는 뜻으로,

'건성으로 하는 말, 입에 발린 말'이라는 뜻으로도 쓰입니다.

0153

口(くち)だけは一人前(いちにんまえ)だね。

一人前(いちにんまえ)는 '1인분'이라는 뜻이지만, 여기서는 '제구실을 하는 어른'이라는 뜻으로 쓰였어요.

행동보다 말이 앞선다고 할 때 쓰는 표현이지요.

0154

そんなに甘(あま)くないよ。

甘(あま)い는 '달콤하다, 쉽다, 안이하다' 등의 다양한 뜻으로 쓰이는 말입니다.

世(よ)の中(なか)は甘(あま)くないよ(세상은 만만치 않아)라는 표현도 함께 알아두세요.

0155

おしゃべりだね。

しゃべる는 '말하다, 지껄이다, 수다 떨다'라는 뜻입니다.

おしゃべり는 '말이 많은 사람' 즉, '수다쟁이'를 뜻하는 말이에요.

0151

행동보다 말이 앞설 때

언제나 말로만!

0152

말로만 하지 말라고 할 때

말뿐이야!

0153

말만 청산유수일 때

입만 살아서!

0154

상황을 낙관적으로만 생각할 때

그렇게 만만하지 않아!

0155

말수가 많은 사람일 때

수다쟁이네.

0156~0160.mp3

0156

ついうっかりして!

ついは '그만'이라는 뜻이고, うっかりする는 '깜빡하다, 깜빡 잊다'라는 뜻입니다.

0157

すっかり忘(わす)れてた!

すっかり는 '완전히, 전부, 까맣게'라는 뜻의 부사입니다.
구어체에서는 忘(わす)れていた에서 い가 생략된 忘(わす)れてた 형태가 일반적입니다.

0158

言(い)いそびれてしまった!

言(い)いそびれる는 '(말할 기회를 깜빡 놓쳐서) 결국 말을 하지 못하다'라는 뜻입니다.

0159

聞(き)き間違(まちが)いだよ。

聞(き)き間違(まちが)い는 '잘못 들음'이라는 뜻입니다.
참고로 見間違(みまちが)い는 '잘못 봄'이라는 뜻입니다.

0160

もうこんな時間(じかん)?

직역하면 '벌써 이런 시간?'입니다.
보통 뒤에 行(い)かなきゃ(가야 되겠네)가 함께 쓰입니다.

0156

깜빡하여 실수를 했을 때

그만 깜빡해서!

0157

완전히 잊고 있었을 때

까맣게 잊고 있었어!

0158

말할 기회를 놓쳤을 때

말하는 것을 깜빡 잊어 버렸어!

0159

실수로 잘못 들었을 때

잘못 들었어.

0160

시간이 오래 되었음을 알았을 때

벌써 시간이 이렇게 됐어?

0161

□□□

下手(へた)くそだな。

下手(へた)くそは 下手(へた)(잘 못함, 서투름)의 강조 표현으로, '엄청 못하다, 엄청 서투르다'라는 뜻입니다.

0162

□□□

本当(ほんとう)に無器用(ぶきよう)なんだね。

無器用(ぶきよう)는 '손재주가 없다'라는 뜻이지만, '세상을 살아가는 데 서투르다'라는 뜻으로 자주 씁니다.

0163

□□□

ヘタレだな。

ヘタレ는 '나약하고 겁이 많고 근성이 없어서 한심한 사람'을 가리키는 말입니다.

0164

□□□

ど素人(しろうと)だよ。

접두어 ど～는 '완전 ~, 왕~'이라는 뜻이고, 素人(しろうと)는 '초보, 초짜, 아마추어'라는 뜻입니다.
반대말은 玄人(くろうと)(프로, 숙련자)라고 합니다.

0165

□□□

意外(いがい)と臆病(おくびょう)だね。

臆病(おくびょう)는 '겁이 많음'이라는 뜻으로, '겁쟁이'라고도 해석합니다.
弱虫(よわむし)로 바꿔 쓸 수 있으므로 함께 알아두세요.

0161

매우 서투를 때

엄청 서투르네.

0162

세상살이가 서투르다고 말할 때

정말 서투르구나.

0163

근성이 없고 나약할 때

나약하군.

0164

완전 초심자라고 할 때

왕초보야.

0165

마음이 약하고 나약할 때

의외로 겁쟁이네.

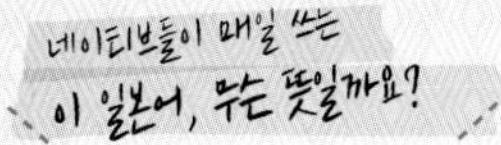

0166~0170.mp3

0166 □□□

危(あぶ)ない！気(き)をつけろ！

危(あぶ)ない(위험하다)만으로도 '조심해'라는 뜻이지만, 보통 뒤에 気(き)をつけろ를 같이 씁니다.
気(き)をつける는 '조심하다, 주의하다'라는 뜻입니다.

0167 □□□

足下(あしもと)に気(き)をつけて！

계단이 있거나 바닥이 미끄러운 경우에 조심하라는 뜻으로 하는 말입니다.
足下(あしもと)는 足元(あしもと)라고도 씁니다.

0168 □□□

言葉(ことば)を慎(つつし)んで！

慎(つつし)む는 '삼가다, 조심하다'라는 뜻으로, 말조심이나 입조심을 하라고 할 때 씁니다.

0169 □□□

無駄口(むだぐち)はやめて！

無駄(むだ)는 '쓸데없음'이라는 뜻이고, 無駄口(むだぐち)는 '쓸데없는 말'이라는 뜻입니다.
時間(じかん)の無駄(むだ)(시간 낭비)라는 표현도 함께 알아두세요.

0170 □□□

油断(ゆだん)するな！

油断(ゆだん)은 '방심, 부주의'라는 뜻으로, '기름(油)이 떨어지지(断) 않도록 조심해라'에서 유래된 말입니다.
油断(ゆだん)は禁物(きんもつ)(방심은 금물)라는 표현도 함께 알아두세요.

0166

위험하여 조심하라고 할 때

위험해! 조심해!

0167

발밑을 조심하라고 할 때

발밑을 조심해!

0168

무례한 말을 할 때

말조심해!

0169

말이 많음에 주의를 줄 때

쓸데없는 말은 그만둬!

0170

긴장을 늦추지 말라고 할 때

방심하지 마!

0171~0175.mp3

0171

ほっといてよ。

ほっとく는 '내버려 두다'라는 뜻입니다. 혼자 있고 싶으니까 말 시키지 말라는 뜻이지요.
원래는 ほうっておく인데 ほっとく로 줄어든 형태입니다.

0172

面倒(めんどう)くさいなあ!

面倒(めんどう)くさい는 '귀찮다, 성가시다'라는 뜻입니다.
보통 회화에서는 う를 생략해서 めんどくさい라고 짧게 발음합니다.

0173

うざい!

うざい는 '귀찮다, 짜증나다, 성가시다, 소름이 끼치다' 등 다양한 뜻으로 쓰는 말입니다.
주로 젊은이들이 마음에 안 드는 상황일 때 즐겨 쓰는 말이지요.

0174

いい加減(かげん)にしろ!

いい加減(かげん)にして!보다 더 강한 표현입니다.
いい加減(かげん)には '적당히'라는 뜻으로, 경우에 따라 좋은 의미와 나쁜 의미에 모두 쓸 수 있어요.

0175

うっとうしいね。

うっとうしい는 날씨가 흐리고 우중충하여 안 좋거나 일이 귀찮고 성가실 때 쓰는 말입니다.
주로 짜증이 나는 상황일 때 많이 쓰지요.

0171

계속 참견을 할 때

내버려 둬!

0172

모든 일이 성가실 때

귀찮네!

0173

귀찮은 상황에서 짜증이 날 때

짜증나!

0174

이제 그만하라고 말할 때

적당히 좀 해!

0175

귀찮고 짜증날 때

성가시네!

0176~0180.mp3

0176

見逃(みのが)してくれる？

見逃(みのが)す는 '보지 못하고 놓치다'라는 뜻입니다.

주로 보고도 못 본 척해 달라고 부탁할 때 쓰는 표현입니다.

0177

大目(おおめ)に見(み)てね。

大目(おおめ)는 직역하면 '큰 눈'이지만, '너그러운 눈'이라고 의역합니다.

따라서 大目(おおめ)に見(み)る는 '너그럽게 보다'라는 뜻이 되지요.

0178

手加減(てかげん)してね。

手加減(てかげん)する는 '손으로 조절하다' 즉, 수준에 맞게 적당히 조절한다는 뜻입니다.

퀴즈 문제나 시험 문제 등의 출제 난이도를 쉽게 해 달라고 부탁할 때 쓰는 표현입니다.

0179

お手柔(てやわ)らかに頼(たの)むよ。

시합이나 대결을 앞두고 상대방에게 하는 말로, '부드럽게 살살 해 줘'라는 뜻입니다.

0180

見(み)て見(み)ぬふりをしてほしい！

見(み)て見(み)ぬふりをする는 '보고도 못 본 척을 하다'라는 뜻입니다.

～ぬ는 ～ない와 같이 부정을 뜻하는 말입니다.

0176

보지 못한 척을 해 달라고 할 때

못 본 척해 줄래?

0177

너그럽게 봐 달라고 할 때

한 번만 봐 줘!

0178

문제 등을 쉽게 출제해 달라고 할 때

적당히 봐 줘!

0179

부드럽게 상대해 달라고 할 때

살살 부탁해!

0180

실수를 눈감아 달라고 할 때

보고도 못 본 척해 주길 바래!

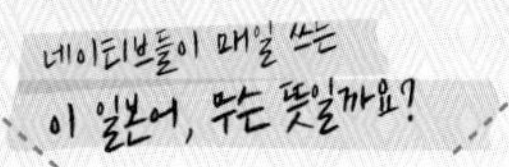

0181

もっと真剣(しんけん)に聞(き)いて！

真剣(しんけん)은 '진지함, 진심'이라는 뜻입니다.

真剣(しんけん)なの？(진심이야?) 또는 真剣(しんけん)だよ(진지해) 등으로 응용해 보세요.

0182

真面目(まじめ)に聞(き)けよ。

真面目(まじめ)には '성실하게, 정직하게'라는 뜻입니다. 회화에서는 真剣(しんけん)に와 같은 뜻으로 쓰지요.

0183

人(ひと)の話(はなし)をよく聞(き)け！

人(ひと)の話(はなし)는 '남의 말'이라는 뜻입니다.

이 표현은 상대방의 충고나 조언을 듣지 않고 딴청을 피울 때 씁니다.

0184

それはこっちのセリフ！

セリフ는 '(드라마나 영화의) 대사'라는 뜻이지만, 회화에서는 '말, 이야기'라는 뜻으로 쓰입니다.

한자로는 台詞(せりふ)라고 표기합니다.

0185

ちゃかすなよ。

ちゃかす는 '(이야기를 진지하게 듣지 않고) 얼버무리다, 농담으로 돌리다'라는 뜻입니다.

茶化(ちゃか)す라고 표기하기도 합니다.

0181

건성으로 듣지 말라고 할 때

더 진지하게 들어 줘!

0182

집중해서 들으라고 할 때

진지하게 들어!

0183

남의 이야기를 듣지 않을 때

다른 사람의 말 좀 들어!

0184

상대방이 적반하장으로 나올 때

그건 내가 할 말이야!

0185

이야기를 얼버무리지 말라고 할 때

얼렁뚱땅 얼버무리지 마!

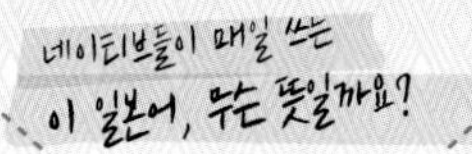

0186

言(い)ってること、分(わ)かる？

여기에서 分(わ)かる는 '이해하다(理解(りかい)する)'라는 뜻입니다.

잘 알아듣고 이해했는지를 확인할 때 쓰는 표현이지요.

0187

紛(まぎ)らわしいね。

紛(まぎ)らわしい는 '헷갈리다, 분별이 안 되다'라는 뜻으로,

ややこしい(까다롭다)와 비슷한 상황에서 쓸 수 있습니다.

0188

分(わ)かってないね。

分(わ)かる에는 '세상물정을 알다, 이해하다'라는 뜻도 있습니다.

分(わ)からない人(ひと)는 '(세상물정을 모르는) 답답한 사람, 꽉 막힌 사람'이라는 뜻이 됩니다.

0189

いまいち分(わ)からない！

いまいち는 2% 부족한 상태를 나타내는 말입니다.

이야기나 상황 등을 100% 완전히 이해할 수 없다고 할 때 자주 쓰는 표현이지요.

0190

聞(き)き取(と)れた？

聞(き)き取(と)る는 '듣고 이해하다'라는 뜻입니다.

참고로 聞(き)き取(と)り는 '듣고 이해하기, 청해'라는 뜻이지요.

0186

말을 잘 알아들었는지 물을 때

내가 하는 말, 알겠어?

0187

분별이 안 되어 혼동될 때

헷갈리네.

0188

세상물정을 잘 모를 때

답답한 사람이네.

0189

완벽하게 이해하지 못했을 때

정확히 모르겠어.

0190

알아듣고 이해했는지 확인할 때

알아들었어?

0191~0195.mp3

0191

話の分かる人だね。

話が分かる上司(이해심이 좀 있는 상사)라고 하면

젊은 부하 직원들의 생각 등을 잘 이해하는 상사를 가리키는 말입니다.

0192

物の分かった人なの。

여기서의 物는 '세상 물정'을 뜻합니다.

이 표현은 '세상 물정을 잘 아는 사람' 또는 '이해심이 많은 사람'이라는 뜻이 됩니다.

0193

すごく物分かりがいい!

物分かり는 '분별력, 이해력'이라는 뜻입니다.

0194

詳しいよね。

詳しい는 '상세하다, 자세하다'라는 뜻인데, '잘 알고 있다, 정통하다, 빠삭하다'의 뜻으로도 씁니다.

0195

物知りだね。

物知り는 '(여러 분야를 널리 잘 알고 있는) 박학다식한 사람'을 뜻하는 말입니다.

보통 학문적인 전문지식보다는 다양한 상식을 많이 알고 있는 사람에게 씁니다.

0191

세상물정을 알거나 이해심이 있을 때

이해심이 좀 있는 사람이네.

0192

세상물정을 알거나 이해심이 많을 때

속이 탁 트인 사람이야.

0193

분별력이 있고 똑똑할 때

엄청 이해력이 좋아.

0194

훤히 다 알고 있을 때

빠삭하네.

0195

알고 있는 지식 및 상식이 많을 때

박식하네.

0196~0200.mp3

0196

成功に失敗はつきものだよ。

(せいこう / しっぱい)

つきもの는 '늘 따라다니는 것, 으레 따르기 마련인 것'이라는 뜻입니다.
우리말로는 '당연하다'라고 해석하면 자연스러워요.

0197

ダメもとだからね。

ダメもと는 ダメでもともと(밑져야 본전)의 준말입니다.
실패해도 손해 볼 것은 없으니까 되던 안 되던 도전해 보라고 권유할 때 씁니다.

0198

ものは試しだよね。

(ため)

어떤 결과가 나오더라도 실제로 해 보지 않으면 아무도 모르는 일이므로
시도해 보는 것이 좋겠다는 뜻으로 쓰는 표현입니다.

0199

当たって砕けよ。

(あ / くだ)

직역하면 '부딪쳐서 깨져라!'라는 뜻입니다.
성공할지 실패할지 결과는 모르지만 일단 도전해 보자고 권유할 때 씁니다.

0200

一か八かだよ。

(いち / ばち)

一か八か(いち ばち)는 원래 도박 용어로, 운을 하늘에 맡기고 과감히 해 보자고 할 때 쓰는 표현입니다.

0196

실패를 두려워하지 말고 도전하라고 할 때

성공에 실패는 당연한 거야.

0197

되든 안 되든 시도해 볼 때

밑져야 본전이니까.

0198

결과에 상관없이 시도해 볼 때

길고 짧은 건 대 봐야 알지.

0199

결과는 모르지만 도전해 볼 때

좌우간 부딪쳐 보자!

0200

과감히 시도해 보자고 할 때

모 아니면 도야.

망각방지 장치 1

하루만 지나도 학습한 내용의 50%는 잊어버립니다. 여러분은 몇 퍼센트나 잊어버렸을까요? 5분 안에 25개를 말해 보세요.

				○	×	복습
01	언제나 말로만!	いつも	だけ!			0151
02	입만 살아서!	口(くち)だけは	だね。			0153
03	그렇게 만만하지 않아!	そんなに	くないよ。			0154
04	그만 깜빡해서.	つい	して。			0156
05	까맣게 잊고 있었어.		忘(わす)れてた。			0157
06	잘못 들었어.	聞(き)き	だよ。			0159
07	엄청 서투르네.	下手(へた)	だな。			0161
08	왕초보야.	ど	だよ。			0164
09	의외로 겁쟁이네.	意外(いがい)と	だね。			0165
10	발밑을 조심해!	足下(あしもと)に	!			0167
11	방심하지 마!		するな!			0170
12	귀찮네!		くさいなあ!			0172
13	짜증나!		!			0173

정답 01 口(くち) 02 一人前(いちにんまえ) 03 甘(あま) 04 うっかり 05 すっかり 06 間違(まちが)い 07 くそ 08 素人(しろうと) 09 臆病(おくびょう)
10 気(き)をつけて 11 油断(ゆだん) 12 面倒(めんどう) 13 うざい

			○	×	복습
14	적당히 좀 해!	いい ______ にしろ!	□	□	0174
15	한 번만 봐 줘!	______ に見(み)てね。	□	□	0177
16	더 진지하게 들어 줘!	もっと ______ に聞(き)いて!	□	□	0181
17	그건 내가 할 말이야!	それはこっちの ______ !	□	□	0184
18	얼렁뚱땅 얼버무리지 마!	______ なよ。	□	□	0185
19	헷갈리네.	______ ね。	□	□	0187
20	정확히 모르겠어.	______ 分(わ)からない!	□	□	0189
21	박식하네.	______ だね。	□	□	0195
22	성공에 실패는 당연한 거야.	成功(せいこう)に失敗(しっぱい)は ______ だよ。	□	□	0196
23	밑져야 본전이니까.	______ だからね。	□	□	0197
24	길고 짧은 건 대 봐야 알지.	ものは ______ だよね。	□	□	0198
25	모 아니면 도야.	一(いち)か ______ だよ。	□	□	0200

맞은 개수: 25개 중 ______ 개

당신은 그동안 ______%를 잊어버렸습니다.

틀린 문장들은 다시 한번 보고 넘어가세요.

정답 14 加減(かげん) 15 大目(おおめ) 16 真剣(しんけん) 17 セリフ 18 ちゃかす 19 紛(まぎ)らわしい 20 いまいち 21 物知(ものし)り 22 つきもの 23 ダメもと 24 試(ため)し 25 八(ばち)か

망각방지 장치 2

일주일이 지나면 학습한 내용의 70%를 잊어버립니다. 여러분은 몇 퍼센트나 기억하고 있을까요? 대화문으로 확인해 보세요.

011 처음으로 기획을 준비하고 있을 때

kaiwa 011.mp3

A　準備(じゅんび)はどう？ 進(すす)んでる？

B　おかげで、もう 끝내줍니다. 0102

A　期待(きたい)してるよ。初(はじ)めての企画(きかく)だからね。

B　はい、頑張(がんば)ります。부디 걱정하지 마세요. 0138

- 進(すす)む 나아가다, 진행하다

012 아침에 깨워 주지 않았다고 할 때

kaiwa 012.mp3

A　どうして起(お)こしてくれなかったのよ！

B　本当(ほんとう)にごめん。까맣게 잊고 있었어! 0157

A　いつもこうなんだから。先生(せんせい)に叱(しか)られるよ。

B　한 번만 봐 줘! 0177
急(いそ)いで行(い)けばぎりぎり間(ま)に合(あ)うかもよ。

- 叱(しか)る 꾸중하다　急(いそ)ぐ 서두르다　ぎりぎり間(ま)に合(あ)う 빠듯하게 시간에 맞추다

011

A 준비는 어때? 잘 되고 있어?

B 덕분에 정말 ばっちりです。0102

A 기대하고 있어. 첫 기획이니까.

B 예, 열심히 하겠습니다. どうぞご心配(しんぱい)なく。0138

012

A 왜 깨워 주지 않았어?

B 정말 미안해! すっかり忘(わす)れてた! 0157

A 언제나 이렇다니까! 선생님께 꾸중 들을 거야.

B 大目(おおめ)に見(み)てね。0177

서둘러 가면 빠듯하게 시간에 맞출 지도 몰라.

013 동료와 서류 문제로 다툴 때

kaiwa 013.mp3

A　この書類(しょるい)、早(はや)く仕上(しあ)げなきゃだめでしょ？

B　그건 내가 할 말이야! 0184
書類(しょるい)を渡(わた)さないから、終(お)わらないだろう。

A　もしかして私(わたし)のせいだと言(い)いたいの？ ごまかさないで！

B　こっちだって必死(ひっし)なんだから。쓸데없는 말은 그만둬! 0169

• 仕上(しあ)げる 완성하다, 마무리하다　ごまかす 얼버무리다　必死(ひっし)だ 필사적이다

014 함께 생일파티에 가자고 할 때

kaiwa 014.mp3

A　誕生日(たんじょうび)、おめでとうございます。
パーッと飲(の)みに行(い)きましょう。

B　そうですね。今日(きょう)はみんなで 신나게 갑시다! 0125

A　店(みせ)の予約(よやく)なんか、大丈夫(だいじょうぶ)ですか。

B　문제없어요! 0130 行(い)きつけの店(みせ)がありますから。

• パーッと 신나게　行(い)きつけの店(みせ) 단골가게

013

A　이 서류, 빨리 완성하지 않으면 안 되잖아?

B　それはこっちのセリフ！ 0184
서류를 넘기지 않으니까 끝나지 않잖아.

A　혹시 내 탓이라고 말하고 싶은 거야? 얼버무리지 마!

B　이쪽도 필사적이야! 無駄口(むだぐち)はやめて！ 0169

014

A　생일 축하해요. 신나게 마시러 갑시다!

B　그렇네요. 오늘은 모두 함께 盛(も)り上(あ)がりましょう！ 0125

A　가게 예약 같은 거, 괜찮나요?

B　お安(やす)いご用(よう)です。 0130 단골가게가 있으니까요.

015 짜증나서 대화를 피하려고 할 때 kaiwa 015.mp3

A その話(はなし)は二度(にど)としたくないよ。もううんざりだ。

B ほら出(で)た！いつもそうやって逃(に)げようとするのよね。

A 내버려 둬! 0171 関係(かんけい)ないだろう？

B いい加減(かげん)にして！世(よ)の中(なか)は 그렇게 만만하지 않아! 0154

• うんざり 지긋지긋함 いい加減(かげん)にする 적당히 하다

016 그녀를 좋아하고 있는지 추궁할 때 kaiwa 016.mp3

A 彼女(かのじょ)のこと、好(す)きなんだろう？ 내 말이 맞지? 0113

B 悪(わる)いけど、お前(まえ)とは関係(かんけい)ないことだよ。

A 얼렁뚱땅 얼버무리지 마! 0185 まんざらでもないくせに。

B 余計(よけい)なお世話(せわ)だよ。

• まんざらでもない 아주 마음에 없는 것도 아니다 余計(よけい)なお世話(せわ) 쓸데없는 참견

015

A　그 이야기는 두 번 다시 하고 싶지 않아. 이제 지긋지긋해.

B　그럴 줄 알았어. 항상 그런 식으로 도망가려 하는 구나.

A　ほっといてよ。0171 상관없잖아?

B　적당히 좀 해! 세상은 そんなに甘(あま)くないよ。0154

016

A　그녀를 좋아하지? 図星(ずぼし)だろう? 0113

B　미안한데, 너랑은 상관없는 일이야.

A　ちゃかすなよ。0185 딱히 싫어하지도 않으면서.

B　쓸데없는 참견이야.

017 포기하지 말고 승부를 걸자고 할 때

kaiwa 017.mp3

A　勝負(しょうぶ)って、やってみなきゃ分(わ)からないでしょう。

B　そうだね。길고 짧은 건 대 봐야 알지. 0198

A　とにかくまだ諦(あきら)めることはないよ。

B　よし！ 밑져야 본전이니까. 0197 頑張(がんば)ってみる！

- とにかく 아무튼　諦(あきら)める 포기하다, 단념하다

018 일 잘하는 신입사원을 칭찬할 때

kaiwa 018.mp3

A　新人君(しんじんくん)、仕事(しごと)ができるって評判(ひょうばん)だよ。

B　あんな切(き)れ者(もの)だとは思(おも)わなかったね。감탄했어! 0103

A　若(わか)いのに、꽤 하는데! 0104

B　これからもどんどん期待(きたい)できるね。

- 新人(しんじん) 신입, 신입사원　切(き)れ者(もの) 수완가　どんどん 점점, 자꾸, 부쩍

017

A　승부라는 건, 해 보지 않으면 모르잖아!

B　그렇네. ものは試(ため)しだよね。 0198

A　아무튼 아직 포기할 필요는 없어.

B　좋아! ダメもとだからね。 0197 열심히 해 볼래!

018

A　신입사원이 일을 잘한다고 평판이 좋아.

B　그렇게 수완가라고는 생각하지 않았어. 感心(かんしん)するよ。 0103

A　젊은데도 なかなか大(たい)したもんだ！ 0104

B　앞으로도 점점 기대가 돼.

019 취직이 되지 않는 상황을 걱정할 때

kaiwa 019.mp3

A　今度(こんど)こそ就職(しゅうしょく)するって言(い)ってたじゃない？

B　걱정하지 말라니까! 0137 必(かなら)ず就職(しゅうしょく)してみせるから。

A　だって、心配(しんぱい)じゃない！ 입만 살아서! 0153

B　そんなことは言(い)わないで、ちゃんと応援(おうえん)して！

• 必(かなら)ず 반드시　応援(おうえん)する 응원하다

020 수업이 재미없다고 할 때

kaiwa 020.mp3

A　授業(じゅぎょう)、どうだったの？

B　面白(おもしろ)くもないし、説明(せつめい)も 정확히 모르겠어. 0189

A　어찌할 수도 없네. 0147
単位(たんい)を取(と)らないと、卒業(そつぎょう)できないから。

B　もう打(う)つ手(て)がないってことか。

• 単位(たんい)を取(と)る 학점을 따다　打(う)つ手(て)がない 해결책이 없다

019

A　이번에야말로 취직한다고 말했었잖아?

B　心配(しんぱい)するなって！ 0137 반드시 취직해 보일 테니까.

A　그래도 걱정되잖아! 口(くち)だけは一人前(いちにんまえ)だね。 0153

B　그런 말은 하지 말고, 제대로 응원해 줘!

020

A　수업, 어땠어?

B　재미있지도 않고, 설명도 いまいち分(わ)からない！ 0189

A　どうしようもないね。 0147
학점을 따지 않으면 졸업 못하니까.

B　더 이상 해결책이 없다는 것인가.

Part 3

네이티브가 리액션을 할 때 자주 쓰는 표현 100

Part 3 전체 듣기

일본어를 잘하는 비결은 상대방이 하는 말에 대한 적절한 리액션에 있다고도 볼 수 있습니다. 일본어는 맞장구를 치는 것이 대화 에티켓이라서 상대방이 말하는 도중에도 끊임없이 리액션을 해 주는 것이 좋습니다. 예를 들어 '내 말이!, 어쩐 일이야?, 말도 안 돼!, 이거, 완전 대박!' 등의 짧고 간단한 리액션 표현들을 배워 봅시다. 적재적소에 어울리는 리액션 표현을 잘 구사할 수 있다면 네이티브의 인기를 한 몸에 받을 수 있답니다.

01 정말이야? 02 괜찮아! 03 좋아요! 04 알았어! 05 절대 안 돼! 06 상관하지 마!
07 나도 그래! 08 안 속아! 09 도대체 왜? 10 알 게 뭐야? 11 무슨 말이야? 12 생각대로야!
13 그렇구나! 1 14 그렇구나! 2 15 예상과 다르네! 16 이상하네! 17 나도 몰라!
18 너무 그러지 마! 19 난 잘못 없어! 20 별일이네!

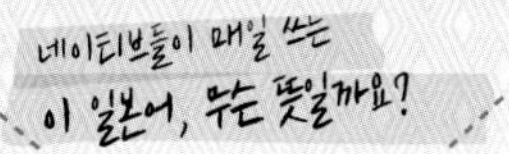

0201~0205.mp3

0201

まさか！信(しん)じられない！

まさかは '설마'라는 뜻이고, 信(しん)じるは '믿다'라는 뜻입니다.

0202

とんでもない！

とんでもないは '당치도 않다, 터무니없다, 어처구니없다'라는 뜻입니다.

좀 더 정중한 표현으로는 とんでもありません！이 있습니다.

0203

あり得(え)ない！

あり得(え)ないは あり得(え)る(있을 수 있다)의 부정형입니다.

직역하면 '있을 수 없어!'이지만, '말도 안 돼!'라고 해석하는 것이 자연스러워요.

0204

呆(あき)れてものも言(い)えない！

呆(あき)れるは '어이가 없다, 기가 막히다, 질리다'라는 뜻입니다.

이 문장은 숙어처럼 통째로 외워두세요.

0205

そんなバカな！

そんなバカなことがあるか！(그런 바보 같은 일이 있을까!)를 줄인 표현입니다.

너무 놀란 나머지 말끝을 맺지 못한 형태이지요.

0201

믿을 수 없는 상황일 때

설마! 믿을 수 없어!

0202

어처구니가 없는 말을 들었을 때

당치도 않아!

0203

있을 수 없는 일이 생겼을 때

말도 안 돼!

0204

어이없는 이야기를 들었을 때

기가 막혀 말도 안 나와!

0205

납득할 수 없는 상황일 때

그런 말도 안 되는!

0206

ぜん ぜん
全然いい！

ぜんぜん
全然(전혀)을 긍정문에서 쓰면 '완전, 아주, 대단히'라는 강조의 뜻이 됩니다.
ぜんぜん
全然OK！로 바꿔 써도 좋아요.

0207

ぜん ぜん へい き
全然平気！

へいき　　　　　　　　　　　　　　だいじょうぶ
平気는 '끄떡없음, 괜찮음'이라는 뜻으로, 大丈夫(괜찮음)보다 강한 어감으로 씁니다.

0208

へっちゃらだよ。

へいき
へっちゃらだ는 '손쉽다, 끄떡없다'라는 뜻으로, 平気だ를 강조한 회화체 표현입니다.

0209

たい
大したことないよ。

たい
大したこと는 '대단한 일, 별일, 큰일'이라는 뜻입니다.

0210

き づか
お気遣いなく。

き つか
気を遣う는 '마음을 쓰다, 신경을 쓰다'라는 뜻의 정중한 표현입니다.

0206

정말 좋다고 할 때

완전 좋아!

0207

전혀 문제없다고 할 때

전혀 끄떡없어!

0208

끄떡없다고 할 때

아무렇지도 않아!

0209

마음 쓰지 말라고 할 때

별일 아냐!

0210

신경 쓰지 말라고 할 때

마음 쓰지 마요.

0211

なかなかいいじゃない！

なかなかいいね(꽤 좋네)와 같은 뜻의 표현으로, 끝부분의 억양을 올려서 말합니다.

0212

これ、やばすぎ！

やばい(위험하다)는 좋은 상황과 안 좋은 상황 모두 쓸 수 있는 표현으로,
좋은 상황일 때는 '대박!'이라는 뜻입니다. これ、超(ちょう)やばいよ도 즐겨 쓰는 표현이지요.

0213

それはイケるよ。

イケる는 行(い)く의 파생어로 '좋다, 잘한다, 쓸 만하다' 등의 다양한 뜻으로 씁니다.
주로 칭찬할 때 많이 쓰는 말이지요.

0214

悪(わる)くない！

직역하면 '나쁘지 않다'라는 뜻으로, '그럭저럭 괜찮다'라고 해석하기도 합니다.

0215

いい感(かん)じ！

앞에 なんか(뭔가, 왠지)를 넣은 なんかいい感(かん)じ!(뭔가 느낌 좋네!)도
자주 쓰는 표현이므로 함께 알아두세요.

0211

충분히 마음에 든다고 할 때

꽤 좋은데!

0212

완전 좋다고 할 때

이거, 완전 대박!

0213

매우 좋다고 칭찬할 때

그건 꽤 괜찮은데!

0214

훌륭하지는 않지만 나름 만족할 때

나쁘지 않아!

0215

좋은 느낌이라고 할 때

느낌 좋네!

0216~0220.mp3

0216 □ □ □

はい、了解(りょうかい)！

了解(りょうかい)는 '오케이(OK)'라는 뜻에 가장 가까운 말입니다.
정중하게 말하려면 了解(りょうかい)です 또는 了解(りょうかい)しました라고 하면 됩니다.

0217 □ □ □

大丈夫(だいじょうぶ)だって！

강조하려면 全然大丈夫(ぜんぜんだいじょうぶ)だって!(전혀 괜찮다니까!)라고 하면 됩니다.
상황에 따라 '정말 괜찮다니까!' 또는 '전혀 상관없다니까!'라고 해석할 수 있어요.

0218 □ □ □

そんなの、分(わ)かってるって！

～っては '~라니까!'라는 뜻으로, 말하는 사람의 주장을 강하게 나타내는 회화체 표현입니다.

0219 □ □ □

とっくに知(し)ってるよ。

とっくには '이미, 벌써, 훨씬 전에'라는 뜻으로, もう, すでに와 바꿔 쓸 수 있어요.

0220 □ □ □

ピンと来(き)たよ！

ピンと来(く)るは '감이 오다, 느낌이 오다, 이해하다'라는 뜻입니다.
이해가 되지 않을 때는 ピンと来(こ)ない라고 하면 됩니다.

0216

상대방의 부탁을 받아들일 때

예, 오케이!

0217

걱정하지 말라고 할 때

괜찮다니까!

0218

다 이해하니까 걱정 말라고 할 때

그런 거, 다 알고 있다니까!

0219

이미 다 알고 있다고 할 때

이미 알고 있어.

0220

직감으로 이해했다고 할 때

딱 느낌이 왔어!

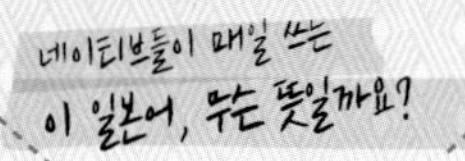

0221~0225.mp3

0221 □□□

絶対(ぜったい)、ダメ！

'내 눈에 흙이 들어가기 전엔 안 돼!'라는 표현도 이 표현으로 활용할 수 있습니다.
ダメ를 한자로 표기하면 駄目(だめ)가 되는데 '안 됨, 소용없음'이라는 뜻입니다.

0222 □□□

ダメなものはダメだよ！

직역하면 '안 되는 것은 안 돼!'라는 뜻입니다.

0223 □□□

もう二度(にど)とごめんだ！

ごめんだ는 '미안하다'라는 뜻이지만, '싫다, 질색이다'라는 뜻으로도 씁니다.
二度(にど)と는 '두 번 다시'라는 뜻으로, 항상 부정을 뜻하는 말과 함께 씁니다.

0224 □□□

まっぴらごめんだね。

まっぴらごめんだ는 ごめんだ의 강조 표현으로, '딱 질색이다, 절대로 싫다'라는 뜻입니다.

0225 □□□

冗談(じょうだん)じゃない！

직역하면 '농담이 아니야!'라는 뜻이지만, 농담이라도 그런 말 하면 안 된다는 뉘앙스의 표현으로
'말 같잖은 소리 마!, 웃기지 마!'라고 해석하면 됩니다.

0221

절대로 허락할 수 없을 때

절대 안 돼!

0222

거절했는데도 계속해서 들이댈 때

안 된다면 안 되는 줄 알아!

0223

두 번 다시 경험하고 싶지 않을 때

절대 두 번 다시 싫어!

0224

완전 싫다는 뜻을 전달할 때

딱 질색이야!

0225

도저히 납득할 수 없을 때

웃기지 마!

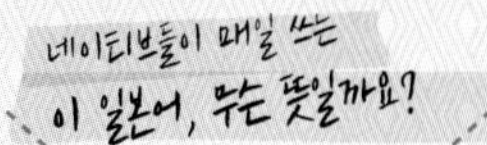

0226~0230.mp3

0226 □□□

いい迷惑(めいわく)だよ！

직역하면 '좋은 민폐야!'라는 뜻이지만,
本当(ほんとう)に迷惑(めいわく)だよ(정말 민폐야!)를 반어법으로 강조한 표현입니다.

0227 □□□

大(おお)きなお世話(せわ)！

직역하면 '커다란 돌봄'이라는 뜻이지만,
余計(よけい)なお世話(せわ)(쓸데없는 참견이야)를 반어법으로 강조한 표현입니다.

0228 □□□

お節介(せっかい)はやめてよ。

お節介(せっかい)는 '쓸데없는 참견' 또는 '참견쟁이'라는 뜻입니다.

0229 □□□

人(ひと)のことに首(くび)を突(つ)っ込(こ)むな！

首(くび)を突(つ)っ込(こ)む는 직역하면 '목을 들이밀다'라는 뜻입니다.
자꾸 남의 일에 관심을 갖고 관여하려는 사람에게 쓰는 표현이지요.

0230 □□□

横(よこ)から口(くち)を挟(はさ)まないで！

口(くち)を挟(はさ)む는 '남의 말에 끼어들다'라는 뜻으로, '말참견을 하다'라고 해석하면 자연스러워요.

0226

원하지 않는 친절일 때

달갑지 않은 친절이야!

0227

필요 없는 관심이 싫을 때

필요 없는 관심이야!

0228

남의 일에 신경 끄라고 할 때

참견은 그만둬!

0229

남의 일에 관심 갖지 말라고 할 때

남의 일에 관여하지 마!

0230

자꾸 옆에서 말참견을 할 때

옆에서 말참견하지 마!

0231~0235.mp3

0231

僕(ぼく)も一緒(いっしょ)だよ。

一緒(いっしょ)だ는 '똑같다, 마찬가지이다'라는 뜻으로, 同(おな)じだ와 같은 뜻입니다.
참고로 一緒(いっしょ)に는 '함께, 같이'라는 뜻이지요.

0232

私(わたし)も同(おな)じく!

同(おな)じく는 '같이'라는 뜻입니다.
私(わたし)もそうだよ(나도 그래) 또는 私(わたし)も同(おな)じだよ(나도 똑같아)로 바꿔 쓸 수 있어요.

0233

似(に)た者(もの)同士(どうし)だね。

似(に)る는 '닮다'라는 뜻이고, 者(もの)는 '사람'이라는 뜻입니다.
~同士(どうし)는 명사 뒤에 붙여서 '~끼리'라는 뜻이 됩니다.

0234

こっちだって大変(たいへん)だからね。

~だって는 ~も(~도)를 강조한 회화체 표현입니다.
私(わたし)だってつらいよ(나도 힘들어!)라는 표현도 함께 알아두세요.

0235

持(も)ちつ持(も)たれつだから。

주로 상대방이 고마움을 표현할 때 답변으로 쓰는 표현입니다.
관용적으로 쓰이므로 잘 기억해 두세요.

0231

뚝같은 생각이라고 동의할 때

나도 마찬가지야.

0232

상대방의 말에 동조할 때

나도 그래!

0233

성격이나 취미, 취향 등이 비슷할 때

서로 닮았네.

0234

자신의 입장을 이해해 달라고 할 때

나도 힘들단 말이야.

0235

서로 도움을 주고받는 상황일 때

상부상조잖아.

0236

騙されないよ！

騙す(속이다)의 수동형인 騙される(속임을 당하다)는 '속다'라는 뜻입니다.

0237

その手には乗らない！

乗るは '(탈것을) 타다'라는 뜻이지만, 여기에서는 '대응하다, 넘어가다'라는 뜻으로 쓰였습니다.

0238

そんなの、信じるもんか！

信じるは '믿다'라는 뜻이고, ～もんかは '～할까 보냐, ～할 것 같아?'라는 뜻의 회화체 표현입니다.
절대 그렇게 하지 않겠다는 강한 의지를 나타내는 반어적 표현이지요.

0239

ハッタリだよ！ハッタリ！

ハッタリ는 상대방을 누르기 위한 과장된 말이나 행동, 태도 등을 나타내는 말입니다.

0240

嘘をつくなよ！

嘘をつく는 '거짓말을 하다'라는 뜻입니다.
참고로 '거짓말쟁이'는 嘘つき라고 합니다.

0236

속임수에 말려들지 않겠다고 말할 때

안 속아!

0237

낡은 수법에는 속지 않겠다고 말할 때

그런 수법에는 안 넘어가!

0238

얄팍한 속임수에 불과하다고 할 때

그런 거, 믿을 것 같아?

0239

속임수를 쓰거나 과장된 태도일 때

허세야! 허세!

0240

왠지 속인다는 느낌이 들 때

거짓말을 하지 마!

0241

一体(いったい)、どうしたの？

一体(いったい)는 '도대체'라는 뜻입니다.

이 표현은 상대방의 모습이나 상태가 평소와 달라서 이상할 때 씁니다.

0242

どういうつもり？

つもり는 '작정, 생각, (속)셈, 예정, 의도' 등 다양한 뜻으로 쓰이는 말입니다.

0243

訳(わけ)が分(わ)からない！

訳(わけ)는 '이유, 영문'이라는 뜻으로, 理由(りゆう)(이유)와 바꿔 쓸 수 있습니다.

0244

なにか企(たくら)んでるの？

직역하면 '뭔가 꾸미고 있어?'라는 뜻으로, 企(たくら)む는 '꾸미다, 기획하다'라는 뜻입니다.

단, 뭔가 좋지 않은 부정적인 상황을 만들려고 하는 경우에만 쓰는 표현이므로 잘 알아두세요.

0245

よりによってなんで今日(きょう)なの？

よりによって는 '하필, 공교롭게도'라는 뜻입니다.

0241

☐ ☐ ☐

상대방의 모습이 평소와 다를 때

도대체 왜 그래?

0242

☐ ☐ ☐

상대방의 의도가 수상할 때

어쩔 셈이야?

0243

☐ ☐ ☐

도저히 이해가 안 갈 때

영문을 모르겠어!

0244

☐ ☐ ☐

뭔가 속셈이 있다고 느낄 때

무슨 꿍꿍이야?

0245

☐ ☐ ☐

갑작스러운 결정에 당황했을 때

하필이면 왜 오늘이야?

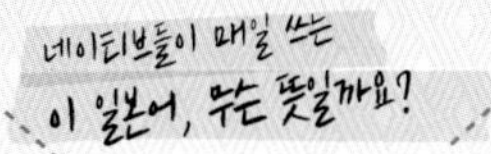

0246~0250.mp3

0246

知(し)るもんか!

そんなこと、知(し)るもんか!(그런 거, 알 게 뭐야!)를 줄여서 말한 표현입니다.
〜もんか는 '~할까 보냐'로 知(し)らない!(몰라!)를 강조할 때 씁니다.

0247

関係(かんけい)ないだろう!

関係(かんけい)ない는 '상관없다, 관련 없다'라는 뜻으로, 한마디로 표현하면 '너나 잘하세요'와 같은 뜻이지요.

0248

全然(ぜんぜん)かまわない!

かまう는 '신경 쓰다, 상관하다'라는 뜻으로,
おかまいなく(신경 쓰지 마요)도 자주 쓰는 표현이므로 함께 기억해 두세요.

0249

知(し)ったことじゃない!

같은 뜻의 회화체 표현인 知(し)ったこっちゃない라고 말하는 경우도 있어요.

0250

誰(だれ)も気(き)にしてないよ。

気(き)にする는 '신경 쓰다, 걱정하다'라는 뜻으로,
気(き)にしない、気(き)にしない(신경 안 써, 신경 안 써)라는 표현도 알아두세요.

0246

전혀 상관없다고 할 때

알 게 뭐야!

0247

상관할 일이 아니라고 할 때

상관없잖아!

0248

상관하지 않겠다고 할 때

전혀 상관 안 해!

0249

자신과 상관없는 일이라고 할 때

내 알 바 아냐!

0250

전혀 관심이 없음을 알려줄 때

아무도 신경 안 써!

망각방지 장치 1

하루만 지나도 학습한 내용의 50%는 잊어버립니다. 여러분은 몇 퍼센트나 잊어버렸을까요? 5분 안에 25개를 말해 보세요.

			○	×	복습
01	당치도 않아!	______ ない!	□	□	0202
02	기가 막혀 말도 안 나와!	______ ものも言(い)えない!	□	□	0204
03	그런 말도 안 되는!	そんな ______ !	□	□	0205
04	완전 좋아!	______ いい!	□	□	0206
05	별일 아냐!	______ ことないよ。	□	□	0209
06	마음 쓰지 마요.	お ______ なく。	□	□	0210
07	이거, 완전 대박!	これ、______ すぎ!	□	□	0212
08	그건 꽤 괜찮은데!	それは ______ よ。	□	□	0213
09	괜찮다니까!	大丈夫(だいじょうぶ) ______ !	□	□	0217
10	이미 알고 있어.	______ 知(し)ってるよ。	□	□	0219
11	딱 느낌이 왔어!	______ と来(き)たよ!	□	□	0220
12	딱 질색이야!	まっぴら ______ だ!	□	□	0224
13	달갑지 않은 친절이야!	いい ______ だよ!	□	□	0226

정답 01 とんでも 02 呆(あき)れて 03 バカな 04 全然(ぜんぜん) 05 大(たい)した 06 気遣(きづか)い 07 やば 08 イケる 09 だって 10 とっくに 11 ピン 12 ごめん 13 迷惑(めいわく)

			○	×	복습
14	참견은 그만둬!	お　　　　　はやめてよ。	□	□	0228
15	서로 닮았네.	似(に)た者(もの)　　　　　だね。	□	□	0233
16	그런 수법에는 안 넘어가!	その　　　　　には乗(の)らない!	□	□	0237
17	그런 거, 믿을 거 같아?	そんなの、　　　　　もんか!	□	□	0238
18	도대체 왜 그래?	どうしたの?	□	□	0241
19	어쩔 셈이야?	どういう　　　　　?	□	□	0242
20	영문을 모르겠어!	が分(わ)からない!	□	□	0243
21	하필이면 왜 오늘이야?	なんで今日(きょう)なの?	□	□	0245
22	알 게 뭐야!	知(し)る　　　　　!	□	□	0246
23	상관없잖아!	ないだろう!	□	□	0247
24	전혀 상관 안 해!	全然(ぜんぜん)　　　　　!	□	□	0248
25	아무도 신경 안 써!	気(き)にしてないよ。	□	□	0250

맞은 개수: 25개 중 ______ 개

당신은 그동안 ______%를 잊어버렸습니다.
틀린 문장들은 다시 한번 보고 넘어가세요.

정답 14 節介(せっかい) 15 同士(どうし) 16 手(て) 17 信(しん)じる 18 一体(いったい) 19 つもり 20 訳(わけ) 21 よりによって 22 もんか 23 関係(かんけい) 24 かまわない 25 誰(だれ)も

0251

なんだと？！

정확히 알아듣지 못해서 다시 말해 달라고 할 때는 なんだって？라고 합니다.

0252

今(いま)、なんつった？

なんて言(い)った를 줄여 쓴 형태로, 주로 남자들이 쓰는 거친 회화체 표현입니다.
이 표현은 다시 말해 달라고 되물을 경우에도 쓸 수 있어요.

0253

今(いま)さら、何(なに)よ！

今(いま)さら는 '이제 와서, 지금에 와서'라는 뜻입니다.
시기적으로 늦었다고 할 때는 今(いま)ごろ를 쓰기도 합니다.

0254

訳(わけ)の分(わ)かんないこと、言(い)うなよ。

訳(わけ)が分(わ)からない는 '영문을 모르다, 이유를 모르다'라는 뜻입니다.
分(わ)かんない는 分(わ)からない의 회화체 표현이지요.

0255

言(い)い方(かた)が穏(おだ)やかじゃないな！

穏(おだ)やかだ는 '(날씨나 사람의 성격 등이) 온화하다, 평온하다'라는 뜻인데,
여기에서는 '(말투, 말씨 등이) 공손하다'라는 뜻으로 쓰였습니다.

0251

상대방한테 심한 말을 들었을 때

뭐라고?!

0252

상대방이 심한 말을 했을 때

지금 뭐라 그랬어?

0253

이제 소용없다고 말할 때

이제 와서 뭐야!

0254

상대방이 뜻 모를 말을 할 때

영문 모를 말, 하지 마!

0255

공손하지 않은 말투를 나무랄 때

말투가 공손하지 않군!

0256

さすがだね！

さすがは '역시, 과연, 정말이지'라는 뜻으로, 자신이 생각했던 것과 똑같은 상황일 때 씁니다.

0257

ほらね、言(い)った通(とお)りだろう？

직역하면 '거봐, 내가 말한 대로지?'라는 뜻입니다.

자신의 충고나 주의를 듣지 않은 사람에게 실제로 안 좋은 일이 일어났을 때 씁니다.

0258

なんとなく分(わ)かるよ。

なんとなく는 특별한 이유는 없는 경우에 쓰는 '왠지 모르게'라는 뜻입니다.

0259

一目(ひとめ)見(み)れば分(わ)かるよ。

一目見る(ひとめみる)는 '한번 보다'라는 뜻입니다.

一目(ひとめ)で惚(ほ)れる(첫눈에 반하다)도 자주 쓰므로 함께 알아두세요.

0260

見込(みこ)んだ甲斐(かい)があったね。

見込(みこ)む는 '유망하다고 보다, 기대하다, 신용하다'라는 뜻이고, 甲斐(かい)는 '보람'이라는 뜻입니다.

0256

상대방을 칭찬해 줄 때

역시, 과연!

0257

상대방이 조언을 듣지 않았을 때

그러게 내가 뭐랬어?

0258

왠지 모르지만 알 수 있을 때

척 보면 알겠어.

0259

한번만 봐도 알 수 있을 때

한번 척 보면 알아!

0260

생각한 대로 결과가 나왔을 때

기대한 보람이 있었네.

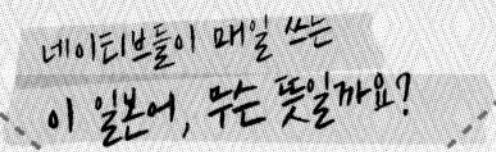

0261~0265.mp3

0261

ごもっとも！

ごもっともは '지당함, 당연함'이라는 뜻입니다.
정중하게 말하려면 ごもっともです(지당하십니다)라고 하면 됩니다.

0262

その通(とお)り！

その通(とお)りは '그대로, 옳소, 그렇고 말고' 등 다양한 뜻으로 씁니다.
강조하려면 まさに(정말, 딱)를 넣어서 まさにその通(とお)り(딱 그거야)라고 하면 됩니다.

0263

なるほど！

なるほど는 '정말, 과연, 그렇구나'라는 뜻으로, 상대방의 말이나 주장에 대해 맞장구를 칠 때 씁니다.

0264

よかったじゃん！

それはよかった(그거 잘됐네)라는 표현도 자주 쓰므로 함께 알아두세요.
정중하게 말하려면 それはよかったですね(그거 잘됐네요)라고 하면 됩니다.

0265

道理(どうり)で！

道理(どうり)で는 '어쩐지, 과연'이라는 뜻으로,
そんなことだろうと思(おも)った(그런 것일 거라고 생각했어)와 같은 뜻의 표현입니다.

0261

무조건 옳은 말이라고 할 때

당연해!

0262

상대방의 말에 동조할 때

내 말이!

0263

상대방의 말에 맞장구를 칠 때

그렇구나!

0264

결과가 좋아서 다행일 때

잘됐네!

0265

상대방과 같은 생각이라고 할 때

어쩐지!

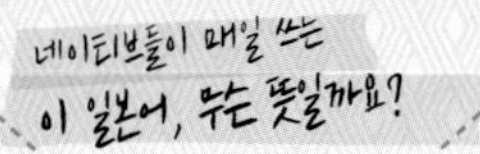

0266 □□□

そういう訳(わけ)か！

상대방의 말을 듣고 의문이나 수수께끼가 풀렸을 때 쓰는 표현입니다.
앞에 なるほど를 넣어서 なるほど！ そういう訳(わけ)か(과연! 그런 건가?)라는 표현도 자주 쓰지요.

0267 □□□

それもそのはず！

직역하면 '그도 그럴 것이'라는 뜻의 표현으로, はず는 '당연히 그렇다'라는 뜻입니다.

0268 □□□

そりゃそうだね。

そりゃそうだ는 '그건 그렇다, 하긴 그렇다, 말이 된다, 이해할 수 있다' 등으로 해석합니다.
정중하게 말하려면 それはそうですね(그건 그렇네요)라고 하면 됩니다.

0269 □□□

認(みと)めざるを得(え)ない！

認(みと)める는 '인정하다'라는 뜻이고, ない형 뒤에 연결하는 ～ざるを得(え)ない라는 표현은
'～하지 않을 수 없다'라는 뜻입니다. 다른 방법이 없어서 어쩔 수 없이 해야만 하는 상황일 때 쓰지요.

0270 □□□

まったくだ！

まったくだ는 '정말 그렇다, 동감이다'라는 뜻으로,
まったくその通(とお)り！(정말 그래!)라는 표현도 자주 쓰므로 함께 알아두세요.

0266

뭔가 미심쩍었던 의문이 풀렸을 때

그런 건가!

0267

너무 당연해서 놀랍지도 않을 때

당연한 거죠!

0268

상황을 이해할 수 있을 때

그건 그렇네.

0269

틀림없는 사실일 때

인정할 수밖에 없어.

0270

상대방의 말에 공감할 때

동감이야!

0271~0275.mp3

0271

いつもと違うね。

여기 쓰인 いつも는 '평소, 보통 때, 여느 때'라는 뜻의 명사입니다.
참고로 '평소'는 普段이라고도 합니다.

0272

期待外れだよ。

期待外れ는 '기대에 어긋남'이라는 뜻입니다. 外れ는 '빗나감, 어긋남, 틀림, 꽝'이라는 뜻이지요.

0273

桁違いだよ。

桁는 '숫자의 자릿수'라는 뜻으로, 桁違いだ는 '자릿수/단위가 다르다'라는 뜻입니다.
비교할 수 없을 정도의 현격한 차이가 있을 때 쓰는 표현으로 '격이 다르다, 급이 다르다'라고 해석하지요.

0274

見かけ倒しだね。

見かけ倒し는 '겉모양만 번지르르함'이라는 뜻으로, 의역하면 '빛 좋은 개살구'라는 뜻이지요.
見かけ는 '겉모습', 倒し는 '쓰러뜨리는 것'이라는 뜻입니다.

0275

まさに看板倒れ!

看板倒れ는 '간판(겉모습)은 그럴 듯하지만 내용이 빈약하다'라는 뜻입니다.
見かけ倒し와 바꿔 쓸 수 있는 표현이지요.

0271

평소와 분위기가 다를 때

평소와 다르네!

0272

기대치에 한참 미치지 못할 때

기대에 어긋났어.

0273

현격한 차이가 날 때

격이 다른 차이야.

0274

겉만 좋아 보이고 내용은 허접할 때

빛 좋은 개살구네!

0275

겉만 좋아 보이고 실속은 없을 때

정말 빛 좋은 개살구!

0276

なんか怪(あや)しい！

怪(あや)しい는 '수상하다, 이상하다'라는 뜻으로,
비슷한 뜻의 おかしい는 '누가 봐도 이상하다'라는 뉘앙스로 쓰입니다.

0277

テンションが高(たか)いね。

テンション(tension)은 일본식 영어로, 원래 뜻과는 다르게 '기력, 기운'이라고 해석합니다.
이 표현은 상대방이 힘찬 목소리를 내는 등 평소보다 기분이나 기력이 좋아 보일 때 씁니다.

0278

つじつまが合(あ)わない！

つじつま는 '이치, 조리'라는 뜻으로, 이야기의 앞뒤가 안 맞는다고 할 때 씁니다.

0279

うさんくさいね。

うさんくさい는 '어쩐지 수상하다/의심이 가다'라는 뜻으로, 怪(あや)しい보다 어감이 강합니다.

0280

普通(ふつう)じゃない！

普通(ふつう)는 '보통의, 평범한'이라는 뜻인데, 普通(ふつう)じゃない와 같이 부정형으로 쓰면
'보통이 아니다' 또는 '심상치 않다'라는 뜻이 됩니다.

0276

왠지 모르게 수상하게 느껴질 때

뭔가 수상해!

0277

상대방의 기분이 좋아 보일 때

텐션이 높네!

0278

이야기의 논리가 맞지 않을 때

말의 앞뒤가 안 맞아!

0279

뭔가 수상하고 의심이 갈 때

어쩐지 수상한데!

0280

평소와 확연히 다르다고 느낄 때

심상치 않아!

0281~0285.mp3

0281

それは初耳（はつみみ）だよ。

初耳（はつみみ）는 '처음 듣는 이야기'라는 뜻으로, '금시초문'이라고 해석하면 됩니다.

0282

さっぱり分（わ）からない！

さっぱり는 '전혀, 조금도'라는 뜻으로, 항상 뒤에 부정 표현과 함께 씁니다.
ちっとも分（わ）からない와 바꿔 쓸 수 있어요.

0283

分（わ）かるはずがない！

～はずがない는 '～할 리가 없다'라는 뜻으로, 가능성이 거의 없는 상황을 나타낼 때 씁니다.
～わけがない라고 바꿔도 뜻은 같습니다.

0284

分（わ）かるわけないだろう？

～わけ(が)ない는 '～할 리(가) 없다'라는 뜻으로, ～はず(が)ない와 바꿔 쓸 수 있습니다.

0285

全然（ぜんぜん）見当（けんとう）がつかない！

見当（けんとう）는 '예상, 예측, 짐작'이라는 뜻으로, 見当（けんとう）がつく는 '짐작이 가다, 감이 오다'라는 뜻입니다.

0281

처음 듣는 이야기일 때

그것은 금시초문이야.

0282

무슨 뜻인지 이해가 안 될 때

전혀 모르겠어!

0283

모르는 것이 당연할 때

알 리가 없지!

0284

당연히 모른다고 할 때

알 리 없잖아?

0285

전혀 짐작되지 않을 때

전혀 짐작이 안 가!

0286~0290.mp3

0286

自分を責めないで！

責めるは '자책하다, 책망하다'라는 뜻입니다.
あんまり自分を責めないで！(너무 자책하지 마!)도 함께 알아두세요.

0287

ほどほどにして！

ほどほどは '적당함, 알맞은 정도'라는 뜻입니다.
お酒(술), 仕事(일), 勉強(공부), 遊び(놀기) 등과 함께 쓸 수 있지요.

0288

あんまり追い込まないでよ。

追い込むは '몰아넣다'라는 뜻입니다.
あんまり自分を追い込まないで！(너무 자신을 몰아붙이지 마!)도 함께 알아두세요.

0289

早まっちゃだめ！

早まるは '서두르다, 서둘러서 일을 그르치다'라는 뜻으로,
早まっちゃは早まってはの 회화체 표현입니다.

0290

こっちの身にもなってよ。

身는 '몸, 입장(立場)'이라는 뜻입니다.
相手の身になって考える(상대방 입장이 되어 생각하다)도 자주 쓰므로 함께 알아두세요.

0286

자신을 탓하지 말라고 할 때

자책하지 마!

0287

적당히 하라고 말할 때

정도껏 해!

0288

너무 심하게 몰아붙일 때

너무 몰아붙이지 마!

0289

성급하게 행동하지 말라고 할 때

서두르면 안 돼!

0290

입장을 감안해 달라고 할 때

이쪽 입장도 생각해 줘!

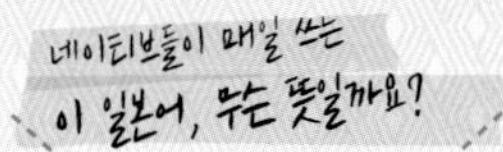

0291~0295.mp3

0291

やましいことは何(なに)もない！

やましい는 '뒤가 켕기다, 양심의 가책을 느끼다'라는 뜻이고, 何(なに)もない는 '아무것도 없다'라는 뜻입니다.

0292

後(うし)ろめたいことはしてない！

後(うし)ろめたい는 '뒤가 켕기다, 떳떳하지 못하다'라는 뜻입니다.

0293

隠(かく)し事(ごと)なんかしてないよ。

隠(かく)し事(ごと)는 '숨기는 것, 감추는 것'이라는 뜻으로,
隠(かく)し事(ごと)をする는 '숨기다, 감추다, 비밀로 하다'라고 해석하면 됩니다.

0294

私(わたし)を巻(ま)き込(こ)まないで！

巻(ま)き込(こ)む는 '(좋지 않은 일이나 상황 등에) 말려들게 하다'라는 뜻으로,
'끌어들이다'라고 해석하면 자연스러워요.

0295

身(み)に覚(おぼ)えがないよ。

覚(おぼ)え는 '기억, 경험'이라는 뜻으로, 覚(おぼ)える(기억하다, 외우다)의 명사형입니다.
자신이 하지 않은 일이라고 말하거나 짐작이 가는 것이 없는 경우에 쓰는 표현입니다.

0291

양심에 걸리지 않는다고 할 때

뒤가 켕기는 건 아무것도 없어!

0292

잘못한 것이 없다고 할 때

떳떳하지 못한 건 안 했어!

0293

비밀로 하는 것이 없다고 할 때

숨기는 것 같은 건 없어.

0294

말려들게 하지 말라고 할 때

나를 끌어들이지 마!

0295

전혀 기억에 없다고 할 때

전혀 모르는 일이야.

0296

珍(めずら)しいね!

珍(めずら)しい는 '희귀하다, 드물다, 신기하다, 별나다, 희한하다' 등의 다양한 뜻을 가진 말입니다. 직역하면 '희한하네, 드문 일이네'라는 뜻이지요.

0297

どういう風(かぜ)の吹(ふ)き回(まわ)し?

吹(ふ)き回(まわ)し는 '바람이 부는 상태'라는 뜻으로, 이 표현은 보통 어떻게 된 일이냐고 되물을 때 씁니다.

0298

なんか変(か)わってる!

変(か)わる(변하다, 바뀌다)와는 다르게 変(か)わってる는 '별나다, 독특하다, 특이하다'라는 뜻입니다. 좋은 의미로 개성이 강하다고 할 때 쓰는 말이지요.

0299

変(か)わった人(ひと)だね。

変(か)わった人(ひと)는 '별난 사람, 특이한 사람'이라는 뜻입니다.
変(か)わり者(もの)라고 하면 '괴짜'가 됩니다.

0300

猿(さる)も木(き)から落(お)ちるよね。

회화체에서는 も를 だって로 바꾼 猿(さる)だって木(き)から落(お)ちる를 즐겨 씁니다.

0296

평소와 다르게 보일 때

웬일이야?

0297

평소에 안 하던 행동을 했을 때

무슨 바람이 불었어?

0298

별나거나 독특하다고 말할 때

뭔가 특이하네!

0299

별나거나 독특한 사람이라고 말할 때

별난 사람이네!

0300

의외의 실수를 했을 때

원숭이도 나무에서 떨어지는구나.

망각방지 장치 1

하루만 지나도 학습한 내용의 50%는 잊어버립니다. 여러분은 몇 퍼센트나 잊어버렸을까요? 5분 안에 25개를 말해 보세요.

			○	×	복습
01	이제 와서 뭐야!	____、何(なに)よ!	□	□	0253
02	역시, 과연!	____だね!	□	□	0256
03	한번 척 보면 알아!	____見(み)れば分(わ)かるよ。	□	□	0259
04	내 말이!	その____!	□	□	0262
05	그렇구나!	____!	□	□	0263
06	잘됐네!	____じゃん!	□	□	0264
07	어쩐지!	____で!	□	□	0265
08	그건 그렇네.	そりゃ____ね。	□	□	0268
09	동감이야!	____だ!	□	□	0270
10	평소와 다르네!	____と違(ちが)うね。	□	□	0271
11	기대에 어긋났어.	期待(きたい)____だよ。	□	□	0272
12	격이 다른 차이야.	桁(けた)____だよ。	□	□	0273
13	빛 좋은 개살구네!	____倒(だお)しだね。	□	□	0274

정답 01 今(いま)さら 02 さすが 03 一目(ひとめ) 04 通(とお)り 05 なるほど 06 よかった 07 道理(どうり) 08 そうだ 09 まったく 10 いつも 11 外(はず)れ 12 違(ちが)い 13 見(み)かけ

			○	×	복습
14	뭔가 수상해!	なんか ＿＿＿＿ ！	□	□	0276
15	말의 앞뒤가 안 맞아!	＿＿＿＿ が合(あ)わない！	□	□	0278
16	심상치 않아!	＿＿＿＿ じゃない！	□	□	0280
17	그것은 금시초문이야.	それは ＿＿＿＿ だよ。	□	□	0281
18	전혀 모르겠어!	＿＿＿＿ 分(わ)からない！	□	□	0282
19	알 리 없잖아?	分(わ)かる ＿＿＿＿ だろう？	□	□	0284
20	전혀 짐작이 안 가!	全然(ぜんぜん) ＿＿＿＿ がつかない！	□	□	0285
21	정도껏 해!	＿＿＿＿ にして！	□	□	0287
22	뒤가 켕기는 건 아무것도 없어!	＿＿＿＿ ことは何(なに)もない！	□	□	0291
23	전혀 모르는 일이야.	身(み)に ＿＿＿＿ がないよ。	□	□	0295
24	무슨 바람이 불었어?	どういう風(かぜ)の ＿＿＿＿ ？	□	□	0297
25	별난 사람이네!	＿＿＿＿ 人(ひと)だね。	□	□	0299

맞은 개수: 25개 중 ＿＿＿ 개

당신은 그동안 ＿＿＿＿%를 잊어버렸습니다.

틀린 문장들은 다시 한번 보고 넘어가세요.

정답 14 怪(あや)しい 15 つじつま 16 普通(ふつう) 17 初耳(はつみみ) 18 さっぱり 19 わけない 20 見当(けんとう) 21 ほどほど 22 やましい 23 覚(おぼ)え 24 吹(ふ)き回(まわ)し 25 変(か)わった

망각방지 장치 2

일주일이 지나면 학습한 내용의 70%를 잊어버립니다. 여러분은 몇 퍼센트나 기억하고 있을까요? 대화문으로 확인해 보세요.

021 함께 낚시 가자는 제안을 거절할 때

kaiwa 021.mp3

A　今度(こんど)、釣(つ)りに行(い)かない？

B　딱 질색이야! 0224 泳(およ)げないし、魚(さかな)は苦手(にがて)だからね。

A　그렇구나! 0263 それなら、仕方(しかた)ないね。

B　一人(ひとり)で楽(たの)しんできてね。

- 泳(およ)ぐ 수영하다, 헤엄치다　苦手(にがて)だ 질색이다, 싫어하다　仕方(しかた)ない 어쩔 수 없다　楽(たの)しむ 즐기다

022 지구가 멸망한다고 가정할 때

kaiwa 022.mp3

A　明日(あした)地球(ちきゅう)が滅(ほろ)びるとしたら、何(なに)するつもり？

B　そんなバカなことが起(お)こるはずがない！ 말도 안 돼! 0203

A　例(たと)えばだよ。何(なに)、マジになってるの？

B　たとえ滅(ほろ)びるとしても、俺(おれ)は 전혀 끄떡없어! 0207

- 滅(ほろ)びる 멸망하다　バカな 어이없는　~はずがない ~할 리가 없다　マジになる 진지해지다

021

A　다음에 낚시 안 갈래?

B　まっぴらごめんだね。 0224

수영할 줄 모르고, 물고기는 싫어하거든.

A　なるほど！ 0263 그렇다면 어쩔 수 없네.

B　혼자 즐기고 와.

022

A　내일 지구가 멸망한다고 하면 뭐 할 생각이야?

B　그런 어이없는 일이 일어날 리가 없어! あり得(え)ない！ 0203

A　예를 들어서야. 뭘 그렇게 진지하게 받아?

B　설령 멸망한다고 해도 나는 全然平気(ぜんぜんへいき)！ 0207

023 새로 오픈한 식당에 실망했을 때

kaiwa 023.mp3

A　駅前にお店ができたけど、一緒に行かない？

B　あそこは 기대에 어긋났어. 0272
おいしくないし、値段も高い！

A　だめだね。
オープンして間もないのに、そういう噂なら。

B　내 말이! 0262 商売ってそんなに甘くないから。

- 〜て間もない ~한 지 얼마 안 되다　甘くない 만만하지 않다

024 여자친구를 집에 바래다 줄 때

kaiwa 024.mp3

A　今日、楽しかった！見送りは大丈夫！

B　駅まで行くよ。この辺、物騒だし。

A　ううん、괜찮다니까! 0217 駅まで近いじゃん。

B　그런 거, 다 알고 있다니까! 0218
ただもっと一緒にいたいから。

- 見送り 배웅　物騒だ 위험하다, 흉흉하다　ただ 그저, 단지

023

A 역 앞에 식당이 생겼는데, 함께 안 갈래?

B 거기는 期待外れだよ。 0272 맛도 없고 가격도 비싸!

A 안되겠네. 오픈해서 얼마 안 되었는데 그런 소문이라면.

B その通り！ 0262 장사라는 게 그렇게 만만하지 않으니까.

024

A 오늘 즐거웠어! 배웅은 괜찮아!

B 역까지 갈게. 이 부근 위험하기도 하고.

A 아냐, 大丈夫だって！ 0217 역까지 가깝잖아.

B そんなの、分かってるって！ 0218
그저 더 같이 있고 싶어서.

025 환영회가 하필이면 오늘이라서 실망할 때

kaiwa 025.mp3

A　仕事(しごと)が終(お)わってから、歓迎会(かんげいかい)があるって。

B　最悪(さいあく)! 하필이면 왜 오늘이야? 0245 約束(やくそく)があるのに。

A　しょうがないだろう。上(うえ)が決(き)めたことなんだから。

B　내 알 바 아냐! 0249 私(わたし)は行(い)かないから。

- しょうがない 어쩔 수가 없다　決(き)める 정하다, 결정하다

026 퇴근 후에 콘서트를 보러 갈 예정일 때

kaiwa 026.mp3

A　なんかいいことでもある? 朝(あさ)から 텐션이 높네! 0277

B　今日(きょう)、待(ま)ちに待(ま)ったコンサートに行(い)くんだ。

A　그런 건가! 0266 いいなあ! 私(わたし)も行(い)きたいなあ。

B　今度(こんど)、機会(きかい)があったら一緒(いっしょ)に行(い)こう!

- 待(ま)ちに待(ま)った 기다리고 기다리던, 오랫동안 기다리던

025

A　일이 끝나고 나서 환영회가 있대.

B　최악이네! よりによってなんで今日(きょう)なの？ 0245
약속이 있는데.

A　어쩔 수 없잖아. 위가 결정한 거니까.

B　知(し)ったことじゃない！ 0249 나는 안 갈 테니까.

026

A　뭔가 좋은 일이라도 있어?
아침부터 テンションが高(たか)いね。 0277

B　오늘, 기다리고 기다리던 콘서트에 가.

A　そういう訳(わけ)か！ 0266 좋겠다! 나도 가고 싶네.

B　다음에 기회가 있으면 함께 가자!

027 두 사람이 수상한 사이라고 생각될 때

kaiwa 027.mp3

A あの二人、なんか妙に親しいと思わない？

B そういえば、뭔가 수상해! 0276
まさか付き合ってるかな。

A そんなことはあり得ないよ。彼は結婚してるから。

B 그것은 금시초문이야. 0281 まだ独身だと思ってたのに。

• 親しい 친하다　そういえば 그러고 보니　まさか 설마

028 도시락을 가지고 왔다고 말할 때

kaiwa 028.mp3

A 久しぶりにお弁当を持ってきたんだ！

B あら、웬일이야? 0296 どういう風の吹き回し？

A 早く一緒に食べよう！味はどう？

B 꽤 좋은데! 0211 すっごくおいしい！

• どういう風の吹き回し？ 무슨 바람이 불어서?

027

A　저 두 사람, 왠지 묘하게 친하다고 생각하지 않아?

B　그러고 보니, なんか怪(あや)しい! 0276
설마 사귀고 있는 걸까?

A　그런 일은 있을 리 없어! 그는 결혼했으니까.

B　それは初耳(はつみみ)だよ。0281 아직 독신이라고 생각하고 있었는데.

028

A　오랜만에 도시락을 가지고 왔어!

B　어머, 珍(めずら)しいね! 0296 무슨 바람이 불어서?

A　빨리 함께 먹자! 맛은 어때?

B　なかなかいいじゃない! 0211 엄청 맛있어!

029 조카가 대학에 합격했을 때

kaiwa 029.mp3

A 私の姪っ子が大学に合格したよ。

B お～、잘됐네! 0264 おめでとう!

A ありがとう! めっちゃ頭がいいの。それにかわいいし。

B あ、そう? 서로 닮았네. 0233

- 姪っ子 조카 めっちゃ 엄청, 아주, 몹시, 매우

030 항상 약속시간에 늦게 올 때

kaiwa 030.mp3

A また遅刻? 待ってる 이쪽 입장도 생각해 줘! 0290

B 電車が遅れたのよ。本当にごめんね。

A 言い訳するんじゃないよ。기가 막혀 말도 안 나와! 0204

B だから、本当にごめんって言ったじゃん!

- 遅れる 늦다, 지각하다 言い訳 변명, 핑계

029

A　내 조카가 대학에 합격했어.

B　오~, よかったじゃん! 0264 축하해!

A　고마워! 엄청 머리가 좋아. 게다가 귀엽고.

B　아, 그래? 似(に)た者同士(ものどうし)だね。0233

030

A　또 지각이야? こっちの身(み)にもなってよ。0290

B　전철이 늦게 왔어. 정말 미안해!

A　변명하지 말고! 呆(あき)れてものも言(い)えない! 0204

B　그래서, 정말 미안하다고 말했잖아!

Part 4

네이티브가 친구와 허물없이 편하게 쓰는 표현 100

일본 사람들이 친한 사이나 친구와 대화할 때 편하게 쓰는 표현들을 모았습니다. 일본어 표현의 우리말 해석을 직역보다는 의역을 하여 쉽게 이해할 수 있습니다. 예를 들어 '쌤통이야, 짓궂어, 내숭 떨기는, 능청 떨지 마!' 등 일상생활에서 바로 써먹을 수 있는 표현들 위주로 모았습니다. 대부분 일본 드라마나 애니메이션, 영화 등에서 자주 나오는 표현이 많기 때문에 기억해 두시면 좋아요.

01 최고야! 02 간단하지! 03 망했다! 04 아뿔싸! 05 꿈 깨라, 꿈 깨! 06 마음대로 해!
07 됐거든! 08 누굴 바보로 아니? 09 천하태평하네! 10 아, 좀! 11 짜증 지대로다!
12 너란 인간은! 13 철 좀 들어! 14 제정신이야? 15 비겁해! 16 잘났어, 정말! 17 폼 잡기는!
18 내숭 떨기는! 19 시치미 떼지 마! 20 각오해!

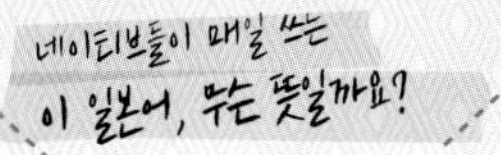

0301

イケてるね!

イケてる는 '멋지다'라는 뜻의 회화체 표현입니다.

めちゃめちゃイケてる(엄청 멋지다)도 자주 쓰므로 함께 알아두세요.

0302

断(だん)トツだね。

断(だん)トツ는 断然(だんぜん)トップ(단연 톱)의 준말로, 여럿 중에서 유독 뛰어난 사람에게 씁니다.

0303

ピカイチだよ。

ピカイチ는 '출중한 사람, 엄청 뛰어난 사람'이라는 뜻의 회화체 표현입니다.

0304

決(き)まってるね。

決(き)まってる는 '잘 어울리다'라는 뜻으로, 멋있게 잘 차려입은 사람에게 하는 말입니다.

비슷한 표현인 カッコいい·イケてる·よく似合(にあ)う도 함께 알아두세요.

0305

やっぱり我(わ)が家(や)が一番(いちばん)!

我(わ)が家(や)(우리집) 대신에 그냥 '집'이라는 뜻의 家(いえ) 또는 うち라고 해도 됩니다.

0301

매우 멋지다고 말할 때

멋지네!

0302

최고라고 말할 때

단연 톱이네!

0303

가장 뛰어나다고 할 때

최고야!

0304

옷차림이 멋있다고 칭찬할 때

정말 잘 어울려!

0305

집이 제일 좋다고 말할 때

역시 우리집이 최고야!

0306

ちょろいもんよ。

ちょろい는 '쉽다, 간단하다, 별거 아니다'라는 뜻이고, もん은 もの의 회화체 표현입니다.

0307

このくらい、朝飯前(あさめしまえ)だよ。

朝飯前(あさめしまえ)는 '아침밥 먹기 전'이라는 뜻으로, '배고픈 상태에서도 할 수 있을 정도로 쉬운 일'을 뜻합니다. '식은 죽 먹기' 또는 '누워서 떡 먹기'라고 해석하면 자연스러워요.

0308

余裕(よゆう)だよ。

余裕(よゆう)는 '여유'라는 뜻인데, '간단하다, 쉽다'라는 뜻으로도 자주 쓰는 말입니다.

0309

楽勝(らくしょう)！ 楽勝(らくしょう)！

楽勝(らくしょう)(낙승)는 직역하면 '쉬운 승리'라는 뜻이지만, 여기에서는 '간단하다'라고 해석해야 자연스러워요. 보통 이어서 두 번 쓰는 경우가 많지요.

0310

どうってことないよ。

どうってことない를 大(たい)したことない로 바꿔 써도 좋습니다.

0306

무척 쉬운 일이라고 말할 때

별거 아냐.

0307

매우 쉬운 것임을 강조할 때

이 정도, 식은 죽 먹기야.

0308

간단한 일이라고 자신할 때

껌이지!

0309

별거 아니라고 할 때

간단해! 간단해!

0310

문제가 되지 않는 상황일 때

별일 아니야!

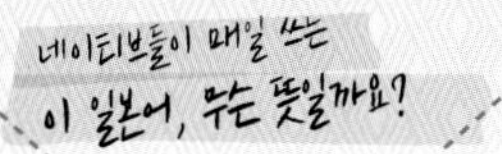

0311

参(まい)ったな！

参(まい)るは '곤란하다, 큰일 났다'라는 뜻으로, 困(こま)ると 바꿔 쓸 수 있습니다. 주로 난처하고 곤란한 일이 생겼을 때 쓰지요.

0312

弱(よわ)ったな！

弱(よわ)ったなは 困(こま)ったな·参(まい)ったな와 같은 뜻으로 쓰는 표현입니다.

0313

またドジったよ。

ドジるは '실수하다'라는 뜻의 회화체 표현입니다. 같은 뜻인 ドジを踏(ふ)む라는 숙어도 함께 알아두세요.

0314

台無(だいな)しにしちゃった！

台無(だいな)しにするは '엉망으로 만들다, 망치다'라는 뜻입니다. チャンスを台無(だいな)しにする(기회를 엉망으로 만들다)도 자주 쓰는 표현입니다.

0315

しくじった！

しくじるは '실패하다, 실수하다'라는 뜻으로, 회화에서는 줄여서 しくる라고도 합니다.

0311

문제가 생겼을 때

큰일 났네!

0312

곤란한 상황일 때

난처하네!

0313

얼빠진 행동을 했을 때

또 실수했어.

0314

자신의 실수로 망쳤을 때

엉망으로 만들어 버렸어!

0315

실수를 하고 말았을 때

망했어!

0316~0320.mp3

0316

□□□

いけない！もうこんな時間(じかん)！

いけないは '좋지 않다, 안 된다'라는 뜻인데, 감탄사로 쓰면 '이런, 저런'이라고 해석합니다.

0317

□□□

しまった！

しまったは 실패해서 몹시 분할 때 내뱉는 말로, '아차, 아뿔싸, 큰일 났다' 등으로 해석합니다.

0318

□□□

やっちゃった！

やっちゃったは やる의 과거형으로 직역하면 '해 버렸다, 하고 말았다'라는 뜻이지만,
여기에서는 '저질렀다, 실수했다'라고 해석해야 자연스러워요.

0319

□□□

どうにでもなれ！

どうでもいい(아무래도 좋다)와 같은 뜻으로, やけくそだ(자포자기다)와 함께 쓰는 경우가 많습니다.

0320

□□□

ちょっとトラブっちゃって。

トラブる는 영어 trouble이 동사화된 것으로,
'문제가 생기다, (자동차, 컴퓨터 등이) 고장 나다'라고 해석하면 됩니다.

0316

시간에 늦었다고 할 때

이런! 벌써 시간이 이렇게 됐네!

0317

실수했을 때

아뿔싸!

0318

아끼던 물건을 떨어뜨렸을 때

저질렀어!

0319

될 대로 되라는 심정으로 말할 때

에라 모르겠다!

0320

큰일이 생겼을 때

좀 문제가 생겨서 말이야.

0321~0325.mp3

0321

しっかりして！

しっかりする는 '똑바로 하다, 제대로 하다, 정신을 차리다'라는 뜻입니다.
しっかり者(もの)(견실한 사람, 살림꾼, 절약가)도 함께 알아두세요.

0322

夢(ゆめ)にも思(おも)わないで！

夢(ゆめ)にも思(おも)わない는 '꿈에도 생각하지 않다'라는 뜻으로,
'꿈도 꾸지 않다'라고 해석하면 자연스러워요.

0323

夢(ゆめ)のまた夢(ゆめ)だよ。

夢(ゆめ)のまた夢(ゆめ)는 '꿈속의 꿈, 도저히 이룰 수 없는 꿈'이라는 뜻입니다.
의역하여 '하늘의 별따기'라고 해석하면 됩니다.

0324

とてつもない！

とてつもない는 '터무니없다'라는 뜻으로, 상식적으로 생각할 수 없는 경우일 때 씁니다.
とんでもない보다 뜻이 강하지요.

0325

雲(くも)をつかむような話(はなし)だね。

雲(くも)をつかむ는 '구름을 붙잡다'라는 뜻으로, '뜬구름을 잡다'라고 해석합니다.
이 표현은 현실성이 전혀 없는 이야기를 하는 사람에게 씁니다.

0321

현실을 직시하라고 할 때

정신 차려!

0322

생각도 하지 말라고 할 때

꿈도 꾸지 마!

0323

거의 불가능한 일일 때

하늘의 별따기야.

0324

당치도 않은 말을 할 때

터무니없어.

0325

가망 없는 꿈을 꾸고 있을 때

뜬구름 잡는 이야기네.

0326

勝手(かって)にしろ！

勝手(かって)には '제멋대로, 마음대로'라는 뜻입니다. 好(す)きにしろ와 같은 뜻입니다.
勝手(かって)にして보다 勝手(かって)にしろ가 더 어감이 강합니다.

0327

勝手(かって)にしやがれ！

勝手(かって)にしろ를 강하고 거칠게 표현한 말로, 영화나 드라마, 노래 등의 제목으로 자주 쓰입니다.

0328

好(す)きにすれば？

好(す)きにすればいいよ가 줄어든 표현입니다.
好(す)きにしろ라고 하면 '좋을 대로 해!'라는 뜻이 됩니다.

0329

やりたい放題(ほうだい)だね。

放題(ほうだい)는 '마음껏, 마음대로'라는 뜻입니다.
보통 앞에 やりたい가 와서 '하고 싶은 대로'라는 뜻이 됩니다.

0330

遊(あそ)び盛(ざか)りだからね。

遊(あそ)び盛(ざか)り는 '한창 놀 때, 한창 놀 나이'라는 뜻입니다.
한창 놀 나이니까 구속하지 말고 마음껏 놀도록 내버려 두라고 조언할 때 씁니다.

0326

마음대로 하라고 할 때

마음대로 해!

0327

하고 싶은 대로 하라고 할 때

네 멋대로 해라!

0328

원하는 대로 하라고 할 때

좋을 대로 하지 그래?

0329

하고 싶은 대로 했을 때

마음대로 하네.

0330

놀게 내버려 두라고 조언할 때

한창 놀 때잖아.

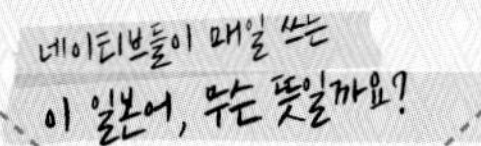

0331~0335.mp3

0331

なにもそこまで。

なにも는 '굳이'라는 뜻입니다. 뒤에 やらなくても(하지 않아도)를 넣어도 좋습니다.

0332

もうたくさん!

たくさん은 '충분함, 많음, 더 필요 없음'이라는 뜻입니다.
이제 충분히 들었으니 더 들을 것이 없다는 뉘앙스의 표현이지요.

0333

とんちんかんなこと、言(い)うなよ。

とんちんかん은 '(언행이) 종잡을 수 없음, 뚱딴지같음, 엉뚱함'이라는 뜻입니다.

0334

余計(よけい)なお世話(せわ)!

상대방의 도움이나 조언이 자신에게는 필요 없는 말참견으로 생각될 때 쓰는 표현입니다.
직역하면 '쓸데없는 돌봄'이지만 반어법으로 쓰였어요.

0335

嫌(いや)ならいいよ!

선택지 없이 한 쪽을 선택하라고 할 때 쓰는 표현으로, 嫌(いや)なら別(べつ)にいいよ라고 해도 좋습니다.

0331

일부러 하지 않아도 된다고 할 때

굳이 그렇게까지.

0332

상대방의 말을 듣고 싶지 않을 때

더는 필요 없어!

0333

엉뚱한 이야기를 할 때

뚱딴지같은 말, 하지 마!

0334

남의 일에 관심 갖지 말라고 할 때

쓸데없는 참견이야!

0335

하기 싫으면 하지 말라고 할 때

싫으면 말고!

0336

そんなお人好しじゃない！

お人好し는 '사람 좋은 호인'이라는 뜻으로, '어리숙한 사람'을 가리키는 말입니다.

0337

シカトかよ！

シカトする는 '외면하다, 무시하다'라는 뜻입니다.

알면서도 일부러 모르는 척하는 경우에 쓰는 표현이지요.

0338

冗談がきついね。

농담으로 받아들이기에는 말이 너무 심한 경우에 쓰는 표현입니다.

きつい는 '(정도가) 심하다, 힘들다, 빡빡하다' 등 다양한 뜻으로 쓰여요.

0339

人を何だと思ってるの？

人 대신에 私를 넣어서 사용해도 됩니다.

직역하면 '사람을 뭐라고 생각하는 거야?'가 됩니다.

0340

分かり切ったことを言うなよ。

分かり切る는 '뻔히 다 알다'라는 뜻입니다.

직역하면 '뻔히 다 알고 있는 말을 하지 마!'라는 뜻입니다.

0336

우습게 보지 말라고 할 때

그렇게 어리숙하지 않아!

0337

모르는 척을 할 때

무시하는 거야?

0338

말이 지나치다고 할 때

농담이 심하네.

0339

무시하는 말을 들었을 때

사람을 뭘로 보는 거야?

0340

누구나 다 아는 뻔한 말을 할 때

그런 당연한 말을!

0341~0345.mp3

0341 ☐☐☐

中途半端(ちゅうとはんぱ)な人(ひと)だな。

中途半端(ちゅうとはんぱ)だ라는 말에는 끝을 맺지 못한다는 뉘앙스가 있습니다.
따라서 '어설프다, 어중간하다, 흐지부지하다, 이도 저도 아니다' 등의 다양한 뜻으로 해석됩니다.

0342 ☐☐☐

能天気(のうてんき)な人(ひと)だよね。

能天気(のうてんき)だ는 '천하태평하고 행동이 경박하다'라는 뜻입니다.
'느긋한 사람, 태평한 사람'은 呑気(のんき)な人(ひと)라고 하므로 함께 알아두세요.

0343 ☐☐☐

おっちょこちょいなんだね。

おっちょこちょい는 '행동이 경박함'이라는 뜻 외에 '덜렁이, 촐랑이'라는 뜻으로도 쓰입니다.

0344 ☐☐☐

根(ね)っからの怠(なま)け者(もの)だよ。

根(ね)っから는 '애초부터, 태어나면서부터'라는 뜻이고, 怠(なま)け者(もの)는 '게으름뱅이'라는 뜻입니다.

0345 ☐☐☐

生(う)まれつきなのよ。

生(う)まれつき는 '타고난 것, 선천적인 것, 천성'이라는 뜻입니다.

0341

어중간한 성격의 사람일 때

이도 저도 아닌 어설픈 사람이네.

0342

모든 일에 진지함이 없는 사람일 때

천하태평한 사람이네.

0343

매사에 덜렁대는 사람일 때

덜렁대는군.

0344

천성이 게으른 사람일 때

천성이 게으름뱅이야.

0345

천성이 그렇다고 말하고 싶을 때

타고났어.

0346

ふざけるなよ。

ふざける는 '까불다, 장난치다'라는 뜻으로, 회화에서는 ふざけんなよ라고도 합니다.
여자들은 ふざけないで!가 무난합니다.

0347

とぼけないで!

とぼける는 '얼빠지다, 정신 나가다, 시치미 떼다, 능청 떨다' 등 다양하게 해석할 수 있습니다.

0348

もううんざり!

うんざり는 '진절머리가 남, 지긋지긋함, 몹시 싫증남'이라는 뜻입니다.
짜증이나 불만을 나타내고 싶을 때 쓰는 표현이지요.

0349

それはあんまりだよ。

あんまり(너무, (부정)별로)가 명사로 쓰이면 '심함, 지나침, 과도함'이라는 뜻이 됩니다.

0350

やり過(す)ぎだよ。

やり過(す)ぎ는 '도가 지나침, 너무 심함'이라는 뜻으로, やり過(す)ぎる의 명사형입니다.

0346

장난치지 말라고 할 때

까불지 마!

0347

딴청 피울 때

시치미 떼지 마!

0348

더 이상 참을 수 없을 때

이제 지긋지긋해!

0349

도가 지나쳤다고 할 때

그건 너무 심하네.

0350

지나친 말이나 행동을 했을 때

너무 지나쳐!

망각방지 장치 1

하루만 지나도 학습한 내용의 50%는 잊어버립니다. 여러분은 몇 퍼센트나 잊어버렸을까요? 5분 안에 25개를 말해 보세요.

			○	×	복습
01	단연 톱이네!	だよ。	☐	☐	0302
02	별거 아냐.	もんよ。	☐	☐	0306
03	이 정도,식은 죽 먹기야.	このくらい、　だよ。	☐	☐	0307
04	큰일 났네!	な!	☐	☐	0311
05	엉망으로 만들어 버렸어!	にしちゃった!	☐	☐	0314
06	아뿔싸!	!	☐	☐	0317
07	저질렀어!	ちゃった!	☐	☐	0318
08	정신 차려!	して!	☐	☐	0321
09	하늘의 별따기야.	夢(ゆめ)のまた　だよ。	☐	☐	0323
10	마음대로 해!	にしろ!	☐	☐	0326
11	좋을 대로 하지 그래?	にすれば?	☐	☐	0328
12	마음대로 하네.	やりたい　だね。	☐	☐	0329
13	한창 놀 때잖아.	遊(あそ)び　だからね。	☐	☐	0330

정답 01 断(だん)トツ 02 ちょろい 03 朝飯前(あさめしまえ) 04 参(まい)った 05 台無(だいな)し 06 しまった 07 やっ 08 しっかり 09 夢(ゆめ) 10 勝手(かって) 11 好(す)き 12 放題(ほうだい) 13 盛(ざか)り

			O	X	복습
14	굳이 그렇게까지.	そこまで。	☐	☐	0331
15	더는 필요 없어!	もう !	☐	☐	0332
16	쓸데없는 참견이야!	なお世話(せわ)!	☐	☐	0334
17	싫으면 말고!	ならいいよ。	☐	☐	0335
18	무시하는 거야?	かよ!	☐	☐	0337
19	농담이 심하네.	冗談(じょうだん)が ね。	☐	☐	0338
20	천하태평한 사람이네.	な人だよね。	☐	☐	0342
21	천성이 게으름뱅이야.	根(ね)っからの だよ。	☐	☐	0344
22	타고났어.	つきなのよ。	☐	☐	0345
23	까불지 마!	なよ。	☐	☐	0346
24	이제 지긋지긋해!	もう !	☐	☐	0348
25	그건 너무 심하네.	それは だよ。	☐	☐	0349

맞은 개수: 25개 중 ____ 개

당신은 그동안 ____%를 잊어버렸습니다.

틀린 문장들은 다시 한번 보고 넘어가세요.

정답 14 なにも 15 たくさん 16 余計(よけい) 17 嫌(いや) 18 シカト 19 きつい 20 能天気(のうてんき) 21 怠(なま)け者(もの) 22 生(う)まれ 23 ふざける 24 うんざり 25 あんまり

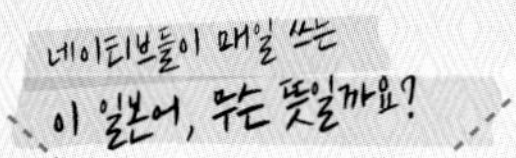

0351~0355.mp3

0351

もう飽(あ)きちゃった!

飽(あ)きる는 '질리다, 싫증나다'라는 뜻입니다.

더 이상 참을 수 없을 만큼 질렸을 때 쓰는 표현이지요.

0352

飽(あ)き飽(あ)きだよ。

飽(あ)き飽(あ)きは는 '완전히 질림'이라는 뜻으로, 飽(あ)きる(질리다)를 두 번 써서 강조한 말입니다.

0353

懲(こ)りない人(ひと)だね。

懲(こ)りる는 '넌더리나다, 질리다'라는 뜻입니다.

부정형인 懲(こ)りない를 써서 반성이나 학습 없이 되풀이 되는 상황을 비난할 때 씁니다.

0354

もう嫌(いや)んなっちゃう!

嫌(いや)になってしまう가 줄어든 형태로, 숙어처럼 통째로 외워두세요.

0355

非常識(ひじょうしき)だな。

非常識(ひじょうしき)는 '몰상식'이라는 뜻입니다.

참고로 非常識極(ひじょうしききわ)まりない(몰상식하기 짝이 없다)라는 표현도 함께 알아두세요.

0351

싫증났을 때

이제 질려 버렸어!

0352

진절머리가 날 때

완전히 질렸어!

0353

질리지도 않아서 어이없는 사람일 때

못 말리는 사람이네.

0354

원치 않는 상황이 벌어질 때

정말 싫어져!

0355

상식을 벗어난 행동일 때

몰상식하군.

0356~0360.mp3

0356

がっかりした!

がっかりは 실망하는 모습을 나타내는 말로, がっかりだよ(실망이야)로 바꿔 쓸 수 있습니다.

0357

本当(ほんとう)に甲斐性(かいしょう)なしだね。

甲斐性(かいしょう)는 '주변머리, 변변함'이라는 뜻입니다.

甲斐性(かいしょう)なし는 '무기력함, 무기력한 사람'이라는 뜻인데, '쓸모없는 사람'이라고 해석하지요.

0358

どうしようもない奴(やつ)だな。

どうしようもない는 직역하면 '어떻게 할 수도 없다'라는 뜻으로, '구제불능이다'라고 해석합니다.

직역하면 '구제불능인 녀석이네'이지요. 이 표현은 남자한테만 쓸 수 있어요.

0359

様(ざま)、見(み)ろ!

직역하면 '니 꼴 좀 봐라!'입니다. 싫어하는 사람이 실수했을 때 고소해 하는 상황에서 씁니다.

주로 남자들만 쓰는 거친 표현이지요.

0360

いい気味(きみ)だ!

気味(きみ)는 '기분, 기미'라는 뜻으로, 상대방의 실수에 고소하다고 말할 때 씁니다.

주로 남자들만 쓰는 거친 표현이지요.

0356

실망하게 되었을 때

실망했어!

0357

의지할 수 없는 사람일 때

정말 쓸모없는 사람이네.

0358

구제불능인 사람일 때

정말 구제불능이군.

0359

꼴좋다고 고소해 할 때

쌤통이다!

0360

상대방의 실수를 고소해 할 때

그것 참 고소하군!

0361~0365.mp3

0361

早く一人前になってね。

一人前(음식의 1인분)는 여기에서 '한 사람 몫을 할 수 있는 어른'을 비유하는 말로 쓰였습니다. 자신의 밥벌이를 할 수 있어야 어른이라는 뉘앙스를 가진 표현이지요.

0362

いい年して！

いい年는 '좋은 나이'라는 뜻이 아니라 '알만한 나이'라고 해석해야 합니다. 뒤에 みっともない(꼴불견이야)가 생략되어 있어요.

0363

本当にわがままだね。

わがままだ는 '제멋대로이다, 버릇이 없다'라는 뜻입니다.

0364

世間知らずもほどほどに！

世間知らず는 '세상물정을 모르는 철부지'라는 뜻이고, ほどほどに는 '정도껏, 작작'이라는 뜻입니다.

0365

身の程知らずだな。

身の程知らず는 '자신의 분수를 모르는 사람'이라는 뜻입니다.

0361

성숙한 사람이 되라고 조언할 때

빨리 어른 좀 돼!

0362

나이에 맞는 행동을 못했을 때

알만한 나이에!

0363

버릇이 없다고 말할 때

정말 제멋대로네.

0364

세상물정을 모르는 사람일 때

철부지도 정도껏 해!

0365

자신의 분수를 파악하라고 할 때

분수를 모르는군.

0366

正気(しょうき)か？

正気(しょうき)는 '정상적인 정신상태, 제정신'이라는 뜻입니다. 주로 남자들이 쓰는 거친 표현이지요.

0367

気(き)は確(たし)かなの？

정신이 멀쩡한지를 반어적으로 묻는 회화체 표현입니다.
正気(しょうき)か와 비슷한 뉘앙스의 표현이지요.

0368

頭(あたま)、おかしいんじゃない？

おかしい는 '이상하다, 수상하다, 정상이 아니다' 등으로 해석하는 말입니다.
보통 상식적이지 않거나 판단력을 잃은 말이나 행동을 나무랄 때 씁니다.

0369

どうかしてるよ。

どうかする는 '뭔가 이상하다, 정상이 아니다'라는 뜻입니다.
우리말의 '미친 거 아냐?'에 해당하는 일본어가 바로 이 표현입니다.

0370

何様(なにさま)のつもりだよ！

잘난 척을 하거나 명령하는 사람에게 쓸 수 있는 표현입니다.
주로 남자들이 쓰는 거친 표현이지요.

0366

정상적이지 않은 행동을 할 때

제정신이야?

0367

제정신이 아닌 행동을 할 때

미쳤어?

0368

판단력을 잃었다고 나무랄 때

머리가 이상한 것 아냐?

0369

정상이 아니라고 말할 때

제정신이 아니야.

0370

잘난 척하는 사람일 때

네가 뭔데?

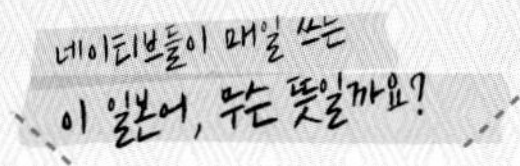

0371~0375.mp3

0371

ずるいよ。

ずるい는 '치사하다, 교활하다, 비겁하다'라는 뜻입니다.
예를 들어 몰래 혼자 맛있는 걸 먹은 사람에게 쓸 수 있지요.

0372

ずる賢(がしこ)いんだから。

ずる賢(がしこ)い는 ずるい(치사하다, 교활하다)와 賢(かしこ)い(현명하다)가 합쳐진 말입니다.
'약삭빠르다, 영악하다, 약아빠지다'라고 해석하면 자연스러워요.

0373

嫌(いや)みなの？

嫌(いや)み는 '일부러 남에게 불쾌감을 주는 말이나 행동'을 뜻하는 말입니다.

0374

嫌(いや)がらせだよね。

嫌(いや)がらせ는 '일부러 남이 싫어하는 짓궂은 말이나 행동'을 뜻하는 말입니다.
嫌(いや)がる(싫어하다)에서 파생된 표현입니다.

0375

意地悪(いじわる)！

意地悪(いじわる)는 '심술궂음, 짓궂음'이라는 뜻으로, '심술쟁이'라고도 해석합니다.
장난치며 놀리거나 짓궂은 행동을 하는 사람에게 쓸 수 있는 표현이지요.

0371

치사하다고 말할 때

치사해!

0372

영악하다고 말할 때

약아빠졌다니까!

0373

빈정거릴 때

비꼬는 거야?

0374

일부러 싫은 행동을 할 때

심술부리는군.

0375

심술궂다고 할 때

심술쟁이!

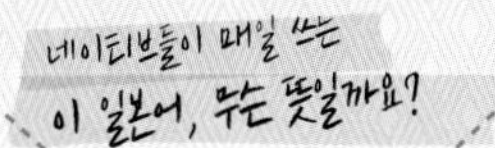

0376~0380.mp3

0376

偉(えら)そうに！

偉(えら)い는 칭찬할 때는 '훌륭하다, 대단하다'라는 뜻이지만 비난할 때는 '잘나다'라는 뜻입니다. 완전한 문장은 偉(えら)そうに言(い)うなよ(잘났다는 듯이 말하지 마!)이므로 함께 알아두세요.

0377

いい気(き)になるなよ。

いい気(き)になる는 '우쭐대다, 자만하다'라는 뜻입니다.

0378

自惚(うぬぼ)れないで！

自惚(うぬぼ)れる는 '자부하다, 자만하다, 우쭐대다'라는 뜻으로, 자아도취에 빠진 사람에게 씁니다.

0379

人(ひと)のこと、言(い)えるの？

人(ひと)のことは言(い)えない(남의 말은 할 수 없다)라는 뉘앙스를 가진 표현입니다.

0380

お互(たが)い様(さま)だろう。

お互(たが)い様(さま)는 '피차일반, 서로 마찬가지임'이라는 뜻입니다.

0376

잘난 척하는 사람을 비난할 때

잘났어, 정말!

0377

잘난 척이 심할 때

우쭐대지 마!

0378

자만하는 사람을 비난할 때

자만하지 마!

0379

자신의 처지를 생각하라고 할 때

사돈 남말 하고 있네!

0380

같은 상황에 처했을 때

피차일반이야.

0381~0385.mp3

0381

カッコつけて!

カッコつける는 '잘난 척하다, 폼 잡다'라는 뜻으로, カッコいい(멋지다)에서 온 말입니다.

0382

威張(いば)るなよ。

威張(いば)る는 '뽐내다, 뻐기다, 잘난 척하다'라는 뜻입니다.

えばる라고 발음하기도 하므로 함께 알아두세요.

0383

気取(きど)った奴(やつ)だな。

気取(きど)る는 '젠체하다, 점잔 빼다, 거드름 피우다'라는 뜻입니다.

0384

もったいぶらないで!

もったいぶる는 '거드름 피우다, 젠체하다'라는 뜻입니다.

상대방이 뜸을 들이면서 알려 주지 않는 상황일 때 많이 쓰는 표현이지요.

0385

強(つよ)がらなくてもいいよ。

強(つよ)がる는 '강한 척하다, 허세 부리다'라는 뜻입니다.

이 표현은 힘든 상황을 감추려고 하는 사람에게 쓰면 좋습니다.

0381

잘난 척을 할 때

폼 잡기는!

0382

자랑인양 으스댈 때

잘난 척하지 마!

0383

거드름 피울 때

거드름 피우는 녀석이군.

0384

뜸 들이지 말고 빨리 말하라고 할 때

점잔 빼지 마!

0385

강한 척하지 말라고 할 때

센 척하지 않아도 돼!

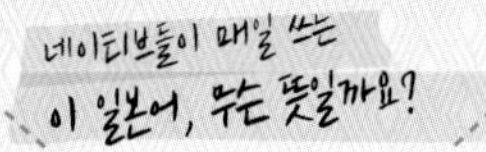

0386 □ □ □

いい子(こ)ぶるなよ。

명사 뒤에 연결하는 ぶる는 '~인 척하다'라는 뜻입니다.

0387 □ □ □

かわい子(こ)ぶっちゃって!

かわいい子(こ)ぶる는 '귀여운 척하다, 예쁜 척하다'라는 뜻입니다.
실제 회화에서는 짧게 かわい子(こ)ぶる라고 하는 경우가 많아요.

0388 □ □ □

ぶりっ子(こ)!

ぶりっ子(こ)는 '남자 앞에서 얌전한 척, 귀여운 척, 예쁜 척, 착한 척을 하는 여자'를 가리키는 말입니다.

0389 □ □ □

かまととぶって!

かまとと는 '새침떼기'라는 뜻입니다.
かまととぶる는 우리말의 '내숭 떨다'에 딱 들어맞는 표현입니다.

0390 □ □ □

猫(ねこ)をかぶるのをやめて!

猫(ねこ)をかぶる는 직역하면 '고양이를 뒤집어쓰다'라는 뜻이지만,
'여자가 얌전한 척을 하며 내숭을 떨다'라고 해석하는 숙어입니다.

0386

위선적인 태도를 취할 때

착한 척하지 마!

0387

예쁜 척하는 행동을 할 때

귀여운 척하기는!

0388

착한 척하는 여자일 때

내숭녀!

0389

순진한 척하지 말라고 할 때

내숭 떨기는!

0390

얌전한 척하지 말라고 할 때

그만 내숭 떨어!

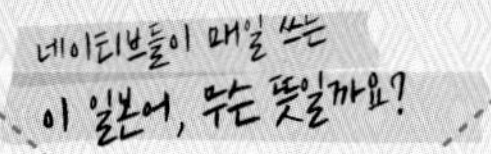

0391~0395.mp3

0391

□□□

言(い)い訳(わけ)するなよ。

言(い)い訳(わけ)는 '핑계, 변명'이라는 뜻입니다.
言(い)い訳(わけ)は要(い)らない(핑계는 필요 없어!)도 자주 쓰므로 함께 알아두세요.

0392

□□□

知(し)らんぷりしないで!

知(し)らんぷりする는 知(し)らないふりをする가 줄어든 형태로,
'모르는 척하다, 시치미 떼다'라는 뜻의 숙어입니다.

0393

□□□

しらばっくれて!

しらばっくれる는 '딴청 피우다'라는 뜻입니다.
알면서도 모르는 척하면서 시치미 떼지 말라고 할 때 즐겨 쓰는 표현이지요.

0394

□□□

回(まわ)りくどいよ。

回(まわ)りくどい는 '번거롭다, 빙 둘러서 말하다'라는 뜻입니다.
돌려 말하지 말고 단도직입적으로 말하라고 할 때 쓰면 좋아요.

0395

□□□

素直(すなお)になれよ。

素直(すなお)だ는 '솔직하다, 순수하다, 고분고분하다'라는 뜻입니다.
素直(すなお)じゃないね(솔직하지 않네!)도 자주 쓰는 표현이므로 알아두세요.

0391

변명하려고 할 때

핑계 대지 마!

0392

알면서도 모르는 척할 때

모르는 척하지 마!

0393

딱 잡아떼는 상황일 때

딴청 피우기는!

0394

말을 돌려 하는 상황일 때

말 돌리지 마!

0395

솔직히 말하라고 할 때

솔직해져 봐!

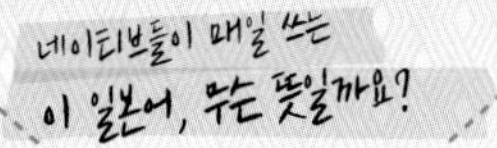

0396

覚(おぼ)えてろよ！

覚(おぼ)えるは '기억하다'라는 뜻으로, 직역하면 '기억하고 있어!'가 됩니다.
주로 남자들이 쓰는 거친 표현이지요.

0397

今(いま)に見(み)てろ！

今(いま)に見(み)てろは '두고 보자!'라는 뜻의 숙어입니다.
주로 남자들이 쓰는 거친 표현이지요.

0398

必(かなら)ず見返(みかえ)してやる！

見返(みかえ)す는 직역하면 '되돌아보다'라는 뜻인데,
자신을 무시하거나 힘들게 한 사람에게 앙갚음하겠다는 뉘앙스가 있습니다.

0399

ただじゃ済(す)まないよ。

이 표현은 직역하면 '그냥은 끝나지 않아!'라는 뜻인데,
다음에 또 그렇게 하면 가만있지 않겠다는 뉘앙스가 있습니다.

0400

やっつけてやる！

やっつける는 '(일 등을) 끝내다, 해치우다, 혼내 주다'라는 뜻입니다.
주로 남자들이 쓰는 거친 표현이지요.

0396

꼭 기억하겠다는 다짐을 할 때

두고 보자!

0397

반드시 앙갚음하겠다고 할 때

어디 두고 보자!

0398

반드시 복수해 준다고 할 때

꼭 복수해 줄 거야!

0399

혼내 준다고 할 때

가만 두지 않을 거야!

0400

까불지 말고 조심하라고 할 때

혼내줄 거야!

망각방지 장치 1

하루만 지나도 학습한 내용의 50%는 잊어버립니다. 여러분은 몇 퍼센트나 잊어버렸을까요? 5분 안에 25개를 말해 보세요.

				○	×	복습
01	완전히 질렸어!	飽(あ)き	だよ。	□	□	0352
02	몰상식하군.		常識(じょうしき)だな。	□	□	0355
03	실망했어!		した!	□	□	0356
04	쌤통이다!	様(ざま)、	!	□	□	0359
05	그것 참 고소하군!	いい	だ!	□	□	0360
06	빨리 어른 좀 돼!	早(はや)く	になってね。	□	□	0361
07	알만한 나이에!		して!	□	□	0362
08	정말 제멋대로네.	本当(ほんとう)に	だね。	□	□	0363
09	분수를 모르는군.	身(み)の程(ほど)	だな。	□	□	0365
10	제정신이 아니야.		してるよ。	□	□	0369
11	치사해!		よ。	□	□	0371
12	비꼬는 거야?		なの?	□	□	0373
13	심술부리는군.		だよね。	□	□	0374

정답 01 飽(あ)き 02 非(ひ) 03 がっかり 04 見(み)ろ 05 気味(きみ) 06 一人前(いちにんまえ) 07 いい年(とし) 08 わがまま 09 知(し)らず 10 どうか 11 ずるい 12 嫌(いや)み 13 嫌(いや)がらせ

			O	X	복습
14	우쭐대지 마!	になるなよ。	☐	☐	0377
15	사돈 남말 하고 있네!	人(ひと)のこと、　　　　の？	☐	☐	0379
16	피차일반이야.	お　　　　だろう。	☐	☐	0380
17	폼 잡기는!	カッコ　　　　！	☐	☐	0381
18	잘난 척하지 마!	なよ。	☐	☐	0382
19	점잔 빼지 마!	ぶらないで！	☐	☐	0384
20	착한 척하지 마!	いい子(こ)　　　　なよ。	☐	☐	0386
21	내숭녀!	！	☐	☐	0388
22	핑계 대지 마!	するなよ。	☐	☐	0391
23	말 돌리지 마!	回(まわ)り　　　　よ。	☐	☐	0394
24	솔직해져 봐!	になれよ。	☐	☐	0395
25	가만 두지 않을 거야!	ただじゃ　　　　よ。	☐	☐	0399

맞은 개수: 25개 중 ______ 개

당신은 그동안 ______%를 잊어버렸습니다.
틀린 문장들은 다시 한번 보고 넘어가세요.

정답 14 いい気(き) 15 言(い)える 16 互(たが)い様(さま) 17 つけて 18 威張(いば)る 19 もったい 20 ぶる 21 ぶりっ子(こ) 22 言(い)い訳(わけ) 23 くどい 24 素直(すなお) 25 済(す)まない

망각방지 장치 2

일주일이 지나면 학습한 내용의 70%를 잊어버립니다. 여러분은 몇 퍼센트나 기억하고 있을까요? 대화문으로 확인해 보세요.

031 또 회사를 그만두었을 때

kaiwa 031.mp3

A　また会社(かいしゃ)を辞(や)めたんだって？

B　だって、やり甲斐(がい)がないんだもん。
이제 질려 버렸어! 0351

A　알만한 나이에! 0362 何回(なんかい)辞(や)めれば気(き)が済(す)む？

B　飽(あ)きちゃったんだから、しょうがないじゃん！

- やり甲斐(がい) 보람　気(き)が済(す)む 분이 풀리다, 후련하다　しょうがない 어쩔 수 없다

032 아이돌 여가수가 그룹에서 가장 인기 많다고 할 때

kaiwa 032.mp3

A　入山杏奈(いりやまあんな)って、顔(かお)だけはAKBで 단연 톱이네! 0302

B　なるほど！道理(どうり)で、いちばん人気(にんき)があるわけだ。

A　だけど、アイドルは顔(かお)だけがすべてじゃないから。

B　そう！彼女(かのじょ)は笑(わら)いのセンスも 최고야! 0303

- AKB 일본의 유명 걸그룹　道理(どうり)で 그래서

031

A 또 회사를 그만뒀다면서?

B 왜냐하면 보람이 없단 말이야. もう飽(あ)きちゃった! 0351

A いい年(とし)して! 0362 몇 번 그만두면 분이 풀려?

B 질려 버렸으니까 어쩔 수 없잖아!

032

A '이리야마 안나'는 얼굴만은 AKB에서 断(だん)トツだね。 0302

B 그렇구나! 그래서 가장 인기가 많은 거구나.

A 하지만, 아이돌은 얼굴만이 전부가 아니니까.

B 맞아! 그녀는 유머 센스도 ピカイチだよ。 0303

033 혼자서 충분하다고 할 때

kaiwa 033.mp3

A まさか一人で全部やるって言うの？

B 心配しないで！ 이 정도, 식은 죽 먹기야. 0307

A でも、あんまり無理しないでね。
体を壊したらだめだから。

B 별일 아니야! 0310 全然平気だから。

- 体を壊す 건강을 해치다 平気だ 끄떡없다 しっかりする 정신 차리다

034 부탁받은 것을 잊고 있었을 때

kaiwa 034.mp3

A そんなこと、頼まれてたっけ？ 初めて聞くけど。

B とぼけないで！ 농담이 심하네. 0338
買ってくるって言ったじゃん！

A ごめん！ 最近忘れっぽくなっちゃって！

B 君に 실망했어! 0356 待ってたのに。

- ～っけ？ ~였었나? とぼける 시치미떼다 忘れっぽい 잘 잊다

033

A 설마 혼자서 전부 하겠다고 하는 거야?

B 걱정하지 마! このくらい、朝飯前(あさめしまえ)だよ。0307

A 그래도 너무 무리하지 마! 건강을 해치면 안 돼!

B どうってことないよ。0310 전혀 끄떡없으니까.

034

A 그런 거, 부탁받았었나? 처음 듣는데.

B 시치미떼지 마! 冗談(じょうだん)がきついね。0338
사 온다고 말했잖아!

A 미안해! 요즘 건망증이 심해져서 말이야.

B 너한테 がっかりした! 0356 기다리고 있었는데.

035 혼자서 다 먹었다고 화낼 때

kaiwa 035.mp3

A　一人(ひとり)で全部(ぜんぶ)食(た)べちゃったの？ 치사해! 0371

B　だって、すごくうまかったんだもん。

A　ひどい！ 딴청 피우기는! 0393

B　本当(ほんとう)に知(し)らなかったよ。そんなに怒(おこ)らないで！

- うまい 맛있다　ひどい 심하다, 너무하다　怒(おこ)る 화내다

036 사는 것이 힘들다고 한탄할 때

kaiwa 036.mp3

A　どうしたの？ なんか顔色(かおいろ)が悪(わる)いよ。

B　最近(さいきん)うまくいかないことだらけで、정말 싫어져! 0354

A　そうなんだ。生(い)きることって大変(たいへん)なんだね。
　　でも、元気(げんき)出(だ)さないと！

B　이제 지긋지긋해! 0348 何(なに)もかも忘(わす)れたいよ。

- ～だらけ ~투성이　元気(げんき)を出(だ)す 기운을 내다　何(なに)もかも 전부, 무엇이든

035

A　혼자서 전부 먹어 버린 거야? ずるいよ。0371

B　왜냐하면 엄청 맛있었단 말이야.

A　너무해! しらばくれて! 0393

B　정말 몰랐어. 그렇게 화내지 마!

036

A　왜 그래 ? 왠지 안색이 안 좋아.

B　요즘 잘 안 풀리는 일투성이라서 もう嫌(いや)んなっちゃう! 0354

A　그렇구나. 사는 게 힘들지. 그렇지만 기운 내야 해!

B　もううんざり! 0348 전부 잊고 싶어.

037 내숭을 잘 떠는 여자라고 알려줄 때

kaiwa 037.mp3

A 彼女(かのじょ)って、すごい 내숭녀 0388 らしいよ。

B うん、俺(おれ)も分(わ)かってるよ。

男(おとこ)の人(ひと)の前(まえ)だと、すぐ 내숭 떨고. 0389

A ひどいよね。そんな態度(たいど)はよくない！

B 君(きみ)も猫(ねこ)をかぶってみたらどう？

- すぐ 바로, 금방　猫(ねこ)をかぶる 내숭을 떨다

038 부모님에게 용돈 인상을 부탁할 때

kaiwa 038.mp3

A 母(かあ)さん、お小使(こづか)いを５千円(ごせんえん)アップしてよ。

B いいわよ。皿洗(さらあら)いと洗濯(せんたく)をやったらね。

A 何(なん)だよ！ 그건 너무 심하네. 0349

B そう？ 싫으면 말고! 0335 お金(かね)が要(い)らないのね。

- お小使(こづか)い 용돈　皿洗(さらあら)い 설거지　要(い)る 필요하다

037

A　그 여자는 엄청 ぶりっ子 0388 인 것 같아.

B　응, 나도 알고 있어.
남자 앞이라면 금세 かまととぶって! 0389

A　너무하네. 그런 태도는 안 좋지.

B　너도 얌전한 척을 해 보면 어때?

038

A　엄마, 용돈을 5천 엔 올려 줘!

B　좋아! 설거지와 빨래를 한다면 말이야.

A　뭐야! それはあんまりだよ。0349

B　그래? 嫌ならいいよ! 0335 돈이 필요하지 않은가 보네.

039 지갑을 놓고 왔다고 할 때

kaiwa 039.mp3

A　財布(さいふ)を忘(わす)れてきたよ。お昼(ひる)、おごってくれる？

B　またなの？ もう何回目(なんかいめ)だよ！ 정신 차려! 0321

A　큰일 났네! 0311 どうしよう！

B　本当(ほんとう)にもう！ これが最後(さいご)だよ。何(なに)、食(た)べる？

- お昼(ひる) 점심, 점심시간　おごる 한턱내다, 쏘다

040 강한 척하는 친구에게 조언할 때

kaiwa 040.mp3

A　お願(ねが)いだから、私(わたし)を一人(ひとり)にして！

B　僕(ぼく)の前(まえ)では 센 척하지 않아도 돼! 0385

　　泣(な)きたい時(とき)は思(おも)いっきり泣(な)いて！

A　ありがとう。本当(ほんとう)はずっと寂(さび)しかったのよ。

B　これからは意地(いじ)を張(は)らないで、솔직해져 봐! 0395

- 思(おも)いっきり 마음껏, 실컷　意地(いじ)を張(は)る 고집을 부리다

039

A　지갑을 놓고 왔어. 점심 좀 사 줄래?

B　또야? 벌써 몇 번째야! しっかりして! 0321

A　参(まい)ったな! 0311 어떻게 하지?

B　어휴, 정말! 이것이 마지막이야. 뭐 먹을래?

040

A　부탁이니까, 나를 혼자 있게 해 줘!

B　내 앞에서는 強(つよ)がらなくてもいいよ。0385
울고 싶을 때는 실컷 울어!

A　고마워! 사실은 줄곧 외로웠었어.

B　앞으로는 고집 부리지 말고 素直(すなお)になれよ。0395

Part
5

네이티브가 일상생활에서 자주 쓰는 표현 100

교과서 등에서 배우는 문법적인 일본어와 실제 일본 사람들이 사용하는 일상생활 속의 회화체 표현은 큰 차이가 있습니다. 일본으로 유학을 가지 않아도 일상생활 속에서 일본 사람들이 자주 쓰는 표현들을 익힐 수 있도록 꼭 필요한 표현들을 모았습니다. 아침에 일어나서 잠자리에 들기까지 누군가를 만나고 이야기하고 자기 생각을 말하는 표현을 네이티브처럼 말할 수 있답니다.

01 만났을 때 02 오랜만일 때 03 헤어질 때 04 아침에 일어날 때 05 잠자리에 들 때
06 졸릴 때 07 잠 관련 표현 08 배가 고플 때 09 배가 부를 때 10 밥 먹을 때 1
11 밥 먹을 때 2 12 부탁할 때 13 바쁠 때 14 거절할 때 15 찬성할 때 16 반대할 때
17 약속할 때 18 비밀일 때 19 양보할 때 20 권유할 때

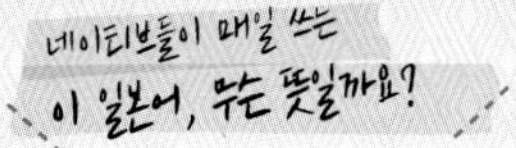

0401 □ □ □

元気(げんき)にしてる？

お元気(げんき)ですか(잘 지내세요?)와 같은 뜻의 반말 표현입니다.
대답은 元気(げんき)だよ(잘 지내!)라고 하면 됩니다.

0402 □ □ □

最近(さいきん)、どうしてる？

아주 친한 사이일 때는 最近(さいきん)、どう？(요즘 어때?)라고도 합니다.

0403 □ □ □

調子(ちょうし)はどう？

調子(ちょうし)는 '컨디션, 상태, 상황' 등 다양한 뜻으로 쓰이는 말입니다.
이 표현은 보통 '요즘 어때?'라고 의역해야 자연스러워요.

0404 □ □ □

まあぼちぼちやってるよ。

ぼちぼち는 '그럭저럭'이라는 뜻으로, まあまあ와 같은 뜻입니다.

0405 □ □ □

二人(ふたり)揃(そろ)って、どうしたの？

揃(そろ)う는 '(모두) 모이다'라는 뜻입니다.
이 표현은 '두 사람을 함께 만나게 되다니 의외다'라는 뉘앙스로, 인사말로 자주 쓰는 표현입니다.

0401

안부를 물을 때

잘 지내고 있어?

0402

근황을 물을 때

요즘 어떻게 지내?

0403

안부가 궁금할 때

요즘 어때?

0404

안부 질문에 대한 대답으로

뭐 그럭저럭 잘 지내.

0405

우연히 만나게 되었을 때

둘이 함께 어쩐 일이야?

0406

久(ひさ)しぶり！元気(げんき)にしてた？

元気(げんき)にする는 '잘 지내고 있다'라는 뜻입니다.

0407

ちっとも変(か)わってないね。

ちっとも는 '조금도, 전혀'라는 뜻으로, 全然(ぜんぜん)과 바꿔 쓸 수 있습니다.

직역하면 '조금도 변하지 않았네.'가 됩니다.

0408

奇遇(きぐう)だな。

奇遇(きぐう)는 '뜻하지 않은 만남'이라는 뜻입니다.

참고로 偶然(ぐうぜん)(우연)은 '우연히'라는 뜻으로, 만남뿐만 아니라 다양한 상황에서도 쓸 수 있어요.

0409

まさかここで会(あ)うとは!

まさか는 '설마'라는 뜻의 부사입니다.

뒤에 思(おも)わなかった(생각하지 못했다)가 생략된 표현입니다.

0410

噂(うわさ)をすれば。

뒤에 影(かげ)が差(さ)す(그림자가 지다)가 생략된 표현입니다.

'그 사람 이야기를 하니, 그림자가 지면서 나타난다'라는 뜻이지요.

0406

오랜만에 만났을 때

오랜만이야! 잘 지냈어?

0407

전혀 변하지 않았을 때

여전하네.

0408

뜻하지 않은 만남일 때

우연한 만남이네.

0409

뜻밖의 장소에서 마주쳤을 때

설마 여기서 만나다니!

0410

마침 당사자 이야기를 하는데 만났을 때

호랑이도 제말 하면 온다더니!

0411~0415.mp3

0411

もう行(い)かないと！

行(い)かないと 대신에 行(い)かなきゃ 또는 行(い)かなくちゃ로 바꿔 써도 같은 뜻이므로 함께 알아두세요.

0412

超(ちょう)楽(たの)しかった！

접두어 超(ちょう)는 '초~, 완전~, 매우~'라는 뜻이고, 楽(たの)しい는 '즐겁다'라는 뜻입니다.

0413

そのうち、またね。

そのうち는 '조만간'이라는 뜻입니다.

다른 표현으로 またね 또는 そのうちね도 쓸 수 있어요.

0414

ご機嫌(きげん)よう！ さよなら！

ご機嫌(きげん)よう는 헤어질 때 하는 정중한 인사말로, TV 등에서 사회자가 즐겨 씁니다.

0415

寂(さび)しくなるね。

寂(さび)しい는 '외롭다, 쓸쓸하다, 섭섭하다'라는 뜻입니다.

한동안 헤어지게 되어 못 만나는 사람에게 아쉬움을 전할 때 쓰는 인사말입니다.

0411

자리를 떠날 시간이 되었을 때

이제 가야겠어.

0412

즐거운 만남이었다고 말할 때

완전 즐거웠어!

0413

곧 다시 만나자고 할 때

조만간 또 만나자!

0414

헤어질 때 하는 인사말

건강히 잘 지내세요. 안녕히 계세요.

0415

한동안 헤어지게 되었을 때

쓸쓸해지겠네.

0416~0420.mp3

0416

あ～、よく寝(ね)た!

よく寝(ね)るは '잘 자다, 푹 자다'라는 뜻입니다.

寝(ね)る 대신에 眠(ねむ)る(잠들다)를 써서 よく眠(ねむ)れた(푹 잤다)라는 표현도 자주 씁니다.

0417

ぐっすり眠(ねむ)れたの。

ぐっすり는 깊이 잠든 모양을 나타내는 말입니다.

영어 good sleep에서 왔다는 설이 있습니다.

0418

熟睡(じゅくすい)したよ。

熟睡(じゅくすい)는 '숙면'이라는 뜻으로, '곤하게 깊이 자는 잠'을 뜻하는 말입니다.

'푹 자다, 단잠을 자다'라고 해석해도 좋아요.

0419

寝(ね)そびれちゃった!

寝(ね)そびれる는 '잠을 설치다, 잠들지 못하고 깨다'라는 뜻입니다.

0420

寝坊(ねぼう)しちゃったよ。

寝坊(ねぼう)する는 '늦잠 자다'라는 뜻으로, 정확한 표현은 朝寝坊(あさねぼう)する입니다.

0416

푹 자고 아침에 일어났을 때

아~, 잘 잤다!

0417

푹 잘 잤다고 할 때

푹 잤어.

0418

숙면을 취했을 때

숙면을 취했어.

0419

잠을 제대로 못 잤을 때

잠을 설치고 말았어!

0420

늦잠을 자 버렸을 때

늦잠 자 버렸어.

0421~0425.mp3

0421

ぐっすり寝(ね)てね！

'푹 자!'라고 할 때는 ゆっくり寝(ね)てね 또는 ぐっすり寝(ね)てね라고 합니다.
'잘 자!'라는 인사말은 お休(やす)み라고 하면 됩니다.

0422

疲(つか)れたら、寝(ね)るに限(かぎ)る！

～に限(かぎ)る는 직역하면 '～에 한하다'라는 뜻이지만, '～이 최고다'라고 해석해야 자연스러워요.

0423

まだ起(お)きてるの？

이 표현은 '아직 일어나 있니?'라는 뜻이지만, '아직 안 자니?'라고 해석해야 자연스러워요.

0424

寝(ね)る時間(じかん)がもう過(す)ぎてるよ。

もう(이미, 벌써)는 すでに 또는 とっくに와 바꿔 써도 됩니다.
とっくに는 회화체 표현으로 '훨씬 전에'라는 뜻으로도 쓰여요.

0425

いい夢(ゆめ)を見(み)てね！

夢(ゆめ)を見(み)る는 '꿈을 보다'라는 뜻이지만, '꿈을 꾸다'라고 해석합니다.

0421

푹 자라고 말할 때

푹 자!

0422

빨리 자야겠다고 할 때

피곤하면 자는 게 최고야!

0423

늦게까지 안 자고 있을 때

아직 안 자니?

0424

잘 시간이 지났을 때

잘 시간이 이미 지났어.

0425

잠자리에 들 때 하는 인사말로

좋은 꿈 꿔!

0426~0430.mp3

0426

あ～、眠(ねむ)い！

'졸리다'라는 뜻에는 眠(ねむ)い와 眠(ねむ)たい 둘 다 쓸 수 있습니다.

0427

昨夜(ゆうべ)は一睡(いっすい)もできなかった！

一睡(いっすい)는 '(아주 잠깐 자는) 짧은 잠'을 뜻하는 말입니다.

0428

寝不足(ねぶそく)みたい！

寝不足(ねぶそく)는 '잠 부족, 잠이 모자람'이라는 뜻입니다.
睡眠不足(すいみんぶそく)(수면 부족)라는 표현으로 바꿔 써도 좋습니다.

0429

全然(ぜんぜん)眠(ねむ)れない！

眠(ねむ)る는 '잠들다'라는 뜻이고, 眠(ねむ)れない는 '잠들 수 없다'라는 뜻입니다.

0430

寝付(ねつ)きが悪(わる)いよ。

寝付(ねつ)く는 '잠이 들다'라는 뜻으로, 寝付(ねつ)きが悪(わる)い는 '잠이 잘 안 오다'라는 뜻의 숙어입니다.
자고 싶은데 잠이 오지 않는 상황일 때 씁니다.

0426

졸음이 올 때

아~, 졸려!

0427

밤을 샜을 때

어젯밤은 한숨도 못 잤어!

0428

잠이 부족할 때

잠이 부족한 것 같아.

0429

잠이 오지 않을 때

전혀 잠들 수가 없어!

0430

불면증 등으로 잠들지 못할 때

잠이 오지를 않아!

0431~0435.mp3

0431

ついうとうとしちゃった!

うとうとは 졸면서 머리를 '꾸벅꾸벅'하는 모양을 나타내는 말입니다.

0432

昼寝(ひるね)をしよう!

昼寝(ひるね)는 '낮잠'이라는 뜻으로, '낮잠을 자다'는 する를 써서 昼寝(ひるね)をする라고 합니다.

참고로 プチ昼寝(ひるね)(잠깐 자는 낮잠)도 함께 알아두세요.

0433

居眠(いねむ)り運転(うんてん)はだめだよ。

居眠(いねむ)り는 '앉아서 조는 것'이라는 뜻이고, '앉아서 졸다'는 居眠(いねむ)り(を)する라고 합니다.

0434

寝相(ねぞう)が悪(わる)いね。

寝相(ねぞう)는 '잠자는 모습'이라는 뜻입니다.

이 표현은 잠버릇이 안 좋은 사람에게 씁니다.

0435

寝違(ねちが)えちゃったよ。

寝違(ねちが)える는 잠을 잘못 자서 목이나 어깨 등이 뻐근하고 통증이 있을 때 쓰는 말입니다.

0431

나도 모르게 졸았을 때

그만 깜빡 졸고 말았어!

0432

낮잠을 자고 싶을 때

낮잠을 자자!

0433

졸음운전은 위험하다고 할 때

졸음운전은 안 돼!

0434

잠버릇이 안 좋을 때

잠을 험하게 자네.

0435

잠을 잘못 자서 몸이 안 좋을 때

잠을 잘못 자서 목이 뻐근해.

0436~0440.mp3

0436 □□□

お腹(なか)、空(す)いた！

남자들은 腹(はら)、減(へ)ったら라는 거친 표현을 쓰기도 합니다.

0437 □□□

お腹(なか)がペコペコだよ。

ペコペコ는 배가 고파서 배가 쏙 들어간 모양을 나타내는 말입니다.
다른 표현으로 腹(はら)ペコ라고도 하므로 함께 알아두세요.

0438 □□□

お腹(なか)がぐうぐう言(い)ってる！

ぐうぐう는 공복에 배에서 나는 소리를 나타내는 말로, '꼬르륵'이라는 뜻입니다.

0439 □□□

出前(でまえ)でも取(と)ろうか？

出前(でまえ)는 '음식 등을 배달해 먹는 것'을 뜻하는 말입니다.
'배달시키다'는 出前(でまえ)を取(と)る 또는 出前(でまえ)を頼(たの)む라고 하면 됩니다.

0440 □□□

私(わたし)がおごる！

おごる는 '(밥, 술 등을) 한턱내다'라는 뜻입니다.
정중한 표현은 ご馳走(ちそう)する(대접하다)를 쓴 ご馳走(ちそう)します(대접하겠습니다)입니다.

0436

배가 고플 때

배고파!

0437

배가 몹시 고플 때

배가 너무 고파!

0438

배고파서 뱃속에서 소리가 날 때

배에서 꼬르륵 소리가 나!

0439

배달 음식을 주문할 때

배달음식이라도 시킬까?

0440

한턱낸다고 할 때

내가 한턱낼게!

0441~0445.mp3

0441

お腹(なか)がパンパンだよ。

パンパン은 배가 터질듯이 가득 부풀어 있는 모양을 나타내는 말입니다.
お腹(なか)がいっぱいだ(배가 꽉 차다)와 비슷한 표현입니다.

0442

もう食(た)べ切(き)れない!

食(た)べ切(き)る는 '남김없이 다 먹다'라는 뜻이고, 食(た)べ切(き)れない는 '남김없이 다 먹을 수 없다'라는 뜻입니다.

0443

食(た)べ過(す)ぎだよ。

食(た)べ過(す)ぎる는 '과식하다'라는 뜻으로, 食(た)べ過(す)ぎ는 '과식'이라는 뜻의 명사입니다.
참고로 '과음'은 飲(の)み過(す)ぎ라고 하므로 함께 알아두세요.

0444

ドカ食(ぐ)いしちゃった!

ドカ食(ぐ)い는 '한꺼번에 지나치게 많이 먹는 것'이라는 뜻으로, '폭식'이라고 해석하면 자연스러워요.

0445

大(おお)食(ぐ)いだね。

大(おお)食(ぐ)い는 '많이 먹음, 대식가'라는 뜻입니다.
참고로 早(はや)食(ぐ)い는 '빨리 먹는 것'이라는 뜻입니다.

0441

배가 부를 때

배가 터지겠어!

0442

배불러서 더 이상 못 먹을 때

더 이상 못 먹겠어!

0443

너무 많이 먹을 때

과식이야!

0444

한꺼번에 지나치게 많이 먹었을 때

폭식해 버렸어!

0445

많은 양을 먹을 때

대식가네.

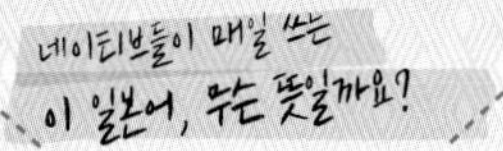

0446~0450.mp3

0446

どんどん食(た)べて！

どんどん는 '자꾸자꾸'라는 뜻으로 멈추지 않고 빠르게 진행되는 모양을 나타내는 말입니다.
보통 たくさん食(た)べて보다는 どんどん食(た)べて를 즐겨 씁니다.

0447

温(あたた)かいうちにどうぞ。

비슷한 표현인 冷(さ)めないうちにどうぞ(식기 전에 먹어요)도 함께 알아두세요.
참고로 '차가울 때 드세요'는 冷(つめ)たいうちにどうぞ가 됩니다.

0448

すごいご馳走(ちそう)だね。

ご馳走(ちそう)는 '맛있는 요리, 진수성찬'이라는 뜻입니다.
식사를 끝내고 '잘 먹었습니다'라고 인사할 때 ご馳走(ちそう)さまでした라고 하지요.

0449

大好物(だいこうぶつ)なの。

好物(こうぶつ)는 '좋아하는 음식'이라는 뜻으로 大好物(だいこうぶつ)는 '매우 좋아하는 음식'이라는 뜻입니다.

0450

手料理(てりょうり)が食(た)べたい！

手料理(てりょうり)는 '집에서 손수 만든 요리'라는 뜻으로, '집밥'이라고 해석하면 자연스러워요.

0446

사양하지 말고 먹으라고 할 때

많이 먹어!

0447

식사를 권유할 때

따뜻할 때 먹어요.

0448

차린 음식이 많을 때

굉장한 진수성찬이네.

0449

매우 좋아하는 음식이 나왔을 때

엄청 좋아하는 음식이야!

0450

직접 만든 요리가 먹고 싶다고 할 때

집밥이 먹고 싶어!

망각방지 장치 1

하루만 지나도 학습한 내용의 50%는 잊어버립니다. 여러분은 몇 퍼센트나 잊어버렸을까요? 5분 안에 25개를 말해 보세요.

			○	×	복습
01	잘 지내고 있어?	にしてる？	□	□	0401
02	뭐 그럭저럭 잘 지내.	まあ　　やってるよ。	□	□	0404
03	여전하네.	変(か)わってないね。	□	□	0407
04	설마 여기서 만나다니!	まさかここで会(あ)う　　！	□	□	0409
05	호랑이도 제말 하면 온다더니!	噂(うわさ)を　　。	□	□	0410
06	이제 가야겠어.	行(い)かないと！	□	□	0411
07	완전 즐거웠어!	楽(たの)しかった！	□	□	0412
08	푹 잤어.	眠(ねむ)れたの。	□	□	0417
09	늦잠 자 버렸어.	しちゃったよ。	□	□	0420
10	좋은 꿈 꿔!	いい夢(ゆめ)を　　ね！	□	□	0425
11	잠이 부족한 거 같아.	みたい！	□	□	0428
12	그만 깜빡 졸고 말았어!	つい　　しちゃった！	□	□	0431
13	배가 너무 고파!	お腹(なか)が　　だよ。	□	□	0437

정답 01 元気(げんき) 02 ぼちぼち 03 ちっとも 04 とは 05 すれば 06 もう 07 超(ちょう) 08 ぐっすり 09 寝坊(ねぼう) 10 見(み)て 11 寝不足(ねぶそく) 12 うとうと 13 ペコペコ

			○	×	복습
14	배에서 꼬르륵 소리가 나!	お腹(なか)が ＿＿ 言(い)ってる！	☐	☐	0438
15	배달음식이라도 시킬까?	＿＿ でも取(と)ろうか？	☐	☐	0439
16	내가 한턱낼게!	私(わたし)が ＿＿！	☐	☐	0440
17	더 이상 못 먹겠어!	もう食(た)べ ＿＿！	☐	☐	0442
18	과식이야!	食(た)べ ＿＿ だよ。	☐	☐	0443
19	폭식해 버렸어!	＿＿ 食(ぐ)いしちゃった！	☐	☐	0444
20	대식가네.	＿＿ だね。	☐	☐	0445
21	많이 먹어!	＿＿ 食(た)べて！	☐	☐	0446
22	따뜻할 때 먹어요.	温(あたた)かい ＿＿ どうぞ。	☐	☐	0447
23	굉장한 진수성찬이네.	すごい ＿＿ だね。	☐	☐	0448
24	엄청 좋아하는 음식이야!	＿＿ なの。	☐	☐	0449
25	집밥이 먹고 싶어!	＿＿ が食(た)べたい！	☐	☐	0450

맞은 개수: 25개 중 ＿＿ 개

당신은 그동안 ＿＿ %를 잊어버렸습니다.
틀린 문장들은 다시 한번 보고 넘어가세요.

정답 14 ぐうぐう 15 出前(でまえ) 16 おごる 17 切(き)れない 18 過(す)ぎ 19 ドカ 20 大食(おおぐ)い 21 どんどん 22 うちに 23 ご馳走(ちそう) 24 大好物(だいこうぶつ) 25 手料理(てりょうり)

0451~0455.mp3

0451

食(く)いしん坊(ぼう)だね。

食(く)いしん坊(ぼう)는 '많이 먹는 사람, 먹보'라는 뜻입니다.
坊(ぼう)는 '사람'을 뜻하는데, 애칭 또는 조롱해서 쓰는 말입니다.

0452

花(はな)より団子(だんご)だよ!

직역하면 '꽃보다 경단'이라는 뜻으로, 아무리 재미있어도 배가 불러야 흥이 난다는 뜻입니다.
참고로 일본 드라마 '꽃보다 남자'는 団子(だんご)를 男子(だんご)로 바꾼 것이지요.

0453

デザートは別腹(べつばら)だよ。

別腹(べつばら)는 '다른 배'라는 뜻인데, '먹는 배가 따로 있다'라고 해석합니다.
デザート(디저트) 대신에 甘(あま)い物(もの)(단것)를 써도 좋습니다.

0454

早食(はやぐ)いすると太(ふと)るよ。

早食(はやぐ)い는 '음식을 빨리 먹는 것'이라는 뜻입니다. 早食(はやぐ)い大会(たいかい)(빨리 먹기 대회)라는 행사도 있어요.

0455

これ、けっこうイケる!

イケる는 '쓸 만하다, 맛있다, 먹을 만하다' 등 다양한 뜻으로 쓰이는 회화체 표현입니다.
주로 음식이 맛있을 때 즐겨 쓰지요.

0451

많이 먹는 사람이라고 할 때

먹보네.

0452

모든 일에 먹는 것이 우선한다고 할 때

금강산도 식후경이지!

0453

후식을 먹을 배는 별개라고 할 때

디저트 먹는 배는 따로 있어.

0454

빨리 먹는 것은 건강에 안 좋다고 할 때

빨리 먹으면 살쪄.

0455

제법 먹을 만할 때

이거, 꽤 맛있네!

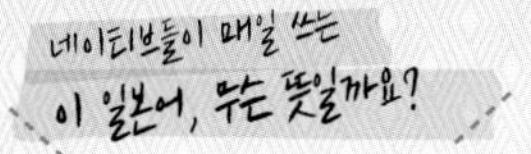

0456~0460.mp3

0456

ね、お願(ねが)い！

이 표현은 두 손을 모으면서 간절한 마음으로 부탁할 때 자주 씁니다.
다른 표현으로 お願(ねが)いだから(부탁이야) 또는 本当(ほんとう)にお願(ねが)い(정말 부탁해)라고도 합니다.

0457

一生(いっしょう)のお願(ねが)いだよ。

일본어 一生(いっしょう)(일생)는 우리말로 '평생'이라고 해석해야 자연스러워요.

0458

この通(とお)り！

뒤에 お願(ねが)いだから(부탁할게) 또는 お願(ねが)いします(부탁합니다)를 넣어서 쓰는 경우도 많습니다.

0459

折(お)り入(い)ってお願(ねが)いがあるけど。

折(お)り入(い)っては '긴히, 특별히'라는 뜻으로, 정중한 태도로 간곡히 부탁할 때 쓰는 표현입니다.

0460

すっかり世話(せわ)になったね。

すっかり는 '완전히, 아주'라는 뜻이고, 世話(せわ)になる는 '신세를 지다, 폐를 끼치다'라는 뜻입니다.

0456

애교스럽게 부탁할 때

제발 부탁해!

0457

일생에 한 번뿐인 소원이라고 할 때

평생의 소원이야!

0458

머리를 숙이며 부탁할 때

내가 이렇게 부탁할게!

0459

간곡한 부탁이 있을 때

긴히 부탁이 있는데 말이야.

0460

상대방의 도움에 감사를 전할 때

정말 신세를 졌네.

0461~0465.mp3

0461 □□□

超忙しい!

단어 앞에 붙여 쓰는 접두어 超는 '초~, 완전~, 몹시~'라는 뜻으로, 뒤에 오는 말을 강조합니다.
최근에는 超 대신에 めっちゃ를 즐겨 씁니다.

0462 □□□

めちゃめちゃ忙しい!

めちゃめちゃ는 '엄청'이라는 뜻으로, めちゃ 또는 めちゃくちゃ를 강조한 말입니다.

0463 □□□

仕事が山ほどあるよ。

山ほどある는 직역하면 '산 만큼 있다'라는 뜻으로, '산더미처럼 쌓였다'라고 해석해야 자연스러워요.
仕事(일) 대신에 宿題(숙제)를 넣어서 써도 됩니다.

0464 □□□

忙し過ぎて死にそうだよ。

우리말의 '죽겠다'에 어울리는 표현이 死にそうだ입니다.
참고로 '배고파 죽겠다'는 お腹空いて死にそうだ라고 하면 됩니다.

0465 □□□

バタバタしてた!

バタバタする는 일이 많아서 분주한 상태를 나타내는 말입니다.
우리말로 '정신없다'라고 해석하면 자연스러워요.

0461

몹시 바쁜 상황일 때

완전 바빠!

0462

정신없이 바쁜 상황일 때

엄청나게 바빠!

0463

할 일이 많이 쌓여 있을 때

일이 산더미처럼 쌓였어.

0464

참을 수 없을 만큼 바쁜 상황일 때

너무 바빠서 죽을 것 같아.

0465

정신없이 바쁠 때

정신없었어!

0466~0470.mp3

0466

せっかくだけど。

이 표현은 정중하게 거절할 때 쓰는 표현입니다.
せっかくだけど 뒤에 遠慮(えんりょ)する(사양할게)가 생략되어 있어요.

0467

ありがたい話(はなし)だけど。

ありがたい는 '고맙다, 감사하다'라는 뜻입니다.
부탁이나 제안 등을 완곡하게 거절할 때 씁니다.

0468

のっぴきならない用事(ようじ)で。

のっぴきならない는 '어찌할 도리가 없는, 피할 수 없는, 불가피한'이라는 뜻입니다.

0469

ちょっとやぼ用(よう)があって。

やぼ用(よう)는 '사무적인 용무'라는 뜻으로, 野暮用(やぼよう)라고도 씁니다.
비슷한 표현인 ちょっとそこまで도 함께 알아두세요.

0470

結構(けっこう)です。

직역하면 '이제 충분합니다'라는 뜻으로, 거절할 때는 結構(けっこう)です 외에 いいです도 많이 씁니다.
단, '좋습니다'라고 수락할 때는 いいですね라고 합니다.

0466

권유를 정중하게 사양할 때

말은 고맙지만.

0467

제안을 부드럽게 거절할 때

고마운 말이지만.

0468

깰 수 없는 약속이 있을 때

피할 수 없는 볼일이 있어서.

0469

제안을 거절하거나 자리를 피할 때

좀 급한 용무가 있어서.

0470

정중히 거절할 때

괜찮습니다.

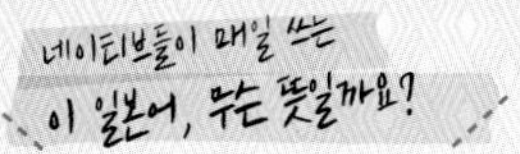

0471

□□□

まったくその通(とお)りだよ。

まったくは '완전히, 아주, 전적으로'라는 뜻입니다.

まったく 대신에 まさに(정말, 딱)를 써도 뜻은 같아요.

0472

□□□

そう言(い)えばそうだね。

そう言(い)えばそうだね는 '그러고 보니 그렇네, 듣고 보니 그렇네'라고 해석해야 자연스럽습니다.

0473

□□□

よし！ 乗(の)った！

乗(の)る는 話(はなし)に乗(の)る(이야기에 응하다)를 줄여 쓴 말로,

정확하게는 その話(はなし)に乗(の)った！(그 이야기에 응했어!)가 됩니다.

0474

□□□

諸手(もろて)を挙(あ)げて賛成(さんせい)する！

諸手(もろて)を挙(あ)げる는 '쌍수를 들다, 두 손을 들다'라는 뜻입니다.

상대방의 의견에 무조건 찬성할 때 쓰는 표현이지요.

0475

□□□

それで決(き)まりだ！

직역하면 '그것으로 결정이다!'라는 뜻이지만, '그렇게 하자!'라고 해석하는 것이 자연스러워요.

0471

상대방의 의견에 지지할 때

정말 그래!

0472

상대방의 의견에 공감이 될 때

듣고 보니 그렇네.

0473

상대방의 제의를 받아들일 때

좋아! 할게!

0474

상대방의 의견에 전적으로 찬성할 때

두 손 들어 찬성해!

0475

바로 결정을 지을 때

그렇게 하자!

0476~0480.mp3

0476

そうは思(おも)わないけど。

직역하면 '그렇게는 생각하지 않지만'이라는 뜻으로, 자신의 생각과는 다르다고 말할 때 씁니다.

0477

なにがなんでも反対(はんたい)!

なにがなんでも는 '누가 뭐래도, 무슨 일이 있어도'라는 뜻으로, 뒤에 부정적인 말이 옵니다.

0478

それは問題外(もんだいがい)だよ。

問題外(もんだいがい)는 '문제 외'라는 뜻인데,

'문제로 삼을 만한 가치가 없는 것, 논할 가치가 없는 것'이라고 해석합니다.

0479

致(いた)しかねますが。

~かねる는 '~하기 어렵다, ~할 수 없다'라는 뜻입니다.

~できません(~할 수 없습니다)을 매우 정중하게 나타낸 말이지요.

0480

まだ先(さき)の話(はなし)だよ。

先(さき)는 '장래, 미래, 앞날'이라는 뜻입니다.

지금 시점에서 이야기하는 것은 너무 이르다고 할 때 씁니다.

0476

동의하지 않을 때

그건 아닌 것 같은데.

0477

무조건 반대라고 할 때

누가 뭐래도 반대야!

0478

강하게 부정할 때

그것은 논할 가치가 없어.

0479

하기 어려운 상황일 때

하기 어렵습니다만.

0480

너무 이른 이야기라고 할 때

아직 먼 장래의 이야기야.

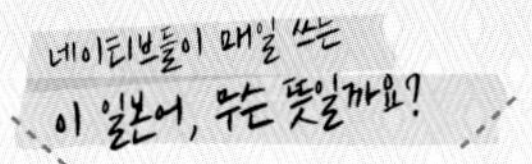

0481~0485.mp3

0481

□ □ □

約束(やくそく)だよ！

이 표현은 約束(やくそく)だからね로 바꿔 써도 좋습니다.
대답할 때는 約束(やくそく)するよ(약속할게)라고 하면 됩니다.

0482

□ □ □

約束(やくそく)は絶対(ぜったい)守(まも)って！

約束(やくそく)を守(まも)る는 '약속을 지키다'라는 뜻입니다.
반대말인 '약속을 어기다'는 約束(やくそく)を破(やぶ)る라고 합니다.

0483

□ □ □

すっぽかしちゃだめだよ。

すっぽかす는 만나기로 한 약속을 '바람맞히다'라는 뜻입니다.
상대방이 만나기로 한 약속을 어겨서 만나지 못했을 경우에 씁니다.

0484

□ □ □

はい、指切(ゆびき)り！

指切(ゆびき)り는 '손가락을 걸고 약속하는 것'이라는 뜻입니다.
指切(ゆびき)った라고 하면 '손가락 걸었어, 약속했어'라는 뜻입니다.

0485

□ □ □

二言(にごん)はなしだからね。

이 표현은 男(おとこ)に二言(にごん)はなし(남자에게 두말하기는 없음)에서 왔습니다.
약속과 다른 말을 하면 안 된다는 뉘앙스를 가진 표현이지요.

0481

약속을 지키라고 말할 때

약속이야!

0482

약속을 지켜주길 바랄 때

약속은 꼭 지켜 줘!

0483

약속을 어기지 말라고 할 때

바람맞히면 안 돼!

0484

새끼손가락 걸며 약속할 때

자, 약속이야!

0485

약속한 것을 확인할 때

두말하기 없기야!

0486

これは内緒(ないしょ)だよ。

'비밀'은 秘密(ひみつ)라고도 하고 内緒(ないしょ)라고도 합니다. 内緒(ないしょ)가 秘密(ひみつ)보다 부드러운 말입니다.

0487

絶対(ぜったい)ばらさないで!

ばらす는 '발설하다, 폭로하다'라는 뜻입니다.

참고로 ばれる는 '들키다, 탄로 나다'라는 뜻입니다.

0488

ここだけの話(はなし)だけど。

これは秘密(ひみつ)だけど(이것은 비밀인데)와 같은 뜻의 표현입니다.

보통 이 표현은 귓속말이나 작은 소리로 말하는 경우가 많아요.

0489

ばればれなの。

ばれる(들키다, 탄로 나다)를 두번 써서 뜻을 강조한 말입니다.

보통은 가타카나 バレバレ로 쓰는 경우가 많아요.

0490

根(ね)も葉(は)もない噂(うわさ)だよ。

根(ね)も葉(は)もない는 '뿌리도 잎도 없다'라는 뜻인데, '아무 근거도 없다'라고 해석해야 자연스러워요.

0486

비밀로 해 달라고 할 때

이건 비밀이야!

0487

폭로하지 말라고 할 때

절대 발설하지 마!

0488

비밀 이야기를 할 때

우리끼리 얘기인데.

0489

비밀이나 거짓말 등이 탄로 났을 때

완전 탄로 났어.

0490

엉터리 소문이라고 할 때

근거 없는 소문이야.

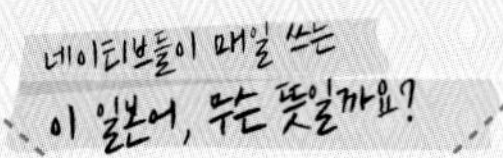

0491~0495.mp3

0491

お先(さき)にどうぞ。

상대방에게 순서를 양보할 때 즐겨 쓰는 표현으로, 상대방이 한 다음에 내가 하겠다는 뜻이지요.
말의 순서를 바꾸어 どうぞお先(さき)に라고 해도 뜻은 같습니다.

0492

お好(す)きにどうぞ。

비슷한 표현으로 ご勝手(かって)にどうぞ도 있습니다.
두 가지 표현 모두 마음대로 하라는 뉘앙스가 있어요.

0493

どうぞ、遠慮(えんりょ)なく。

이 표현 뒤에는 使(つか)ってください(사용해 주세요) 또는
食(た)べてください(드세요)와 같은 표현이 오는 경우가 많습니다.

0494

思(おも)う存分(ぞんぶん)、やってね!

思(おも)う存分(ぞんぶん)은 '마음껏, 실컷, 마음대로, 만족할 만큼'이라는 뜻입니다.

0495

どうぞ、ごゆっくり!

말의 앞뒤 순서를 바꾸어 ごゆっくりどうぞ라고 해도 뜻은 같습니다.
'편히 쉬세요.'라는 뜻으로도 자주 씁니다.

0491

순서를 양보할 때

먼저 해요.

0492

편한 대로 하라고 할 때

원하는 대로 해요.

0493

사양하지 말라고 할 때

자, 사양 말고.

0494

만족할 만큼 하라고 할 때

마음껏 해!

0495

서둘지 말고 편히 하라고 할 때

자, 천천히 해요.

0496~0500.mp3

0496

そろそろ行(い)こう!

상대방에게 손을 내밀면서 함께 행동하기를 권유하는 표현입니다.
そろそろ時間(じかん)だよ(이제 슬슬 갈 시간이야)도 자주 쓰므로 함께 알아두세요.

0497

一緒(いっしょ)にどう?

どう(어때?) 대신에 직접적인 말인 行(い)かない?(안 갈래?)를 써도 좋습니다.

0498

お代(か)わり、する?

お代(か)わり는 밥, 국, 반찬 등의 음식을 추가하는 경우에 쓰는 말로,
커피나 술 등의 음료를 추가하여 마시는 경우에도 쓸 수 있습니다.

0499

一休(ひとやす)みしない?

一休(ひとやす)み는 '잠깐 쉼'이라는 뜻이고, 一休(ひとやす)みする는 '잠깐 쉬다'라는 뜻입니다.
~ない?는 '~하지 않을래?'라는 뜻의 권유 표현입니다.

0500

一服(いっぷく)したら?

一服(いっぷく)는 원래 '담배를 한 대 피우다'라는 뜻이지만, 여기에서는 '잠깐 쉬다'라고 의역합니다.

0496

함께 하자고 권유할 때

이제 슬슬 가자!

0497

함께 가자고 권유할 때

함께 안 갈래?

0498

식사할 때 음식의 추가를 권할 때

더 먹을래?

0499

잠시 쉬자고 권유할 때

잠깐 쉬지 않을래?

0500

잠깐의 휴식을 권할 때

잠깐 쉬지 그래?

망각방지 장치 1

하루만 지나도 학습한 내용의 50%는 잊어버립니다. 여러분은 몇 퍼센트나 잊어버렸을까요? 5분 안에 25개를 말해 보세요.

			○	✕	복습
01	금강산도 식후경이지!	花(はな)より ______ だよ。	☐	☐	0452
02	이거, 꽤 맛있네!	これ、けっこう ______ !	☐	☐	0455
03	평생의 소원이야!	一生(いっしょう)の ______ だよ。	☐	☐	0457
04	엄청나게 바빠!	______ 忙(いそが)しい!	☐	☐	0462
05	일이 산더미처럼 쌓였어.	仕事(しごと)が ______ あるよ。	☐	☐	0463
06	정신없었어!	______ してた!	☐	☐	0465
07	말은 고맙지만.	______ だけど。	☐	☐	0466
08	좀 급한 용무가 있어서.	ちょっと ______ があって。	☐	☐	0469
09	정말 그래!	まったくその ______ だよ。	☐	☐	0471
10	듣고 보니 그렇네.	そう ______ そうだね。	☐	☐	0472
11	그렇게 하자!	それで ______ だ!	☐	☐	0475
12	그건 아닌 것 같은데.	そうは ______ けど。	☐	☐	0476
13	아직 먼 장래의 이야기야.	まだ ______ の話(はなし)だよ。	☐	☐	0480

정답 01 団子(だんご) 02 イケる 03 お願(ねが)い 04 めちゃめちゃ 05 山(やま)ほど 06 バタバタ 07 せっかく 08 やぼ用(よう) 09 通(とお)り 10 言(い)えば 11 決(き)まり 12 思(おも)わない 13 先(さき)

			○	×	복습
14	바람맞히면 안 돼!	ちゃだめだよ。			0483
15	자, 약속이야!	はい、 切(き)り!			0484
16	이건 비밀이야!	これは だよ。			0486
17	절대 발설하지 마!	絶対(ぜったい) ないで!			0487
18	우리끼리 얘기인데.	の話(はなし)だけど。			0488
19	완전 탄로 났어.	なの。			0489
20	원하는 대로 해요.	お にどうぞ。			0492
21	자, 사양 말고.	どうぞ、 なく。			0493
22	마음껏 해!	思(おも)う 、やってね!			0494
23	자, 천천히 해요.	どうぞ、ご !			0495
24	이제 슬슬 가자!	行(い)こう!			0496
25	더 먹을래?	お 、する?			0498

맞은 개수: 25개 중 ____ 개

당신은 그동안 ______%를 잊어버렸습니다.

틀린 문장들은 다시 한번 보고 넘어가세요.

정답 14 すっぽかし 15 指(ゆび) 16 内緒(ないしょ) 17 ばらさ 18 ここだけ 19 ばればれ 20 好(す)き 21 遠慮(えんりょ) 22 存分(ぞんぶん) 23 ゆっくり 24 そろそろ 25 代(か)わり

망각방지 장치 2

일주일이 지나면 학습한 내용의 70%를 잊어버립니다. 여러분은 몇 퍼센트나 기억하고 있을까요? 대화문으로 확인해 보세요.

041 근거 없는 소문이라고 말할 때

kaiwa 041.mp3

A　彼が素晴らしい夫だと思ってる？

B　もちろん！
優しくて家庭的だから、結婚相手としては最高！

A　우리끼리 얘기인데, 0488 彼は浮気をしてるんだよ。

B　本当に？ 근거 없는 소문이야. 0490

• 素晴らしい 멋지다　浮気をする 바람을 피우다

042 오랜만에 우연히 만났을 때

kaiwa 042.mp3

A　久しぶり！ここで会うなんて、우연한 만남이네. 0408

B　先輩、久しぶりです。私も驚きました。

A　요즘 어떻게 지내? 0402

B　まあ、ぼちぼちやってます。

• 驚く 놀라다　ぼちぼち 그럭저럭

041

A　그가 멋진 남편이라고 생각하고 있어?

B　물론이지! 다정하고 가정적이라서 결혼 상대로는 최고야.

A　ここだけの話(はなし)だけど、0488 그는 바람을 피우고 있어.

B　정말? 根(ね)も葉(は)もない噂(うわさ)だよ。0490

042

A　오랜만이야! 여기에서 만나다니 奇遇(きぐう)だな。0408

B　선배, 오랜만이에요. 나도 놀랐어요.

A　最近(さいきん)、どうしてる？ 0402

B　뭐 그럭저럭 잘 지내고 있어요.

043 과식했다고 할 때

kaiwa 043.mp3

A　もう食(た)べないの？

B　食(た)べ過(す)ぎちゃって、배가 터지겠어! 0441

A　私(わたし)もダイエット中(ちゅう)なのに、つい 폭식해 버렸어! 0444

B　お腹(なか)もいっぱいだし、カラオケにでも行(い)こう！

- 食(た)べ過(す)ぎる 과식하다

044 많이 먹으라고 권유할 때

kaiwa 044.mp3

A　わあ、すごいごちそうだね。

B　温(あたた)かいうちに 많이 먹어! 0446

A　いただきます！
　　実(じつ)は天(てん)ぷらが 엄청 좋아하는 음식이야! 0449

B　そう？ よかったね。たくさん食(た)べてもいいよ。

- ごちそう 진수성찬, 맛있는 요리　天(てん)ぷら 튀김

043

A　더 이상 안 먹어?

B　과식해 버려서 お腹(なか)がパンパンだよ。0441

A　나도 다이어트중인데, 그만 ドカ食(ぐ)いしちゃった! 0444

B　배도 부르고 하니, 노래방에라도 가자!

044

A　와~, 굉장한 진수성찬이네.

B　따뜻할 때 どんどん食(た)べて! 0446

A　잘 먹을게! 실은 튀김이 大好物(だいこうぶつ)なの。0449

B　그래? 다행이네. 많이 먹어도 돼!

045 피곤할 때는 자는 것이 최고라고 할 때 kaiwa 045.mp3

A 昨夜(ゆうべ)はよく眠(ねむ)れた？

B うん、푹 잤어. 0417 頭(あたま)もすっきりしたよ。

A やっぱり 피곤하면 자는 게 최고야! 0422

B そうそう！私(わたし)もそう思(おも)う！

• 昨夜(ゆうべ) 어젯밤 眠(ねむ)る 잠들다 すっきりする 후련하다, 개운하다

046 배달음식을 시켜 먹자고 할 때 kaiwa 046.mp3

A お腹(なか)が空(す)いたよ。배달음식이라도 시킬까? 0439

B うん、いいよ！私(わたし)も 배가 너무 고파! 0437

A 何(なに)がいいかな。今日(きょう)はピザを取(と)る？

B うん。ピザ、大好(だいす)き！早(はや)く頼(たの)もうよ。

• お腹(なか)が空(す)く 배가 고프다 頼(たの)む 부탁하다, 주문하다

045

A 어젯밤에는 잘 잤어?

B 응, ぐっすり眠(ねむ)れたの。0417 머리도 개운해.

A 역시 疲(つか)れたら、寝(ね)るに限(かぎ)る！0422

B 맞아 맞아! 나도 그렇게 생각해!

046

A 배가 고파! 出前(でまえ)でも取(と)ろうか？0439

B 응, 좋아! 나도 お腹(なか)がペコペコだよ。0437

A 뭐가 좋을까? 오늘은 피자를 시킬까?

B 응. 피자 너무 좋아해! 빨리 주문하자!

047 친구와 헤어질 시간이 되었을 때

kaiwa 047.mp3

A　時間(じかん)だから、そろそろ行(い)かないと！

B　今日(きょう)は 완전 즐거웠어! 0412

A　いつでもいいから、また遊(あそ)びに来(き)てね。

B　うん。조만간 또 만나자! 0413

048 콘서트에 가자는 권유를 거절할 때

kaiwa 048.mp3

A　今週(こんしゅう)の土曜日(どようび)のコンサート、함께 안 갈래? 0497

B　말은 고맙지만, 0466 先約(せんやく)があるの。

A　それは残念(ざんねん)だな。

B　また今度(こんど)誘(さそ)ってね。

- 残念(ざんねん)だ 아쉽다, 유감이다　誘(さそ)う 권유하다, 제의하다

047

A　시간이 되었으니까, 이제 슬슬 가야 해!

B　오늘은 超楽(ちょうたの)しかった! 0412

A　언제든지 괜찮으니까, 또 놀러 와!

B　응. そのうち、またね。0413

048

A　이번 주 토요일 콘서트, 一緒(いっしょ)にどう? 0497

B　せっかくだけど、0466 선약이 있어.

A　그거 아쉽네.

B　다음 번에 또 같이 가자고 해 줘!

049 더 이상 못 먹겠다고 말할 때

kaiwa 049.mp3

A　このカレー、思(おも)ったよりうまい!

B　お腹(なか)が空(す)いてたのね？ 더 먹을래? 0498

A　いや、더 이상 못 먹겠어! 0442

B　だけど、デザートは別腹(べつばら)だよね。

050 연락이 없었던 이유가 궁금할 때

kaiwa 050.mp3

A　昨日(きのう)はどうして連絡(れんらく)をくれなかったの？

B　ごめん。仕事(しごと)が立(た)て込(こ)んでて、정신없었어! 0465

A　大変(たいへん)だったよね。
　　ところで、週末(しゅうまつ)の約束(やくそく)は 바람맞히면 안 돼! 0483

B　心配(しんぱい)するなって! ちゃんと覚(おぼ)えてるから。

- 立(た)て込(こ)む 한꺼번에 겹치다, 몰리다　ところで 그건 그렇고

049

A　이 카레, 생각했던 것보다 맛있어!

B　배가 고팠었구나? お代(か)わり、する？ 0498

A　아니야, もう食(た)べ切(き)れない！ 0442

B　그래도 디저트 먹는 배는 따로 있지.

050

A　어제는 왜 연락을 주지 않았어?

B　미안해! 일이 몰려서 バタバタしてた！ 0465

A　힘들었겠네.
그건 그렇고, 주말 약속은 すっぽかしちゃだめだよ。 0483

B　걱정하지 말라고! 제대로 기억하고 있으니까.

찾아보기

ㄷ

ㅁ

ㅂ

ㅅ

ㅇ

일본어회화 표현사전

인현진 지음 | 664쪽 | 20,000원

일상생활은 물론 여행, 비즈니스까지!
국내 유일의 일본어회화 표현사전!

국내 최다 표현 수록! 표현을 적용한 대화문으로 실전 활용법까지 알려준다!
반말, 존댓말, 뉘앙스까지 구분되어 있어 상황에 딱 맞는 표현을 골라 쓸 수 있다!

난이도 첫걸음 | 초 급 | 중 급 | 고 급

대상 상황별 다양한 일본어 회화 표현을 익히고 싶은 학습자

목표 내가 쓰고 싶은 일본어 표현을 쉽게 찾아 바로 바로 써먹기

비즈니스 일본어회화& 이메일 표현사전

인현진 지음 | 640쪽 | 20,000원

회화는 물론 이메일 표현까지 한 권에!
국내 유일의 비즈니스 표현사전

상황별 비즈니스 표현을 총망라하여 최다 규모로 모았다! 현장에서 바로 써먹을 수 있는 고품격 회화 표현과 이메일, 비즈니스 문서 등 그대로 활용 가능한 작문 표현이 한 권에!

난이도 첫걸음 | 초급 | 중급 | 고급

대상 일본을 대상으로 비즈니스를 해야 하는 직장인, 고급 표현을 익히고 싶은 일본어 중급자

목표 내가 쓰고 싶은 비즈니스 표현을 쉽게 찾아 바로 바로 써먹기

네이티브가 매일 쓰는 이 말,
무슨 뜻일까요?

01 좋은 일이 생겼을 때

A 오늘은 내가 한턱 살게.

B **やった!**

▶ 정답은 15쪽에

02 완벽하다고 할 때

A 준비는 어때?

B **ばっちり!**

▶ 정답은 67쪽에

03 내 말이 맞는다고 할 때

A 그녀를 좋아하지? **図星(ずぼし)だろう?**

B 쓸데없는 참견이야.

▶ 정답은 71쪽에

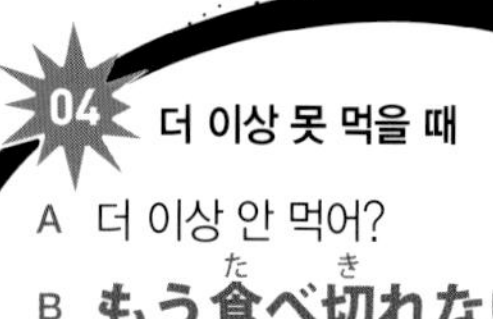

04 더 이상 못 먹을 때

A 더 이상 안 먹어?

B **もう食(た)べ切(き)れない!**

▶ 정답은 251쪽에

The Native Japanese Speaks Easily -1000 Sentences
네이티브는 쉬운 일본어로 말한다 – 1000문장 편

03730

9 791159 241147

ISBN 979-11-5924-114-7

값 16,000원

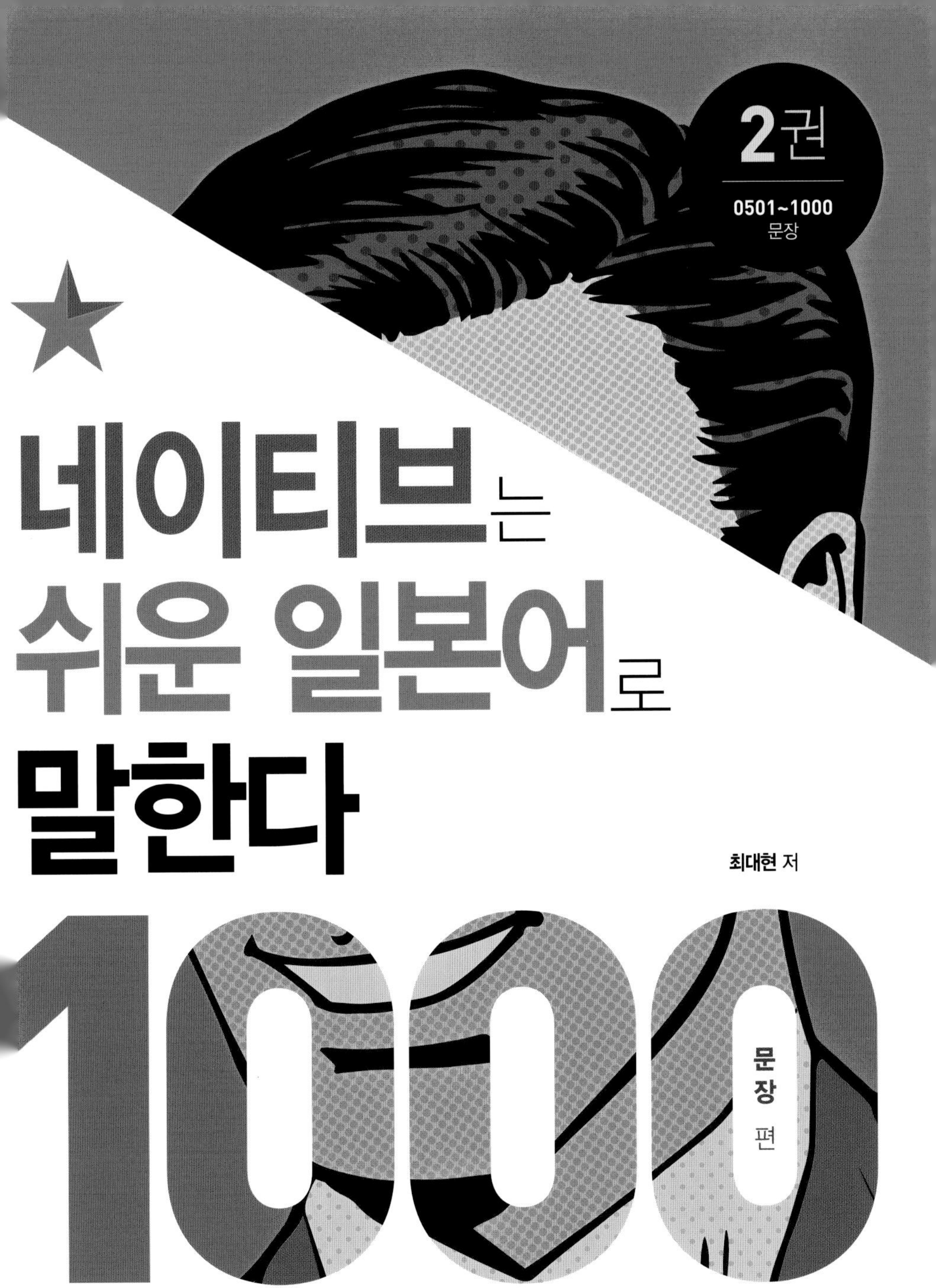

2권

0501~1000 문장

네이티브는 쉬운 일본어로 말한다

최대현 저

일본인이 항상 입에 달고 살고, 일드에 꼭 나오는 1000문장을 모았다!

우리말과 일본어를 모두 녹음한 mp3 파일 무료 다운로드

독자의 **1초**를 아껴주는 정성!

—

세상이 아무리 바쁘게 돌아가더라도

책까지 아무렇게나 빨리 만들 수는 없습니다.

인스턴트 식품 같은 책보다는

오래 익힌 술이나 장맛이 밴 책을 만들고 싶습니다.

길벗이지톡은 독자여러분이 우리를 믿는다고 할 때 가장 행복합니다.

나를 아껴주는 어학도서, 길벗이지톡의 책을 만나보십시오.

독자의 1초를 아껴주는 정성을 만나보십시오.

미리 책을 읽고 따라해본 2만 베타테스터 여러분과 무따기 체험단, 길벗스쿨 엄마 2% 기획단,

시나공 평가단, 토익 배틀, 대학생 기자단까지!

믿을 수 있는 책을 함께 만들어주신 독자 여러분께 감사드립니다.

(주)도서출판 길벗 www.gilbut.co.kr

길벗 이지톡 www.gilbut.co.kr

길벗 스쿨 www.gilbutschool.co.kr

2권 | 0501-1000 문장

최대현 저

네이티브는 쉬운 일본어로 말한다 – 1000문장 편
The Native Japanese Speaks Easily – 1000 Sentences

초판 발행 · 2017년 6월 20일
초판 8쇄 발행 · 2024년 5월 20일

지은이 · 최대현
발행인 · 이종원
발행처 · (주)도서출판 길벗
브랜드 · 길벗이지톡
출판사 등록일 · 1990년 12월 24일
주소 · 서울시 마포구 월드컵로 10길 56(서교동)
대표 전화 · 02)332-0931 | **팩스** · 02)323-0586
홈페이지 · www.gilbut.co.kr | **이메일** · eztok@gilbut.co.kr

기획 및 책임 편집 · 오윤희(tahiti01@gilbut.co.kr), 이민경 | **디자인** · 최주연 | **제작** · 이준호, 손일순, 이진혁
마케팅 · 이수미, 장봉석, 최소영 | **유통혁신** · 한준희 | **영업관리** · 심선숙 | **독자지원** · 윤정아

편집진행 및 교정 · 정선영 | **전산편집** · 수(秀)디자인 | **오디오 녹음 및 편집** · 와이알미디어
CTP 출력 및 인쇄 · 예림인쇄 | **제본** · 예림바인딩

- 길벗이지톡은 길벗출판사의 성인어학서 출판 브랜드입니다.
- 잘못 만든 책은 구입한 서점에서 바꿔 드립니다.
- 이 책은 저작권법에 따라 보호받는 저작물이므로 무단전재와 무단복제를 금합니다.
  이 책의 전부 또는 일부를 이용하려면 반드시 사전에 저작권자와 (주)도서출판 길벗의 서면 동의를 받아야 합니다.
- 책 내용에 대한 문의는 길벗 홈페이지(www.gilbut.co.kr) 고객센터에 올려 주세요.

ISBN 979-11-5924-114-7 03730
(길벗 도서번호 300883)

이 도서의 국립중앙도서관 출판사도서목록(CIP)은 서지정보유통시스템 홈페이지(http://seoji.nl.go.kr)와
국가자료공동목록시스템(http://www.nl.go.kr/kolisnet)에서 이용하실 수 있습니다. (CIP제어번호: CIP2017011621)

© 최대현, 2017

정가 16,000원

독자의 1초까지 아껴주는 정성 길벗출판사

(주)도서출판 길벗 | IT교육서, IT단행본, 경제경영서, 어학&실용서, 인문교양서, 자녀교육서 www.gilbut.co.kr
길벗스쿨 | 국어학습, 수학학습, 어린이교양, 주니어 어학학습, 학습단행본 www.gilbutschool.co.kr

페이스북 · www.facebook.com/gilbuteztok
네이버 포스트 · http://post.naver.com/gilbuteztok
유튜브 · https://www.youtube.com/gilbuteztok

머리말

쉽고 재미있게!
20년 '스크린 일어' 강의의 결정체!
나를 바꿀 1000문장!

오랫동안 일본어 강의를 진행하면서 안타깝게 여겼던 점은 학습자들이 어학을 즐기지 못하고 진지한 공부로 대하고 있다는 사실이었습니다. 기존의 교과서 중심의 공부와 딱딱한 시험 위주의 학습으로는 쉽게 지칠 뿐만 아니라 실력 향상도 더디기만 합니다.
잘 듣고 잘 말하면 되는 언어의 가장 기본적인 특성이 무시된 채 일방통행식 학습법으로는 진정한 실력자로의 꿈을 이루는 것이 결코 쉽지는 않다는 생각을 하게 됩니다.
일본어로 힘들어하고 흥미를 잃어 슬럼프에 빠져 있는 수많은 학습자들에게 도움이 될 수 있는 최고의 일본어 실력 향상의 길은 바로 살아있는 회화체 표현 중심의 학습으로 즐겁게 공부하는 것이라고 자신 있게 말할 수 있습니다.

일본 드라마 속의 꿀 표현들을 모두 담았다!

국내 최초로 학원에 '스크린 일어' 수업을 개설한 후 최고 인기 강좌로 수많은 수강생을 배출한 지도 벌써 20년이 훌쩍 지났습니다. 그사이 엄청난 자료가 쌓이고 수만 개의 알짜 표현들을 차곡차곡 데이터화했습니다. 그중에서도 이것만은 꼭 알았으면 하는, 꼭 알아야만 하는 중요 표현 1000개 문장을 엄선하여 한 권의 책으로 만들게 되었습니다. 일본어 공부의 목적은 드라마가 아니지만, 드라마 속에는 여러분이 목표로 삼은 '일본어 회화 실력 향상'을 가장 빠르고 재미있게 충족시킬 수 있는 매력과 장점이 많습니다. 학원 강의를 통하여 완성시킨 기적의 시스템을 책 속에 전부 담기는 어렵지만 엄선된 문장과 설명, 그리고 함께 제공되는 mp3 녹음파일로 최대한의 효과를 거둘 수 있을 거라고 자신합니다.

생생한 회화체 표현만을 고집한 오랜 현장 강의와 연구!

언어는 '생물'입니다. 지금 이 시간에도 수많은 단어들과 표현들이 새롭게 생겨나기도 하고 사용하지 않는 단어나 표현은 자취를 감추고 사라지기도 합니다. 이러한 언어의 습성 때문에 학습자들은 교재 및 학습서 선택에 매우 애를 먹습니다.

저는 지난 20년 동안 '일본 드라마 전문 현장 강의'를 해왔습니다. 책자로 만든 드라마 대본은 200여 편이 넘고, 일본어 문형 및 표현을 체계적으로 정리한 수업 프린트도 셀 수 없이 많습니다. 이렇게 막대한 양을 강의해 오면서 얻게 된 중요한 결론은 바로 일본인들이 사용하는 일본어가 실제로는 결코 어렵지 않다는 것이었습니다.

쉽고 간단한 단어나 표현만으로도 여러분이 원하는 필요충분조건을 모두 채울 수 있다는 확신이 들었습니다. 정작 일본인들이 일상에서 사용하는 표현이 의외로 쉽고 간단한 표현들의 조합일 뿐이라는 것은 오랜 강의를 통한 커다란 결실입니다.

공부는 많이 한 사람보다 즐겁게 한 사람이 더 잘한다!

즐거운 마음으로 일본어를 공부해 보세요! 특히 외국어 공부는 무조건 즐거워야 합니다. 즐거움을 느끼지 못하면 끝까지 공부를 이어나갈 수 없기 때문입니다.

일본어 문장을 크게 소리를 내어 읽어 보세요! 굳이 외울 필요도 없습니다. 여러 번 읽다 보면 외워지게 됩니다. 여러분 자신이 드라마 속의 주인공이 되었다고 상상하면서 감정을 듬뿍 넣어 읽는 방법도 참 좋습니다.

기적은 생각했던 것보다 매우 가까이에서 다가옵니다. 즐겁게 공부하는 습관만 몸에 익히게 된다면 1000문장은 머릿속에서 자연스럽게 외워져 있을 거라고 믿습니다. 이 책을 끝까지 성실하게 학습해 나간다면 일본어를 전공하는 학생이나 일본 유학생을 능가할 만한 실력을 만들어내는 것도 결코 어렵지 않습니다.

『네이티브는 쉬운 일본어로 말한다 1000 문장편』이 여러분의 일본어 공부에 커다란 전환점이 되는 기회가 되기를 진심으로 바라고, 수많은 일본어 학습서들 속에서 우뚝 뽐내는 여러분만의 인생템이 될 수 있었으면 좋겠습니다.

2017년 5월

최대현

 하루 5분, 5문장 일본어 습관을 만드세요!

부담 없이 하루에 5문장 정도만 읽어 보세요. 매일매일의 습관이 일본어 실력을 만듭니다!

1단계 출근길 1분 30초 일본어 표현을 보고 어떤 의미인지 생각해 보세요.

한 페이지에 5문장의 일본어 표현이 정리되어 있습니다. 문장 아래 단어 뜻을 참고하여, 어떤 의미인지 생각해 보세요. 다음 페이지에서 뜻을 확인하고, 맞히지 못했다면 오른쪽 상단 체크 박스에 표시한 후 다음 문장으로 넘어 가세요.

2단계 이동 시 짬짬이 2분 mp3 파일을 들으며 따라 해 보세요.

mp3 파일에 녹음된 원어민 성우의 음성을 듣고 큰 소리로 따라 해 봅니다. 한자를 보고 발음이 생각나지 않는다면, 한자 위의 읽는 음을 보고 읽어 보세요. 표현을 쓸 상황을 상상하며 감정을 살려 연습하면, 실제 상황에서도 자신 있게 말할 수 있습니다.

3단계 퇴근길 1분 30초 체크된 표현을 중심으로 한 번 더 확인하세요.

미리 체크해 놓은 문장을 중심으로 앞 페이지에서는 일본어를 보며 우리말 뜻을 떠올려 보고, 뒤 페이지에서는 우리말 해석을 보고 일본어 문장을 5초 이내로 바로 말할 수 있다면 성공입니다!

 망각방지 복습법

매일매일 일본어 습관을 들이는 것과 함께 꼭 신경 써야 할 한 가지가 있습니다. 인간은 망각의 동물! 채워 넣을 것이 수없이 많은 복잡한 머릿속에서 입에 익숙치 않은 일본어 문장은 1순위로 빠져나가겠지요. 그러니 자신 있게 외웠다고 넘어간 표현들도 하루만 지나면 절반 이상 잊어버립니다.

1단계 망각방지장치 ❶

10일에 한 번씩, 50문장을 공부한 후 복습에 들어갑니다. 통문장을 외워서 말해야 한다는 부담 없이, 핵심 키워드만 비워 놓아 가볍게 기억을 떠올려 볼 수 있습니다. 문장을 완성하지 못했다면, 체크하고 다시 앞으로 돌아가 한 번 더 복습합니다.

2단계 망각방지장치 ❷

20일에 한 번씩, 100문장을 복습할 수 있도록 10개의 대화문을 넣었습니다. 우리말 해석 부분을 일본어 표현으로 바꿔 말해 보세요. 네이티브들이 쓰는 생생한 대화로 복습하면, 앞에서 배운 문장을 실제로 어떻게 써먹을 수 있는지 감이 확실히 잡힐 거예요.

이 책의 구성

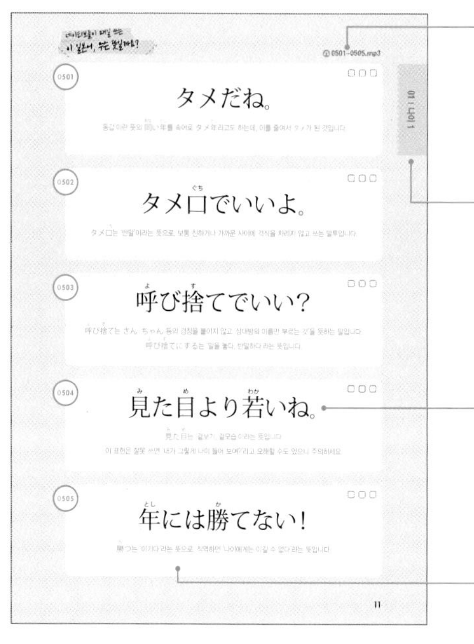

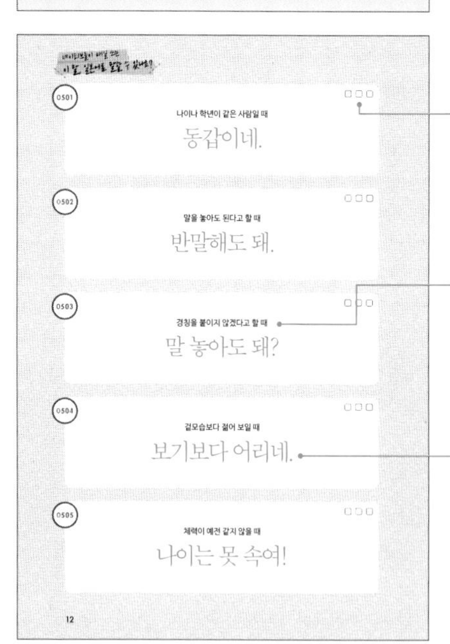

mp3 파일

해당 페이지를 공부할 수 있는 mp3 파일입니다. 우리말 해석과 일본어 문장을 모두 녹음하고, 원어민 남녀 성우가 각각 한 번씩 읽었습니다.

소주제

5개의 문장은 연관 없는 낱개의 문장이 아닙니다. 다섯 문장이 하나의 주제로 연결되어 있어, 하나의 문장만 기억나도 연관된 문장이 줄줄이 연상되도록 구성했습니다.

일본어 문장

한 페이지에 5개의 문장을 넣었습니다. 일본인이 자주 쓰는 표현 중에서 초중급자에게도 어렵지 않은 단어로 된 문장만 뽑았습니다.

단어

일본어 표현을 보고 어떤 뜻인지 감이 오지 않는다면, 간단히 정리한 단어를 참고하세요.

체크 박스

우리말 해석을 보면서 앞 페이지의 일본어 표현이 떠오르지 않는다면 체크하세요. 복습할 때 체크한 문장 위주로 학습합니다.

상황 설명

어떤 상황에서 주로 활용할 수 있는 표현인지 간단하지만 '확!' 와 닿게 설명했습니다. 상황을 떠올리며 일본어 표현을 연습해 보세요.

우리말 해석

일본어 바로 뒤 페이지에 해석을 넣었습니다. 일본어 문장의 뜻과 뉘앙스를 100% 살려, 가장 자연스러운 우리말로 해석했습니다. 우리말을 보고 일본어가 바로 나올 수 있게 연습하세요!

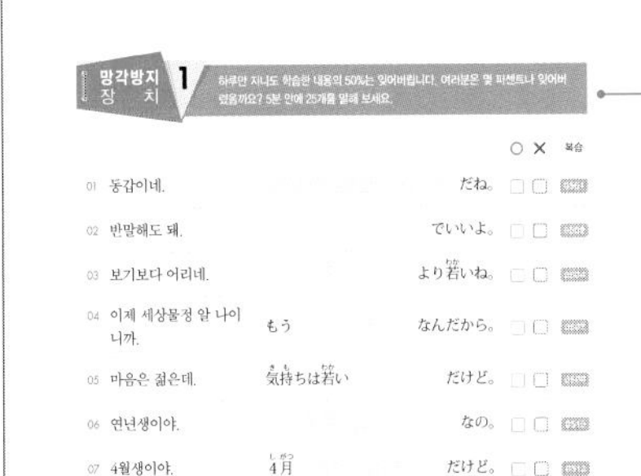

확인학습 망각방지장치 ❶

표현 50개마다 문장을 복습할 수 있는 연습문제를 넣었습니다. 빈칸에 알맞은 말을 넣어 5초 이내에 문장을 말해 보세요. 틀린 문장은 오른쪽 표현 번호를 참고해, 그 표현이 나온 페이지로 돌아가서 다시 한번 확인하고 넘어 가세요.

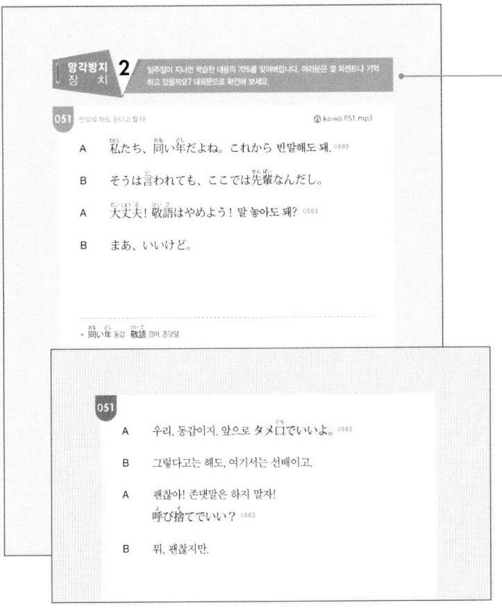

확인학습 망각방지장치 ❷

책에 나오는 문장들이 실생활에서 정말 쓰는 표현인지 궁금하다고요? 표현 100개를 배울 때마다, 표현을 활용할 수 있는 대화문 10개를 넣었습니다. 대화 상황 속에서 우리말 부분을 일본어로 바꿔 말해 보세요. 뒤 페이지에서 정답과 해석을 바로바로 확인할 수 있습니다.

mp3 파일 활용법

책에 수록된 모든 문장은 일본인 베테랑 성우의 목소리로 직접 녹음했습니다. 오디오만 들어도 이 책의 모든 문장을 외울 수 있도록, 일본어 문장뿐 아니라 우리말 해석까지 녹음했습니다. 한 페이지에 나오는 5개의 문장을 하나의 mp3 파일로 묶어, 모르는 부분을 쉽게 찾아 들을 수 있습니다. 일본어 문장이 입에 착! 붙을 때까지 여러 번 듣고 따라 하세요. mp3 파일은 길벗이지톡 홈페이지(www.eztok.co.kr)에서 무료로 다운로드 받거나, 각 Part가 시작하는 부분의 QR코드를 스캔해 스마트폰에서 바로 들을 수 있습니다.

1단계 **그냥 들으세요!** 우리말 해석 ➞ 일본어 문장 2회 (남/여)

2단계 **일본어로 말해 보세요!** 우리말 해석 ➞ 답하는 시간 ➞ 일본어 문장 1회

차례

Part 6

네이티브가 개인 신상을 말할 때 자주 쓰는 표현 100

일본 사람들과 만나서 대화를 나눌 때 가장 많이 물어보게 되는 나이, 가족, 친구, 성격, 음식, 기호 등은 물론이고, 건강 및 경제 사정과 관련된 표현들까지 모두 모았습니다. 자신의 신상을 소개할 때 제대로 된 일본어로 멋지게 구사한다면 일본 사람들과 한층 더 가까워질 수 있어요!

0501~0505.mp3

0501

タメだね。

'동갑'이란 뜻의 同(おな)い年(どし)를 속어로 タメ年(どし)라고도 하는데, 이를 줄여서 タメ가 된 것입니다.

0502

タメ口(ぐち)でいいよ。

タメ口(ぐち)는 '반말'이라는 뜻으로, 보통 친하거나 가까운 사이에 격식을 차리지 않고 쓰는 말투입니다.

0503

呼(よ)び捨(す)てでいい？

呼(よ)び捨(す)て는 さん·ちゃん 등의 경칭을 붙이지 않고 '상대방의 이름만 부르는 것'을 뜻하는 말입니다.
呼(よ)び捨(す)てにする는 '말을 놓다, 반말하다'라는 뜻입니다.

0504

見(み)た目(め)より若(わか)いね。

見(み)た目(め)는 '겉보기, 겉모습'이라는 뜻입니다.
이 표현은 잘못 쓰면 '내가 그렇게 나이 들어 보여?'라고 오해할 수도 있으니 주의하세요.

0505

年(とし)には勝(か)てない！

勝(か)つ는 '이기다'라는 뜻으로, 직역하면 '나이에게는 이길 수 없다'라는 뜻입니다.

0501

나이나 학년이 같은 사람일 때

동갑이네.

0502

말을 놓아도 된다고 할 때

반말해도 돼.

0503

경칭을 붙이지 않겠다고 할 때

말 놓아도 돼?

0504

겉모습보다 젊어 보일 때

보기보다 어리네.

0505

체력이 예전 같지 않을 때

나이는 못 속여!

0506~0510.mp3

0506

私(わたし)ももう年(とし)だよ。

여기서의 年(とし)는 '나이 먹었다'라는 뜻입니다.

'나이를 먹다'는 年(とし)をとる라고도 해요.

0507

もういい年(とし)なんだから。

여기에서의 いい年(とし)는 '좋은 나이'라는 뜻이 아닙니다.

'세상물정을 알 나이, 꽉 찬 나이, 결혼할 나이'라는 뜻이지요.

0508

気(き)持(も)ちは若(わか)いつもりだけど。

つもり는 '생각, 작정'이라는 뜻으로, '젊다는 생각을 가지고 있다'라는 뉘앙스가 됩니다.

0509

年(ねん)齢(れい)はただの数(すう)字(じ)だよ。

年齢(ねんれい)는 '연령, 나이'라는 뜻으로, 회화에서는 年(とし)라고 합니다.

ただ는 '그냥, 그저, 단지'라는 뜻입니다.

0510

年(とし)子(ご)なの。

年子(としご)는 '연년생'이라는 뜻으로, 한 살 터울의 형제 자매를 가리키는 말입니다.

참고로 '쌍둥이'는 双子(ふたご)라고 해요.

0506

자신이 나이 먹었음을 느낄 때

나도 이제 나이 먹었어.

0507

세상물정을 알만한 나이일 때

이제 세상물정 알 나이니까.

0508

마음만은 청춘이라고 할 때

마음은 젊은데.

0509

나이는 중요하지 않다고 할 때

나이는 그냥 숫자야.

0510

나이차가 한 살일 때

연년생이야.

0511~0515.mp3

0511

何年(なにどし)なの？

干支(えと)(띠, 간지)를 써서 干支(えと)は何(なに)？라는 표현을 써도 같은 뜻입니다.

0512

うさぎ年(どし)だよ。

일본어로 '십이간지'는 ねずみ(쥐), うし(소), とら(호랑이), うさぎ(토끼), たつ(용), へび(뱀), うま(말), ひつじ(양), さる(원숭이), にわとり(닭), いぬ(개), いのしし(돼지)입니다.

0513

4月(しがつ)生(う)まれだけど。

태어난 달 뒤에 붙이는 ～生(う)まれ는 '～생, ～태생'이라는 뜻입니다.
참고로 '태어난 해'는 生(う)まれ年(どし)라고 합니다.

0514

血液型(けつえきがた)は何(なに)？

일본어로 혈액형을 읽을 때 'A형'은 A型(エー・がた), 'B형'은 B型(ビー・がた), 'O형'은 O型(オー・がた), 'AB형'은 AB型(エー・ビー・がた)입니다.

0515

数(かぞ)え年(どし)だよ。

'세는 나이'는 数(かぞ)え年(どし)라고 하고, '만 나이'는 満年齢(まんねんれい)라고 합니다.
우리나라는 数(かぞ)え年(どし)라서 흔히 '한국식 나이'라고도 해석해요.

0511

띠를 물어볼 때

무슨 띠야?

0512

태어난 해의 띠를 말할 때

토끼띠야.

0513

태어난 달을 말할 때

4월생이야.

0514

혈액형을 물을 때

혈액형은 뭐야?

0515

세는 나이라고 할 때

세는 나이야.

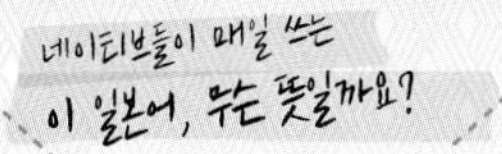

0516~0520.mp3

0516

地元(じもと)はどこ？

地元(じもと)는 '그 고장, 그 지방'이라는 뜻인데, '고향, 출신지'라고도 해석하므로 함께 알아두세요. 보통 '고향'은 故郷(こきょう) 또는 古里(ふるさと)라고 합니다.

0517

ソウルっ子(こ)なの。

'도쿄 토박이'는 江戸(えど)っ子(こ)라고 합니다. 여기서 江戸(えど)(에도)는 東京(とうきょう)의 옛 이름입니다.

0518

実家(じっか)はどこ？

実家(じっか)는 '친가, 생가, 고향집'이라는 뜻인데, 결혼한 여성의 '친정'이라는 뜻으로도 씁니다.

0519

東京生(とうきょうう)まれだよ。

東京生(とうきょうう)まれ는 '도쿄 출생/태생'이라는 뜻입니다.
東京育(とうきょうそだ)ちだよ(도쿄에서 자랐어)도 자주 쓰므로 함께 알아두세요.

0520

お住(す)まいは？

お住(す)まい는 '현재 살고 있는 곳'이라는 뜻입니다.
정중하게 물어보려면 お住(す)まいはどちらですか(사는 곳이 어디세요?)라고 합니다.

0516

출신지를 물어볼 때

고향은 어디야?

0517

서울 출신이라고 할 때

서울 토박이야.

0518

출신지를 물어볼 때

친가는 어디야?

0519

도쿄 출생이라고 할 때

도쿄 출생이야.

0520

살고 있는 동네를 물어볼 때

어디에 살아?

0521~0525.mp3

0521

僕(ぼく)はサラリーマンです。

サラリーマン(샐러리맨)은 '직장인, 월급쟁이'라는 뜻입니다.
흔히 会社員(かいしゃいん)(회사원)이라고 하므로 함께 알아두세요.

0522

私(わたし)はOL(オーエル)です。

남성과 달리 여성 회사원은 일반적으로 Office lady의 약자인 OL라는 말을 씁니다.
다른 표현으로 OL(オーエル)をやってる도 많이 씁니다.

0523

ただの平社員(ひらしゃいん)ですよ。

ただ는 '그냥, 그저, 단지'라는 뜻으로, ただの 대신에 単(たん)なる를 써도 같은 뜻입니다.

0524

フリーターです。

フリーター는 フリーアルバイター(Free Arbeiter)의 준말입니다.
'아르바이트를 직업으로 가진 사람'을 가리키는 말입니다.

0525

就職活動(しゅうしょくかつどう)しています。

就職活動(しゅうしょくかつどう)는 '취직활동, 취업활동'이라는 뜻으로, 줄여서 就活(しゅうかつ)라고 합니다.
'취준생(취업 준비생)'은 就活生(しゅうかつせい)라고 하므로 함께 알아두세요.

0521

자신이 직장에 다니는 남성일 때

저는 직장인이에요.

0522

자신이 직장에 다니는 여성일 때

저는 여성 직장인이에요.

0523

직급이 평사원일 때

그냥 평사원이에요.

0524

아르바이트를 하고 있을 때

프리터에요.

0525

취업 준비를 하고 있을 때

취업 준비를 하고 있어요.

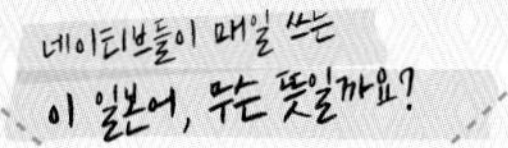

0526 □□□

お母(かあ)さんにそっくり！

そっくりだ는 '꼭 닮았다'라는 뜻입니다.

가끔 TV에 나오는 '연예인 닮은꼴'은 そっくりさん이라고 부릅니다.

0527 □□□

お父(とう)さんとうり二(ふた)つだね。

そっくり와 비슷한 뜻의 うり二(ふた)つ(참외 2개)는 '똑같이 닮은 것'을 비유하는 말입니다.

쉽게 '붕어빵'이라고 해석하면 딱입니다.

0528 □□□

一人(ひとり)っ子(こ)だよ。

一人(ひとり)っ子(こ)는 '외동 아이'라는 뜻입니다.

'외동아들'은 一人(ひとり)息子(むすこ)라고 하고, '외동딸'은 一人(ひとり)娘(むすめ)라고 하므로 함께 알아두세요.

0529 □□□

かけがえのない家族(かぞく)なの。

かけがえがない는 '무엇과도 바꿀 수 없다, 둘도 없다, 매우 소중하다'라는 뜻입니다.

0530 □□□

強(つよ)い絆(きずな)で結(むす)ばれてるよ。

絆(きずな)는 '인연, 정, 유대'라는 뜻이고, 結(むす)ばれる는 '맺어지다, 연결되다'라는 뜻입니다.

0526 ☐ ☐ ☐

어머니와 많이 닮았을 때

어머니를 꼭 닮았네!

0527 ☐ ☐ ☐

아버지와 똑같이 생겼을 때

아버지와 붕어빵이네.

0528 ☐ ☐ ☐

형제가 없는 외동일 때

외동이야.

0529 ☐ ☐ ☐

소중한 존재임을 강조할 때

둘도 없는 소중한 가족이야.

0530 ☐ ☐ ☐

인연으로 맺어진 사이라고 할 때

단단한 인연으로 맺어져 있어.

0531~0535.mp3

0531

□□□

大親友(だいしんゆう)だよ。

親友(しんゆう)는 '친한 친구'라는 뜻이고, 大親友(だいしんゆう)는 '매우 친한 친구, 절친'이라는 뜻의 강조 표현입니다.

비슷한 뜻인 ベストフレンド(베스트프렌드)도 자주 씁니다.

0532

□□□

マブだちだね。

マブだち는 '절친, 단짝'이라는 뜻입니다.

'진실, 진짜'라는 뜻의 マブ와 友(とも)だち(친구)의 だち가 합쳐진 말입니다.

0533

□□□

仲良(なかよ)しだな。

仲(なか)는 '사이, 관계'라는 뜻이고, 仲良(なかよ)し는 '(사이 좋은) 단짝 친구'라는 뜻입니다.

仲(なか)がいい(사이가 좋다)도 자주 쓰므로 함께 알아두세요.

0534

□□□

古(ふる)い知(し)り合(あ)いなのよ。

知(し)り合(あ)い는 '아는 사이, 지인'이라는 뜻입니다.

古(ふる)い(오래되다) 대신에 長(なが)い(길다)를 써도 좋습니다.

0535

□□□

腐(くさ)れ縁(えん)だよね。

腐(くさ)れ縁(えん)은 '(끊으려야 끊을 수 없는) 더러운 인연, 악연'이라는 뜻입니다.

정말 친한 친구를 농담조로 소개할 때 자주 하는 말이기도 해요.

0531

매우 친한 친구일 때

절친이야.

0532

가장 친한 친구일 때

단짝이네!

0533

사이가 좋은 친구일 때

단짝 친구군.

0534

오래 알고 지낸 사람일 때

오래된 사이야.

0535

사이가 안 좋은 사람일 때

악연이네.

0536~0540.mp3

0536

素直(すなお)な人(ひと)だね。

素直(すなお)는 '고분고분함, 솔직함, 순수함'을 뜻하는 말로, 성격을 나타낼 때 많이 씁니다. 내숭 떨지 않고, 있는 그대로의 솔직 담백한 성격을 뜻합니다.

0537

お行儀(ぎょうぎ)がいいね。

お行儀(ぎょうぎ)는 '예의범절'이라는 뜻으로, お行儀(ぎょうぎ)が悪(わる)い는 '예의가 없다, 버릇없다'라는 뜻입니다.

0538

あっさりした人(ひと)だよね。

あっさり는 '시원시원함, 담백함, 산뜻함'을 뜻하는 말로, 맺고 끊는 것이 정확한 성격을 나타냅니다.

0539

さっぱりした性格(せいかく)なの。

さっぱり는 '산뜻함, 깔끔함, 담백함'을 뜻하는 말로, あっさり와 바꿔 쓰는 경우가 많습니다.

0540

サバサバしてるね。

サバサバ는 '싹싹함, 시원시원함'을 뜻하는 말로, 꽁하지 않는 싹싹한 성격을 나타냅니다.

0536

솔직한 성격이라고 할 때

솔직한 사람이네.

0537

예의가 바르다고 할 때

예의가 바르네.

0538

담백한 성격이라고 할 때

시원시원한 사람이네.

0539

깔끔한 성격이라고 할 때

깔끔하고 소탈한 성격이야.

0540

소탈하고 시원시원한 성격이라고 할 때

싹싹하네.

네이티브들이 매일 쓰는
이 일본어, 무슨 뜻일까요?

0541~0545.mp3

0541

根(ね)に持(も)たない性格(せいかく)だよ。

根(ね)に持(も)つ는 '(어떤 일을) 마음속으로 꽁하게 생각하다, 간직하다'라는 뜻입니다.

0542

おっとりしてるね。

おっとり는 '서글서글함, 나긋나긋함'을 뜻하는 말로, 차분하고 부드러운 모습을 나타냅니다.

0543

大人(おとな)しい人(ひと)なのよ。

大人(おとな)しい는 '온순하다, 얌전하다'라는 뜻입니다.
大人(おとな)는 '어른'이라는 뜻입니다.

0544

いつも前向(まえむ)きだね。

前向(まえむ)き는 '적극적'이라는 뜻이지만, '낙천적, 긍정적'이라고 해석하면 자연스러워요.

0545

ユーモアのセンスがあるね。

재치 있는 농담을 잘할 때 쓰는 표현입니다.
ユーモアに溢(あふ)れる(유머에 넘치다)도 자주 쓰이므로 함께 알아두세요.

0541

속으로 꽁하지 않는 성격이라고 할 때

뒤끝 없는 성격이야.

0542

온화하고 대범한 성격이라고 할 때

서글서글하네.

0543

순하고 얌전한 성격이라고 할 때

얌전한 사람이야.

0544

낙천적인 성격이라고 할 때

늘 긍정적이네.

0545

말을 재미있게 잘한다고 할 때

유머 감각이 있네.

0546~0550.mp3

0546

ムードメーカーだね。

ムードメーカー는 '분위기를 밝게 만드는 사람'을 뜻하는 말입니다.
다른 표현으로 性格(せいかく)が明(あか)るい(성격이 밝다)도 자주 씁니다.

0547

クールで渋(しぶ)い男性(だんせい)なの。

クール(cool)는 '쿨함'이라는 뜻이고, 渋(しぶ)い는 '(화려하지 않고) 차분하다'라는 뜻입니다.

0548

無邪気(むじゃき)な人(ひと)だよ。

無邪気(むじゃき)だ는 '천진난만하다, 악의가 없다'라는 뜻입니다.

0549

まっすぐな人(ひと)だな。

まっすぐだ는 '숨김이 없다, 솔직하다, 정직하다, 올곧다' 등의 다양한 뜻을 가진 말입니다.
純粋(じゅんすい)(순수)라는 말보다 다양한 상황에서 쓰므로 잘 알아두세요.

0550

本当(ほんとう)にお人好(ひとよ)しだよね。

お人好(ひとよ)し는 '사람 좋은 호인'이라는 뜻으로, 너무 착하고 순수해서 속기 쉬운 사람을 말합니다.

0546

분위기를 띄우는 사람일 때

분위기 메이커네.

0547

차분한 남자라고 할 때

쿨하고 차분한 남자야.

0548

착하고 순진한 사람일 때

천진난만한 사람이야.

0549

순수하고 솔직한 사람일 때

순수한 사람이야.

0550

착해서 잘 속는 사람일 때

정말 좋은 사람이네.

망각방지 장치 1

하루만 지나도 학습한 내용의 50%는 잊어버립니다. 여러분은 몇 퍼센트나 잊어버렸을까요? 5분 안에 25개를 말해 보세요.

				○	×	복습
01	동갑이네.		だね。	□	□	0501
02	반말해도 돼.		でいいよ。	□	□	0502
03	보기보다 어리네.		より若(わか)いね。	□	□	0504
04	이제 세상물정 알 나이니까.	もう	なんだから。	□	□	0507
05	마음은 젊은데.	気持(きも)ちは若(わか)い	だけど。	□	□	0508
06	연년생이야.		なの。	□	□	0510
07	4월생이야.	4月(しがつ)	だけど。	□	□	0513
08	친가는 어디야?		はどこ？	□	□	0518
09	어디에 살아?	お	は？	□	□	0520
10	그냥 평사원이에요.	ただの	ですよ。	□	□	0523
11	프리터에요.		です。	□	□	0524
12	어머니를 꼭 닮았네!	お母(かあ)さんに	！	□	□	0526
13	아버지와 붕어빵이네.	お父(とう)さんと	だね。	□	□	0527

정답 01 タメ 02 タメ口(ぐち) 03 見(み)た目(め) 04 いい年(とし) 05 つもり 06 年子(としご) 07 生(う)まれ 08 実家(じっか) 09 住(す)まい 10 平社員(ひらしゃいん) 11 フリーター 12 そっくり 13 うり二(ふた)つ

			○	✕	복습
14	둘도 없는 소중한 가족이야.	＿＿のない家族(かぞく)なの。	☐	☐	0529
15	절친이야.	大(だい)＿＿だよ。	☐	☐	0531
16	오래된 사이야.	古(ふる)い＿＿なのよ。	☐	☐	0534
17	시원시원한 사람이네.	＿＿した人(ひと)だよね。	☐	☐	0538
18	깔끔하고 소탈한 성격이야.	＿＿した性格(せいかく)なの。	☐	☐	0539
19	싹싹하네.	＿＿してるね。	☐	☐	0540
20	서글서글하네.	＿＿してるね。	☐	☐	0542
21	얌전한 사람이야.	＿＿人(ひと)なのよ。	☐	☐	0543
22	늘 긍정적이네.	いつも＿＿だね。	☐	☐	0544
23	유머 감각이 있네.	ユーモアの＿＿があるね。	☐	☐	0545
24	천진난만한 사람이야.	＿＿な人(ひと)だよ。	☐	☐	0548
25	정말 좋은 사람이네.	本当(ほんとう)にお＿＿だよね。	☐	☐	0550

맞은 개수: 25개 중 ＿＿ 개

당신은 그동안 ＿＿＿%를 잊어버렸습니다.
틀린 문장들은 다시 한번 보고 넘어가세요.

정답 14 かけがえ 15 親友(しんゆう) 16 知(し)り合(あ)い 17 あっさり 18 さっぱり 19 サバサバ 20 おっとり 21 大人(おとな)しい 22 前向(まえむ)き 23 センス 24 無邪気(むじゃき) 25 人好(ひとよ)し

0551~0555.mp3

0551 □□□

無愛想(ぶあいそう)な人(ひと)だね。

無愛想(ぶあいそう)だ는 '붙임성이 없다, 무뚝뚝하다'라는 뜻으로, 愛想(あいそ)がない라고도 합니다.
반대말인 '붙임성이 좋다'는 愛想(あいそ)がいい라고 합니다.

0552 □□□

ずぼらな性格(せいかく)だよね。

ずぼらだ는 '흐리멍텅하고 게으르다, 칠칠치 못하다, 야무지지 못하다'라는 뜻입니다.
ずぼら人間(にんげん)(대충형 인간)이라는 신조어도 함께 알아두세요.

0553 □□□

飽(あ)きっぽい性格(せいかく)だよ。

飽(あ)きっぽい는 '싫증을 잘 내다, 금방 질리다'라는 뜻입니다.
'싫증나다, 질리다'라는 뜻의 동사 飽(あ)きる에서 온 말이지요.

0554 □□□

礼儀知(れいぎし)らずだな。

礼儀(れいぎ)を知(し)らない人(ひと)(예의를 모르는 사람)를 한 마디로 표현한 말이 礼儀知(れいぎし)らず입니다.

0555 □□□

口(くち)うるさい人(ひと)だから!

口(くち)うるさい는 '잔소리가 많다'라는 뜻으로, 사소한 일에도 잔소리를 해서 귀찮을 때 씁니다.

0551

붙임성이 없는 성격이라고 할 때

무뚝뚝한 사람이네.

0552

칠칠치 못한 성격이라고 할 때

야무지지 못한 성격이구나.

0553

싫증을 잘 내는 성격이라고 할 때

금방 싫증내는 성격이야.

0554

예의가 없는 사람일 때

무례한 사람이군.

0555

잔소리가 많아서 귀찮을 때

잔소리가 심한 사람이라니까!

0556~0560.mp3

0556

融通(ゆうずう)の利(き)かない人(ひと)だね。

融通(ゆうずう)が利(き)く는 '융통성이 있다'라는 뜻입니다. 원래 利(き)く는 '효과/효력이 있다, 잘 듣다'라는 뜻이지요.

0557

気難(きむずか)しい人(ひと)なの。

気難(きむずか)しい는 '성미가 깐깐하다, 까다롭다, 성질이 더럽다'라는 뜻입니다.
気難(きむずか)しいお客(きゃく)さん은 '깐깐한 손님, 까다로운 손님'이라는 뜻이지요.

0558

高飛車(たかびしゃ)な人(ひと)だよ。

高飛車(たかびしゃ)는 '위압적인 태도'라는 뜻으로, '고자세'라고 해석하면 자연스러워요.

0559

うっかり者(もの)だな。

うっかり는 '깜빡 잊다'라는 뜻으로, うっかり者(もの)는 '덜렁이'라고 해석합니다.

0560

なんてずうずうしい奴(やつ)なんだ!

なんて는 '이 얼마나'라는 뜻이고, ずうずうしい는 '뻔뻔하다'라는 뜻입니다.

0556

완고하고 고집스러운 사람일 때

융통성이 없는 사람이네.

0557

까다롭고 깐깐한 사람일 때

깐깐한 사람이야.

0558

위압적인 태도를 취하는 사람일 때

고자세인 사람이야.

0559

부주의한 실수가 많은 사람일 때

덜렁이군.

0560

창피한 줄 모른다고 할 때

정말 뻔뻔한 녀석이네!

0561~0565.mp3

0561

見栄っ張りだよ。

見栄っ張りは 見栄を張る(허세를 부리다, 허영을 부리다)의 명사형입니다.

0562

負けず嫌いなのよ。

負けず嫌いは '지는 것을 싫어하는 사람'이라는 뜻입니다.

0563

損な性格だね。

損な性格는 '손해를 보는 성격'이라는 뜻으로, 거절이나 거짓말을 잘 못하는 성격을 말합니다.
반대말인 '이득을 보는 성격'은 得な性格라고 합니다.

0564

人見知りが激しい!

人見知りは '낯가림'이라는 뜻으로, 人見知りをする(낯을 가리다)라는 표현도 함께 알아두세요.

0565

物好きだな。

物好きは '색다르거나 유별난 것을 좋아하는 것/사람'이라는 뜻입니다.

0561

허세를 부리는 사람일 때

허세가 많은 사람이야.

0562

경쟁심이 강한 성격이라고 할 때

지고는 못 사는 성격이야.

0563

손해를 잘 보는 성격이라고 할 때

손해 보는 성격이네.

0564

수줍음을 많이 타는 성격이라고 할 때

낯을 심하게 가려!

0565

색다른 것을 좋아하는 사람일 때

유별난 사람이군.

0566~0570.mp3

0566

無口(むくち)な方(ほう)だよ。

無口(むくち)だ는 '말이 없다, 과묵하다'라는 뜻입니다.

口数(くちかず)が少(すく)ない(말수가 적다)도 자주 쓰므로 함께 알아두세요.

0567

無器用(ぶきよう)な人(ひと)なの。

無器用(ぶきよう)だ는 '요령이 서툴다, 요령이 없다'라는 뜻입니다.

주로 연애, 감정표현, 인간관계 등에 쓸 수 있어요.

0568

恥(は)ずかしがり屋(や)だね。

恥(は)ずかしがる는 '부끄러워하다'라는 뜻으로, 恥(は)ずかしい(부끄럽다)에서 온 말입니다.

접미어 ~屋(や)는 '~하는 성향이 많은 사람'이라는 뜻이지요.

0569

寂(さび)しがり屋(や)なのね。

寂(さび)しがる는 '외로워하다'라는 뜻으로, 寂(さび)しい(외롭다)에서 온 말입니다.

0570

目立(めだ)ちたがり屋(や)だよ。

目立(めだ)つ는 '두드러지다, 눈에 띄다, 튀다'라는 뜻입니다.

~たがる는 '~하고 싶어 하다'라는 뜻으로, 제3자의 희망사항을 말합니다.

0566

말수가 적을 때

과묵한 편이야.

0567

세상살이가 서툰 사람일 때

요령이 서툰 사람이야.

0568

부끄러움을 많이 타는 사람일 때

부끄럼쟁이네.

0569

외로움을 잘 타는 사람일 때

외로움쟁이네.

0570

주목받고 싶어 하는 사람일 때

튀는 걸 좋아하는 사람이야.

0571

雨(あめ)はうんざりなの。

うんざりだ는 '지긋지긋하다, 질색이다'라는 뜻입니다.

0572

あの人(ひと)、うざい!

うざい는 '기분 나쁘다, 끔찍하게 싫다, 짜증나다'라는 뜻입니다.
일반적으로 싫어하는 감정을 한 마디로 나타낼 때 쓰는 회화체 표현입니다.

0573

きもい!

きもい는 '징그러워, 불쾌해, 기분 나빠, 토할 거 같아' 등의 다양한 뜻으로 쓰는 말입니다.
気持(きも)ち悪(わる)い가 줄어든 회화체 표현이지요.

0574

死(し)んでも嫌(いや)!

死(し)んでも(죽어도)는 자신의 안 좋은 감정을 최대한 강하게 나타낼 때 자주 씁니다.
死(し)んでも食(た)べたくない(죽어도 먹고 싶지 않아!)처럼 활용해요.

0575

死(し)ぬほど大嫌(だいきら)いだよ。

死(し)ぬほど(죽을 만큼) 뒤에는 부정 표현뿐만 아니라 긍정 표현도 쓸 수 있습니다.
死(し)ぬほど好(す)きだよ(죽을 만큼 좋아해!)처럼 활용해요.

0571

비오는 날을 싫어할 때

비는 질색이야.

0572

짜증날 만큼 싫을 때

저 사람, 짜증나!

0573

기분 나쁠 정도로 역겨울 때

재수 없어!

0574

죽어도 싫다고 할 때

죽어도 싫어!

0575

죽을 만큼 싫어한다고 할 때

죽을 만큼 아주 싫어해!

0576~0580.mp3

0576

食べ物の好き嫌いがない！

好き嫌いは '좋고 싫음, 기호'라는 뜻입니다.

好き嫌いがないは '가리는 것이 없다'라고 해석하면 좋아요.

0577

甘い物には目がないよ。

目がないは 직역하면 '눈이 없다'라는 뜻이지만, '사족을 못 쓰다, 매우 좋아하다'라는 뜻입니다.

0578

お袋の味が恋しい！

お袋の味는 직역하면 '어머니의 맛/음식'이라는 뜻입니다.

이 표현은 '고향의 맛'이라고 해석하는 것이 자연스러워요.

0579

おすそ分けだよ。どうぞ！

おすそ分け는 '남에게 받은 것을 다시 남에게 나누어 주는 것'이라는 뜻입니다.

상대방에게 음식을 함께 나눠 먹자고 제안할 때 많이 쓰지요.

0580

母の手料理が一番だよ。

手料理는 '손수 집에서 만드는 음식'이라는 뜻이고, 一番だ는 '최고다, 제일이다'라는 뜻입니다.

0576

음식을 편식 없이 잘 먹는다고 할 때

음식을 가리는 것이 없어!

0577

달콤한 음식을 몹시 좋아한다고 할 때

단것에는 사족을 못 써!

0578

어머니 음식이 먹고 싶을 때

고향의 맛이 그리워!

0579

함께 나눠 먹자고 제안할 때

받은 거야. 나눠 먹자!

0580

어머니 음식이 최고라고 할 때

어머니가 해 준 음식이 최고야!

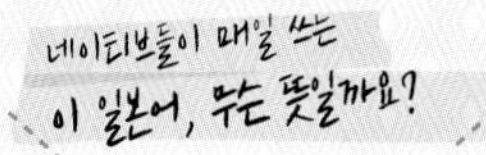

0581

料理(りょうり)は大(だい)の苦手(にがて)なの。

苦手(にがて)는 '잘 못함, 서투름, 자신 없음'이라는 뜻이고, 반대말인 '잘함, 자신 있음'은 得意(とくい)라고 합니다.

0582

料理(りょうり)はそこそこできるよ。

そこそこ는 '조금, 그럭저럭, 그런대로'라는 뜻입니다.

잘하는 정도는 아니지만 좋아하기 때문에 조금은 할 수 있다는 뉘앙스이지요.

0583

すごい腕前(うでまえ)だね。

'솜씨'는 腕(うで) 또는 腕前(うでまえ)라고 합니다. '솜씨가 늘다'는 腕(うで)が上(あ)がる라고 하므로 함께 알아두세요.

0584

料理(りょうり)の腕(うで)は確(たし)かだよ。

腕(うで)は確(たし)かだ는 '솜씨는 확실하다'라는 뜻입니다.

料理(りょうり)(요리) 대신에 목수(大工(だいく)), 의사(医者(いしゃ)) 등으로 바꿔 써도 좋아요.

0585

猫舌(ねこじた)なの!

'고양이 혀'라는 뜻의 猫舌(ねこじた)는 '뜨거운 음식을 잘 못 먹는 사람'을 가리키는 말입니다.

0581

요리하는 것이 자신 없을 때

요리는 굉장히 서툴러.

0582

요리를 조금만 할 줄 안다고 할 때

요리는 조금 할 줄 알아.

0583

음식 솜씨를 칭찬할 때

굉장한 솜씨네.

0584

음식 솜씨를 인정할 때

요리 솜씨는 확실해!

0585

뜨거운 음식을 잘 못 먹는다고 할 때

뜨거운 것을 잘 못 먹어!

0586~0590.mp3

0586 □□□

ぎっくり腰(ごし)になったよ。

ぎっくり腰(ごし)는 '허리를 갑자기 삐끗해서 생기는 요통'이라는 뜻입니다.

0587 □□□

足(あし)が痺(しび)れる！

足(あし)が痺(しび)れる는 '다리가 저리다'라는 뜻입니다.
'다리 저림'이라는 명사형은 足(あし)の痺(しび)れ라고 하므로 함께 알아두세요.

0588 □□□

頭(あたま)が割(わ)れそうに痛(いた)い！

割(わ)れる는 원래 '깨지다, 갈라지다'라는 뜻이고,
'두통이 나다'는 頭痛(ずつう)がする라고 하므로 함께 알아두세요.

0589 □□□

頭(あたま)がズキズキするの。

ズキズキする는 콕콕 쑤시면서 아픈 모양을 나타내는 말로, '욱신욱신하다, 욱신거리다'라는 뜻입니다.

0590 □□□

ちょっと風邪気味(かぜぎみ)みたいで。

風邪気味(かぜぎみ)는 '감기 기운'이라는 뜻입니다.
감기 기운으로 인해 몸에 한기를 느낄 때는 肌寒(はださむ)い(으스스 춥다)라는 말을 씁니다.

0586

물건을 들다가 허리를 삐끗했을 때

허리를 삐끗했어!

0587

오래 앉아 있어서 다리가 저릴 때

다리가 저려!

0588

심한 두통으로 머리가 아플 때

머리가 깨질듯이 아파!

0589

머리가 쑤시듯이 아플 때

머리가 욱신욱신해!

0590

감기에 걸린 것 같을 때

좀 감기 기운인 듯해서.

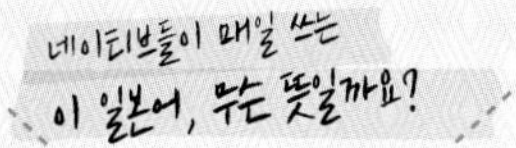

0591~0595.mp3

0591

すっからかんなのよ。

すっからかんだは '텅텅 비다, 텅 비다'라는 뜻입니다.
すっかり(완전히)와 缶(かん)(깡통)이 합쳐진 재미있는 단어입니다.

0592

財布(さいふ)が空(から)っぽだよ。

空(から)っぽだは 空(から)를 강조한 말로, '텅 비다, 아무것도 없다'라는 뜻입니다.

0593

懐(ふところ)が寂(さび)しいよ。

懐(ふところ)が寂(さび)しいは '지갑에 돈이 없어서 외롭다'라는 뜻입니다.
寂(さび)しい(외롭다) 대신에 寒(さむ)い(춥다)를 쓰기도 합니다.

0594

無(む)一(いち)文(もん)だな。

文(もん)은 '푼'이라는 뜻의 예전 화폐 단위입니다.
無一文(むいちもん) 대신에 文無(もんな)し라고도 하므로 함께 알아두세요.

0595

一(いち)文(もん)無(な)しだよ。

一文無(いちもんな)し는 文無(もんな)し의 강조 표현으로, 위의 無一文(むいちもん)보다 더 강한 뉘앙스입니다.

0591

돈이 한 푼도 없을 때

빈털터리야.

0592

지갑에 돈이 없을 때

지갑이 텅 비었어.

0593

가진 돈이 별로 없을 때

지갑 사정이 안 좋아.

0594

가진 돈이 전혀 없을 때

무일푼이군.

0595

빈털터리임을 강조할 때

땡전 한 푼 없어.

0596~0600.mp3

0596

経済的(けいざいてき)にきつい!

きついは '(형편, 사정 등이) 빡빡하다, 빠듯하다, 힘들다'라는 뜻으로도 씁니다.

0597

予算(よさん)がぎりぎりだよ。

ぎりぎりだ는 '빠듯하다'라는 뜻으로, 금전은 물론 시간, 수치 등 다양한 상황에서 쓸 수 있습니다.

0598

最近(さいきん)、金欠(きんけつ)なの。

金欠(きんけつ)는 돈이 부족한 상황에 쓰는 말로, '돈이 궁한 상태'라는 뜻입니다.
'피가 부족하다'라는 뜻의 貧血(ひんけつ)(빈혈)를 응용한 말이지요.

0599

家計(かけい)が真(ま)っ赤(か)っかだよ。

真(ま)っ赤(か)っか는 '새빨강'이라는 뜻의 真(ま)っ赤(か)를 더욱 강조한 말입니다.
참고로 '적자'는 赤字(あかじ)라고 하므로 함께 알아두세요.

0600

火(ひ)の車(くるま)状(じょう)態(たい)だな。

火(ひ)の車(くるま)는 빈곤에 쪼들리는 모양을 나타내는 말로, 경제 사정이 안 좋거나 형편이 어려울 때 씁니다.
'화차'라는 영화 제목으로도 유명한 표현입니다.

0596

자금 사정이 안 좋을 때

경제적으로 빡빡해!

0597

예산이 넉넉하지 않을 때

예산이 빠듯해.

0598

돈이 몹시 필요할 때

요즘 돈이 궁해.

0599

가계 사정이 몹시 안 좋을 때

집안 자금사정이 빨간불이야.

0600

경제 사정이 최악일 때

형편이 몹시 어려운 상태네.

망각방지 장치 1

하루만 지나도 학습한 내용의 50%는 잊어버립니다. 여러분은 몇 퍼센트나 잊어버렸을까요? 5분 안에 25개를 말해 보세요.

			○	×	복습
01	야무지지 못한 성격이구나.	な性格(せいかく)だよね。	□	□	0552
02	금방 싫증내는 성격이야.	性格(せいかく)だよ。	□	□	0553
03	잔소리가 심한 사람이라니까!	口(くち) 人(ひと)だから。	□	□	0555
04	깐깐한 사람이야.	気(き) 人(ひと)なの。	□	□	0557
05	덜렁이군.	者(もの)だな。	□	□	0559
06	지고는 못 사는 성격이야.	嫌(ぎら)いなのよ。	□	□	0562
07	유별난 사람이군.	だな。	□	□	0565
08	과묵한 편이야.	な方(ほう)だよ。	□	□	0566
09	요령이 서툰 사람이야.	無(ぶ) な人(ひと)なの。	□	□	0567
10	부끄럼쟁이네.	屋(や)だね。	□	□	0568
11	비는 질색이야.	雨(あめ)は なの。	□	□	0571
12	저 사람, 짜증나!	あの人(ひと)、 !	□	□	0572
13	죽을 만큼 아주 싫어해!	死(し)ぬほど だよ。	□	□	0575

정답 01 ずぼら 02 飽(あ)きっぽい 03 うるさい 04 難(むずか)しい 05 うっかり 06 負(ま)けず 07 物好(ものず)き 08 無口(むくち) 09 器用(きよう) 10 恥(は)ずかしがり 11 うんざり 12 うざい 13 大嫌(だいきら)い

			○	✕	복습
14	단것에는 사족을 못 써!	甘(あま)い物(もの)には ＿＿＿＿ よ。	☐	☐	0577
15	고향의 맛이 그리워!	お袋(ふくろ)の味(あじ)が ＿＿＿＿！	☐	☐	0578
16	받은 거야. 나눠 먹자!	お ＿＿＿＿ だよ。どうぞ！	☐	☐	0579
17	요리는 조금 할 줄 알아.	料理(りょうり)は ＿＿＿＿ できるよ。	☐	☐	0582
18	다리가 저려!	足(あし)が ＿＿＿＿！	☐	☐	0587
19	머리가 욱신욱신해!	頭(あたま)が ＿＿＿＿ するの。	☐	☐	0589
20	좀 감기 기운인 듯해서.	ちょっと風邪(かぜ) ＿＿＿＿ みたいで。	☐	☐	0590
21	빈털터리야.	＿＿＿＿ なのよ。	☐	☐	0591
22	무일푼이군.	無(む) ＿＿＿＿ だな。	☐	☐	0594
23	경제적으로 빡빡해!	経済的(けいざいてき)に ＿＿＿＿！	☐	☐	0596
24	예산이 빠듯해.	予算(よさん)が ＿＿＿＿ だよ。	☐	☐	0597
25	요즘 돈이 궁해.	最近(さいきん)、＿＿＿＿ なの。	☐	☐	0598

맞은 개수: 25개 중 ____ 개

당신은 그동안 ______%를 잊어버렸습니다.
틀린 문장들은 다시 한번 보고 넘어가세요.

정답 14 目(め)がない 15 恋(こい)しい 16 すそ分(わ)け 17 そこそこ 18 痺(しび)れる 19 ズキズキ 20 気味(ぎみ)
21 すっからかん 22 一文(いちもん) 23 きつい 24 ぎりぎり 25 金欠(きんけつ)

망각방지 장치 2 일주일이 지나면 학습한 내용의 70%를 잊어버립니다. 여러분은 몇 퍼센트나 기억하고 있을까요? 대화문으로 확인해 보세요.

051 반말로 해도 된다고 할 때 kaiwa 051.mp3

A 私(わたし)たち、同(おな)い年(どし)だよね。これから 반말해도 돼. 0502

B そうは言(い)われても、ここでは先輩(せんぱい)なんだし。

A 大丈夫(だいじょうぶ)！敬語(けいご)はやめよう！ 말 놓아도 돼? 0503

B まあ、いいけど。

- 同(おな)い年(どし) 동갑 敬語(けいご) 경어, 존댓말

052 자립하라고 충고할 때 kaiwa 052.mp3

A お金(かね)が要(い)るんだけど。

B 이제 세상물정 알 나이니까, 0507 そろそろ自立(じりつ)しないと！

A 죽어도 싫어! 0574

B 嫌(いや)でも自立(じりつ)しなさい！

- 要(い)る 필요하다 そろそろ 슬슬

051

A 우리, 동갑이지. 앞으로 タメ口(ぐち)でいいよ。 0502

B 그렇다고는 해도, 여기서는 선배이고.

A 괜찮아! 존댓말은 하지 말자!
呼(よ)び捨(す)てでいい？ 0503

B 뭐, 괜찮지만.

052

A 돈이 필요한데.

B もういい年(とし)なんだから、 0507 슬슬 자립해야지!

A 死(し)んでも嫌(いや)！ 0574

B 싫어도 자립해!

053 면접에서 성격을 물어볼 때

kaiwa 053.mp3

A　自分(じぶん)の性格(せいかく)について話(はな)してください。

B　よく 싹싹하네 0540 と言(い)われています。

A　そうですか。とても大人(おとな)しく見(み)えますね。

B　いいえ。本当(ほんとう)は 야무지지 못한 성격입니다. 0552

- 大人(おとな)しい 차분하다, 얌전하다

054 오랜 절친이라고 할 때

kaiwa 054.mp3

A　二人(ふたり)は本当(ほんとう)に仲(なか)がいいんだね。

B　うん。中学時代(ちゅうがくじだい)からの 절친이야. 0531

A　そんなに長(なが)い？ うらやましい！

B　けっこう 단단한 인연으로 맺어져 있어. 0530

- 仲(なか)がいい 사이가 좋다　うらやましい 부럽다　けっこう 꽤, 제법, 상당히

053

A　자신의 성격에 대해 이야기해 주세요.

B　자주 サバサバしてるね 0540 라는 말을 듣고 있습니다.

A　그렇군요. 매우 차분해 보이네요.

B　아닙니다. 사실은 ずぼらな性格(せいかく)です。0552

054

A　두 사람은 정말 사이가 좋구나.

B　응. 중학교 시절부터의 大親友(だいしんゆう)だよ。0531

A　그렇게 길어? 부럽다!

B　꽤 強(つよ)い絆(きずな)で結(むす)ばれてるよ。0530

055 전 남친이 여전히 메일을 보낸다고 할 때

kaiwa 055.mp3

A　どうしたの？ なんかあった？

B　元カレがしつこくメールしてきて、困ってるの。

재수 없어! 0573

A　いっそよりを戻したら？

B　그 사람, 짜증나! 0572

- 元カレ 전 남친　しつこい 끈질기다　いっそ 차라리　よりを戻す 다시 합치다, 재결합하다

056 돈을 빌려 달라고 할 때

kaiwa 056.mp3

A　悪いけど、お金を貸してくれない？

B　私だって、지갑 사정이 안 좋아. 0593

A　参ったな。ね、お願い！

B　요즘 돈이 궁해. 0598

- お金を貸す 돈을 빌려 주다　参る 큰일 나다

055

A 왜 그래? 무슨 일 있었어?

B 전 남자 친구가 끈질기게 메일을 보내 와서 난처해. きもい! 0573

A 차라리 다시 합치면 어때?

B あの人(ひと)、うざい! 0572

056

A 미안한데, 돈 좀 빌려 주지 않을래?

B 나 역시 懐(ふところ)が寂(さび)しいよ。0593

A 큰일 났네. 좀 부탁해!

B 最近(さいきん)、金欠(きんけつ)なの。0598

057 가리는 음식이 없다고 할 때

kaiwa 057.mp3

A 特(とく)に嫌(きら)いなものでもあるの？

B 음식을 가리는 것이 없어! 0576
なんでもよく食(た)べるんだ。

A あ～、よかった！ 私(わたし)、요리는 굉장히 서툴러. 0581

B そうなんだ。一応(いちおう)、食(た)べてみるよ。

- 特(とく)に 특히, 특별히

058 엄마를 꼭 닮았다고 칭찬할 때

kaiwa 058.mp3

A 彼女(かのじょ)は 어머니를 꼭 닮았네! 0526

B 本当(ほんとう)！ 笑顔(えがお)がめっちゃかわいいよ。

A 一人(ひとり)っ子(こ)なのに、すごく 서글서글하네. 0542

B 男(おとこ)の子(こ)にもてるはずだよ。

- 笑顔(えがお) 웃는 얼굴, 미소 もてる 인기가 많다 ～はずだ ～(임에) 틀림없다, 당연하다

057

A 특히 싫어하는 것이라도 있어?

B 食(た)べ物(もの)の好(す)き嫌(きら)いがない! 0576

뭐든지 잘 먹어.

A 아~, 다행이다! 나, 料理(りょうり)は大(だい)の苦手(にがて)なの。 0581

B 그렇구나. 일단 먹어 볼게.

058

A 그녀는 お母(かあ)さんにそっくり! 0526

B 정말! 웃는 얼굴이 엄청 귀여워.

A 외동인데도 무척 おっとりしてるね。 0542

B 분명 남자아이한테 인기가 많을 거야.

059 선물로 받은 것을 함께 먹자고 할 때

kaiwa 059.mp3

A このチョコレート、받은 거야. 나눠 먹자! 0579

B ありがとう！めっちゃうまい！

A 私(わたし)、단것에는 사족을 못 써! 0577

B 甘党(あまとう)なんだね。

• めっちゃ 엄청 甘党(あまとう) 단것을 좋아하는 사람

060 남자 친구가 낯을 심하게 가린다고 할 때

kaiwa 060.mp3

A 彼(かれ)って、もともと無口(むくち)なほうなの？

B うん。すごく 낯을 심하게 가려! 0564

A 見(み)かけによらず、シャイで 부끄럼쟁이네. 0568

B もっと明(あか)るくなってほしいの。

• 見(み)かけによらず 겉보기와 다르게 シャイだ 수줍어하다

059

A　이 초콜릿, おすそ分(わ)けだよ。どうぞ! 0579

B　고마워! 엄청 맛있어!

A　나, 甘(あま)い物(もの)には目(め)がないよ。0577

B　단것을 좋아하는구나.

060

A　그는 원래 과묵한 편이야?

B　응. 엄청 人見知(ひとみし)りが激(はげ)しい! 0564

A　겉보기와 다르게, 수줍음 타는 恥(は)ずかしがり屋(や)だね。0568

B　더 (성격이) 밝아졌으면 좋겠어.

Part 7

네이티브가 취미·관심사를 말할 때 자주 쓰는 표현 100

Part 7 전체 듣기

다른 사람과의 사이를 좀 더 가깝고
돈독하게 만들어주는 것은 역시 취미나 관심사일 것입니다.
이번 파트에서는 대화 소재로 자주 쓰이는
취미, 사진, 영화, 음악, 운동 등은 물론이고 술, 식사, 모임, 쇼핑에
이르기까지의 다양하고 흥미로운 대화 소재들로 모았습니다.
어렵지는 않지만 머릿속에서 맴돌기만 했던
표현들을 이제 술술 말할 수 있답니다!

0601~0605.mp3

0601

ジャズにはまってるよ。

はまる는 '열중하다, 몰입하다, 푹 빠지다'라는 뜻으로, 대상은 무엇이든지 가능합니다.
비슷한 표현으로 夢中(むちゅう)になる도 있으므로 함께 알아두세요.

0602

今(いま)、のめり込(こ)んでるの。

のめり込(こ)む는 '(취미 등에) 푹 빠지다'라는 뜻으로, はまる와 비슷한 뜻입니다.

0603

単(たん)なる趣味(しゅみ)だけど。

単(たん)なる는 '단순한, 단지, 그저'라는 뜻입니다. ただの趣味(しゅみ)도 같은 뜻이므로 함께 알아두세요.

0604

趣味(しゅみ)と言(い)えるほどじゃない!

~ほどじゃない는 '~할 정도는 아니다'라는 뜻입니다.

0605

ちょっとした暇潰(ひまつぶ)しだよ。

ちょっとした는 '평범한, 대수롭지 않은'이라는 뜻이고, 暇潰(ひまつぶ)し는 '심심풀이, 시간 때우기'라는 뜻입니다.

0601

뭔가에 열중하고 있다고 할 때

재즈에 푹 빠져 있어.

0602

몹시 열중하고 있다고 할 때

지금 빠져 있어.

0603

그냥 취미임을 강조할 때

그냥 취미인데.

0604

대단한 취미는 아니라고 할 때

취미라고 말할 정도는 아니야.

0605

취미임을 겸손하게 말할 때

그냥 심심풀이야.

0606~0610.mp3

0606

家（いえ）でくつろぐのが好（す）き！

くつろぐ는 '(집에서) 편히/느긋하게 쉬다'라는 뜻입니다.
가능형인 くつろげる(편히 쉴 수 있다)도 함께 알아 두세요.

0607

たまには息抜（いきぬ）きも大事（だいじ）だよ。

息抜（いきぬ）き는 '쉬어가기, 숨 돌리기, 휴식' 등으로 해석하면 자연스러워요.

0608

暇（ひま）な時（とき）は何（なに）をしてるの？

暇（ひま）だ는 '한가하다, 시간 여유가 있다'라는 뜻입니다.
お暇（ひま）ですか는 '시간 있으세요?'라는 뜻이지요.

0609

気晴（きば）らしに散歩（さんぽ）でもする？

気晴（きば）らし는 기분이 울적하거나 마음이 답답할 때 하는 '기분전환'이라는 뜻입니다.
気分転換（きぶんてんかん）도 같은 뜻이므로 함께 알아두세요.

0610

いよいよ本番（ほんばん）だね！

本番（ほんばん）은 '(연습, 리허설이 아닌) 정식 방송'이라는 뜻입니다.
다양한 상황에서 '본격, 진짜'라는 뜻으로 쓰는 말입니다.

0606

집에 있는 것을 좋아한다고 할 때

집에서 쉬는 것을 좋아해!

0607

적당한 휴식이 필요하다고 말할 때

가끔은 휴식도 중요해.

0608

한가한 시간에 무엇을 하는지 궁금할 때

한가할 때는 뭘 해?

0609

기분전환을 하라고 권유할 때

기분전환으로 산책이라도 할래?

0610

기다리던 TV프로그램의 방송시간일 때

드디어 본방이네!

0611~0615.mp3

0611

よく自撮(じど)りするよ。

'셀카(셀프 카메라)'는 自分撮(じぶんど)り를 줄여서 自撮(じど)り라고 합니다.
'셀카를 찍다'는 する를 붙여서 自撮(じど)りする라고 하면 됩니다.

0612

自撮(じど)り棒(ぼう)で撮(と)ったの。

'셀카봉'은 自撮(じど)り棒(ぼう)라고 합니다.
최근에는 셀카봉 기능이 있는 '셀피 스마트폰(セルフィースマホ)'이 출시되었어요.

0613

きれいに撮(と)れてるね。

撮(と)れる는 '찍히다, 촬영되다'라는 뜻입니다.
きれいに撮(と)れてるでしょ？(잘 나왔지?)도 자주 쓰는 표현입니다.

0614

あまりうまく撮(と)れてない！

うまく 대신에 きれいに(예쁘게)를 넣어서 말해도 좋습니다.

0615

写真(しゃしん)は苦手(にがて)だよ。

苦手(にがて)だ는 '서투르다, 질색이다, 자신 없다'라는 뜻입니다.
다른 표현으로 カメラは嫌(きら)い!(카메라는 싫어!)라고 해도 됩니다.

0611

셀카 찍는 것을 좋아한다고 할 때

자주 셀카 찍어.

0612

셀카봉으로 찍었을 때

셀카봉으로 찍었어.

0613

사진이 잘 나왔을 때

예쁘게 잘 나왔네.

0614

실물은 좋은데 사진이 잘 안 나왔을 때

별로 잘 안 나왔어!

0615

사진 찍히는 것을 싫어할 때

사진은 질색이야.

0616~0620.mp3

0616

写真写りがいいね。

写真写り(しゃしんうつ)는 일명 '사진발'이라는 뜻입니다.
写真写り(しゃしんうつ)もいいね(사진도 잘 받네!)도 자주 쓰는 표현이에요.

0617

モノクロ写真が好き!

モノクロ는 '모노크롬'에서 온 말로, '흑백, 흑백사진'이라는 뜻입니다.
다른 말로 白黒写真(しろくろしゃしん)이라는 한자어도 쓰므로 함께 알아두세요.

0618

はい、ポーズ!

일반적으로 이 표현 앞에 では、撮(と)るよ(그럼, 찍을게!)라는 말을 먼저 합니다.

0619

一足す一は二!

二(に)를 발음하면 입이 웃는 모양이 되므로 이 표현을 씁니다.
はい、チーズ(자, 치즈!)도 자주 쓰는 표현이므로 함께 알아두세요.

0620

ツーショットが撮れた!

ツーショット(two shot)는 하나의 화면에 두 명을 담는 '투샷(2인 구도)'을 뜻하는 말입니다.

0616

사진발이 좋다고 할 때

사진이 잘 받네.

0617

흑백사진을 좋아한다고 할 때

흑백사진을 좋아해!

0618

사진을 찍어 줄 때 하는 말

자, 포즈!

0619

사진을 찍어 주는 사람이 하는 말

1 더하기 1은 2 !

0620

두 사람을 같이 찍었다고 할 때

투샷을 찍었어!

0621~0625.mp3

0621

相当(そうとう)な映画(えいが)オタクだね。

映画(えいが)オタクは '영화 덕후'라는 뜻입니다.

オタクは マニア(매니아)를 좀 더 강조한 말이지요.

0622

映画(えいが)が死(し)ぬほど好(す)き！

영화 장르 중에서 '공상과학 영화'는 SF(エス・エフ)映画(えいが), '공포 영화'는 ホラー映画(えいが), '로봇 영화'는 ロボもの라고 합니다.

0623

涙(なみだ)なくしては見(み)られない！

涙(なみだ)なくしては(눈물 없이는) 대신에 涙(なみだ)なしには를 써도 똑같은 뜻입니다.

0624

ベタなラブストーリーだよ。

ベタだ는 '흔하다, 평범하다, 진부하다'라는 뜻입니다.

예를 들어 ベタな冗談(じょうだん)은 '썰렁한 농담'이라는 뜻이지요.

0625

スリル満点(まんてん)の映画(えいが)だった。

スリル満点(まんてん)은 '스릴 만점'이라는 뜻입니다.

興味津々(きょうみしんしん)(흥미진진)도 같은 뜻이므로 함께 알아두세요.

0621

영화 애호가라고 할 때

상당한 영화광이네.

0622

영화를 몹시 좋아할 때

영화를 죽을 만큼 좋아해!

0623

슬퍼서 눈물이 나는 영화일 때

눈물 없이는 볼 수 없어!

0624

너무 흔한 러브스토리 영화일 때

진부한 러브스토리야.

0625

스릴 넘치는 영화였다고 할 때

스릴 만점의 영화였어.

0626~0630.mp3

0626

どんでん返(がえ)しがすごいよ。

どんでん返(がえ)しは '거꾸로 뒤집힘, 역전됨'이라는 뜻으로, '반전'이라고 해석합니다.
どんでん返(がえ)しの結末(けつまつ)(반전의 결말)라는 표현도 자주 쓰지요.

0627

ネタバレはかまわない!

ネタバレ는 ネタ(내용)와 ばれる(탄로 나다, 들통 나다)가 합쳐진 말로, '스포일러'라는 뜻입니다.
또한 かまわない는 '상관없다, 개의치 않다'는 뜻입니다.

0628

お勧(すす)めの映画(えいが)は?

勧(すす)める는 '권유하다, 추천하다'라는 뜻입니다.
간단하게 お勧(すす)めは何(なに)?(추천하는 건 뭐야?)라고 해도 좋습니다.

0629

一押(いちお)しの映画(えいが)だよ。

一押(いちお)し는 '가장 먼저 권하는 것'이라는 뜻입니다.
一押(いちお)しの 뒤에 다양한 명사를 붙여 활용할 수 있어요.

0630

胸(むね)にジーンと来(き)た!

ジーンと来(く)る는 '찡하고 오다'라는 뜻인데, '가슴 깊이 감동을 느끼다'라고 해석하면 자연스러워요.
ジーンと를 ぐっと로 바꿔 써도 됩니다.

0626

□ □ □

영화 스토리에 반전이 있을 때

반전이 굉장해!

0627

□ □ □

줄거리를 미리 알게 되었을 때

스포일러는 상관없어!

0628

□ □ □

영화를 추천해 달라고 할 때

추천하는 영화는?

0629

□ □ □

꼭 봐야 하는 영화라고 할 때

강력 추천하는 영화야.

0630

□ □ □

감동을 받아서 가슴이 찡할 때

가슴 찡한 감동을 받았어!

0631~0635.mp3

0631

懐（なつ）メロだね。

懐（なつ）メロは 懐（なつ）かしいメロディー(그리운 멜로디)를 줄인 말입니다.
보통 예전에 유행했던 추억의 노래를 가리킵니다.

0632

ひどい音痴（おんち）なの。

音痴（おんち）는 '음치'라는 뜻으로, 가타카나 オンチ의 형태로 많이 씁니다.
간단하게 歌（うた）が下手（へた）だよ(노래가 서툴러)라고 해도 좋습니다.

0633

彼（かれ）は運動（うんどう）オンチだよ。

運動（うんどう）オンチ는 '몸치'라는 뜻으로, 운동뿐만 아니라 춤에도 쓸 수 있습니다.
방향 감각이 둔한 '길치'는 方向（ほうこう）オンチ라고 하므로 함께 알아두세요.

0634

本当（ほんとう）にリズム音痴（おんち）だな。

リズム音痴（おんち）는 노래의 리듬, 템포 등을 잘 못 잡는 사람인 '박치'를 뜻하는 말입니다.

0635

心（こころ）から癒（いや）される曲（きょく）だよ。

癒（いや）される는 '치유받다, 힐링되다'라고 해석하면 자연스럽습니다.

0631

옛날 노래의 멜로디라고 할 때

그리운 노래네.

0632

노래를 못하는 사람일 때

심한 음치야.

0633

몸의 움직임이 둔한 사람일 때

그는 몸치야.

0634

노래의 리듬, 박자 등을 못 잡는 사람일 때

정말 박치구나!

0635

마음이 치유되는 곡이라고 할 때

진심으로 힐링되는 곡이야.

0636~0640.mp3

0636

歌(うた)がうまいね！

'노래를 잘하다'는 歌(うた)が上手(じょうず)だ 외에 歌(うた)がうまい도 있는데,
うまい를 쓰면 정말 잘한다는 뉘앙스가 강조됩니다.

0637

今日(きょう)は歌(うた)い放題(ほうだい)だよ。

歌(うた)い放題(ほうだい)는 '실컷 노래 부르다'라는 뜻입니다.
～放題(ほうだい)(실컷 ~하다)는 동사의 ます형 뒤에 연결하여 씁니다.

0638

この曲(きょく)、パクリじゃない？

パクリ는 パクる(훔치다)의 명사형으로, '표절'이라고 해석하면 자연스럽습니다.
다른 말로 剽窃(ひょうせつ)(표절) 또는 盗作(とうさく)(도작)라고도 해요.

0639

私(わたし)のカラオケ十八番(じゅうはちばん)だよ。

애창곡을 뜻하는 '18번'은 일본어로도 十八番(じゅうはちばん)이라고 합니다.
カラオケ는 '노래방'이라고 해석하면 됩니다.

0640

歌(うた)うと、すっきりする！

すっきりする는 '상쾌하다, 후련하다'라는 뜻으로, '스트레스가 풀리다'라고 해석합니다.

0636

노래를 아주 잘한다고 할 때

노래를 정말 잘하네!

0637

시간제 노래방 요금이라고 할 때

오늘은 실컷 노래 부를 수 있어.

0638

표절이 의심되는 곡일 때

이 곡, 표절 아니야?

0639

자신의 애창곡이라고 할 때

나의 노래방 18번이야.

0640

노래 부르면 기분이 후련해질 때

노래 부르면 스트레스가 풀려!

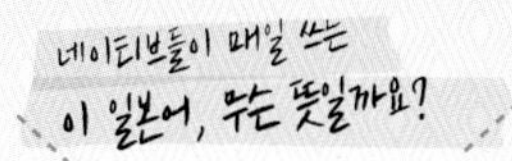

0641 □□□

今回(こんかい)は日帰(ひがえ)りだよ。

日帰(ひがえ)りは 日帰(ひがえ)り旅行(りょこう)(당일치기 여행)를 줄인 말입니다. 숙박을 하지 않는 여행을 뜻하지요.

0642 □□□

一人旅(ひとりたび)なの？

'여행'은 旅(たび)와 旅行(りょこう)의 두 가지가 있는데, 이 경우는 旅(たび)가 적절합니다.
二人旅(ふたりたび)는 '2명이 가는 여행'이라는 뜻이지요.

0643 □□□

バックパッカーしてみたい！

バックパッカー(backpacker)는 적은 경비로 혼자 떠나는 '배낭여행'을 말합니다.

0644 □□□

旅(たび)に慣(な)れてるね。

慣(な)れる는 '적응되다, 익숙해지다'라는 뜻입니다.
이 표현은 줄여서 旅慣(たびな)れる라고도 하므로 함께 알아두세요.

0645 □□□

時差(じさ)ボケで苦労(くろう)したよ。

時差(じさ)ボケ는 시차 때문에 정신이 멍해지는 '시차병'이라고 해석하면 자연스러워요.
ボケ는 '(감각, 의식 등이) 흐려짐'이라는 뜻입니다.

0641

당일치기 여행이라고 할 때

이번에는 당일치기야.

0642

혼자 가는 여행이냐고 물어볼 때

혼자 가는 여행이야?

0643

혼자 여행을 떠나고 싶을 때

배낭여행을 해 보고 싶어!

0644

여행 지식에 능통하다고 할 때

여행에 익숙하네.

0645

낮밤이 바뀌어 고생할 때

시차병으로 고생했어.

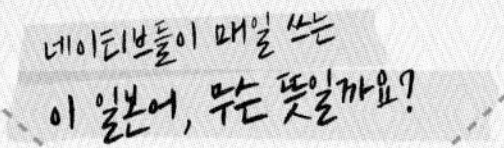

0646~0650.mp3

0646 □□□

ガス欠(けつ)だよ。

ガス欠(けつ)는 '연료가 떨어짐'이라는 뜻입니다. 참고로 '주유소'는 ガソリン・スタンド라고 합니다.

0647 □□□

またエンスト！

エンスト는 エンジン・ストップ(engine stop)의 준말입니다.

0648 □□□

満(まん)タンでお願(ねが)いします。

満(まん)タン은 '가득'이라는 뜻으로, 여기서 タン은 タンク(tank)의 준말입니다.
満(まん)タン 대신에 いっぱい(가득)를 써도 좋습니다.

0649 □□□

渋滞(じゅうたい)でのろのろ運転(うんてん)だね。

のろのろ는 '느릿느릿'이라는 뜻으로, のろのろ運転(うんてん)은 '거북이 운전'이라고 해석하면 됩니다.

0650 □□□

スピードを落(お)として！

スピードを落(お)とす(스피드를 떨어뜨리다)는 '속도를 줄이다'라고 해석하면 자연스러워요.

0646

차 연료가 떨어졌을 때

차 연료가 떨어졌어!

0647

자동차 엔진이 꺼졌을 때

또 시동이 꺼졌네!

0648

주유소에서 차에 연료를 넣을 때

가득 부탁해요.

0649

도로가 막혀 차가 안 움직일 때

길이 막혀 거북이 운전이네.

0650

속도를 줄이라고 부탁할 때

속도 좀 줄여 줘!

망각방지 장치 1 하루만 지나도 학습한 내용의 50%는 잊어버립니다. 여러분은 몇 퍼센트나 잊어버렸을까요? 5분 안에 25개를 말해 보세요.

			○	×	복습
01	재즈에 푹 빠져 있어.	ジャズに　　よ。	☐	☐	0601
02	그냥 취미인데.	趣味(しゅみ)だけど。	☐	☐	0603
03	그냥 심심풀이야.	ちょっとした　　だよ。	☐	☐	0605
04	가끔은 휴식도 중요해.	たまには　　も大事(だいじ)だよ。	☐	☐	0607
05	기분전환으로 산책이라도 할래?	に散歩(さんぽ)でもする?	☐	☐	0609
06	자주 셀카 찍어.	よく　　するよ。	☐	☐	0611
07	별로 잘 안 나왔어!	あまりうまく　　ない!	☐	☐	0614
08	사진은 질색이야.	写真(しゃしん)は　　だよ。	☐	☐	0615
09	흑백사진을 좋아해!	写真(しゃしん)が好(す)き!	☐	☐	0617
10	투샷을 찍었어!	が撮(と)れた!	☐	☐	0620
11	진부한 러브스토리야.	なラブストーリーだよ。	☐	☐	0624
12	스포일러는 상관없어!	はかまわない!	☐	☐	0627
13	가슴 찡한 감동을 받았어!	胸(むね)に　　と来(き)た!	☐	☐	0630

정답 01 はまってる 02 単(たん)なる 03 暇潰(ひまつぶ)し 04 息抜(いきぬ)き 05 気晴(きば)らし 06 自撮(じど)り 07 撮(と)れて 08 苦手(にがて) 09 モノクロ 10 ツーショット 11 ベタ 12 ネタバレ 13 ジーン

			○	✕	복습
14	정말 박치구나!	本当(ほんとう)に　　　　音痴(おんち)だな。	☐	☐	0634
15	진심으로 힐링되는 곡이야.	心(こころ)から　　　　曲(きょく)だよ。	☐	☐	0635
16	오늘은 실컷 노래 부를 수 있어.	今日(きょう)は歌(うた)い　　　　だよ。	☐	☐	0637
17	이 곡, 표절 아니야?	この曲(きょく)、　　　　じゃない？	☐	☐	0638
18	노래 부르면 스트레스가 풀려!	歌(うた)うと、　　　　する！	☐	☐	0640
19	이번에는 당일치기야.	今回(こんかい)は　　　　だよ。	☐	☐	0641
20	배낭여행을 해 보고 싶어!	してみたい！	☐	☐	0643
21	시차병으로 고생했어.	時差(じさ)　　　　で苦労(くろう)したよ。	☐	☐	0645
22	차 연료가 떨어졌어!	だよ。	☐	☐	0646
23	또 시동이 꺼졌네!	また　　　　！	☐	☐	0647
24	가득 부탁해요.	でお願(ねが)いします。	☐	☐	0648
25	길이 막혀 거북이 운전이네.	渋滞(じゅうたい)で　　　　運転(うんてん)だね。	☐	☐	0649

맞은 개수: 25개 중 ______ 개

당신은 그동안 ______%를 잊어버렸습니다.
틀린 문장들은 다시 한번 보고 넘어가세요.

정답 14 リズム 15 癒(いや)される 16 放題(ほうだい) 17 パクリ 18 すっきり 19 日帰(ひがえ)り 20 バックパッカー 21 ボケ 22 ガス欠(けつ) 23 エンスト 24 満(まん)タン 25 のろのろ

0651 □□□

ジムに通(かよ)ってるの。

ジムは スポーツ・ジム의 준말입니다. 흔히 말하는 '헬스클럽, 피트니스 클럽'을 말합니다.

0652 □□□

筋(きん)トレに夢(む)中(ちゅう)だよ。

筋(きん)トレは 筋肉(きんにく)/筋力(きんりょく)トレーニング(근육/근력 트레이닝)의 준말입니다.

'근력 운동' 또는 '웨이트(트레이닝)' 정도로 해석하면 자연스러워요.

0653 □□□

マッチョマンになりたい！

マッチョマン(마초맨)은 '몸짱맨, 근육남'이라는 뜻입니다.

0654 □□□

どうしても痩(や)せたい！

どうしても는 '꼭, 반드시, 무슨 일이 있어도'라는 뜻입니다.

痩(や)せる는 '살이 빠지다'라는 뜻으로, 痩(や)せたい는 '살을 빼고 싶다'라고 해석해요.

0655 □□□

すごい！ 腹筋(ふっきん)が割(わ)れてるよ。

腹筋(ふっきん)が割(わ)れる는 '복근이 갈라지다'라는 뜻인데, 흔히 말하는 '王자, 식스팩'을 말합니다.

0651

헬스클럽에서 운동한다고 할 때

피트니스에 다니고 있어.

0652

근력운동에 열중하고 있다고 할 때

웨이트 트레이닝에 푹 빠져 있어.

0653

근육 탄탄한 남자가 되고 싶을 때

몸짱남이 되고 싶어!

0654

다이어트에 성공하고 싶을 때

꼭 살을 빼고 싶어!

0655

식스팩 복근을 보았을 때

굉장해! 식스팩이 있어!

0656~0660.mp3

0656

運動神経が鈍いよ。

鈍いは '둔하다'라는 뜻입니다.
運動神経が悪い(운동신경이 안 좋다)도 자주 쓰므로 함께 알아두세요.

0657

いい体してるね。

다른 표현으로 すらっとした体型だね(늘씬한 체형이네)도 많이 씁니다.

0658

とてもいい体つきだよ。

体つきは '몸매'라는 뜻으로, '몸매가 좋다'는 体つきがいい라고 하면 됩니다.

0659

ポッチャリ体型だな。

ポッチャリする는 '통통하다'라는 뜻인데, 통통하여 귀엽다는 좋은 의미입니다.
반대말인 '날씬하고 호리호리한 체형'은 スレンダー体型라고 해요.

0660

私は金づちなの。

金づち는 '쇠망치'라는 뜻인데, 수영을 못하는 사람을 가리키는 '맥주병'이라고 해석합니다.

0656

□ □ □

운동 신경이 나쁘다고 할 때

운동 신경이 둔해.

0657

□ □ □

관리가 잘된 몸이라고 할 때

몸이 좋네!

0658

□ □ □

좋은 몸을 칭찬할 때

너무 몸매가 좋아!

0659

□ □ □

몸에 살집이 있는 체형일 때

통통한 체형이군.

0660

□ □ □

수영을 전혀 못한다고 할 때

나는 맥주병이야.

0661

みんな、乾杯(かんぱい)！

乾杯(かんぱい)！는 말 그대로 '건배!'라는 뜻인데, '위하여!'라고 할 때에도 乾杯(かんぱい)를 씁니다.

0662

さあ、一気(いっき)だよ！

一気(いっき)는 一気(いっき)に飲(の)む(단숨에 마시다)의 준말로, 회식 등의 술자리에서 꼭 하게 되는 말이지요.

0663

一気飲(いっきの)みはだめ！

一気飲(いっきの)み는 '단숨에 들이마시는 원샷'이라는 뜻으로, 술을 포함한 모든 음료수에 쓸 수 있어요.

0664

今日(きょう)はとことん飲(の)むからね。

とことん은 '끝까지, 철저하게'라는 뜻입니다.

0665

酔(よ)って絡(から)むなよ。

酔(よ)う는 '술에 취하다'라는 뜻입니다.
絡(から)む는 '얽히다, 엉키다'라는 뜻인데, 여기에서는 '시비 걸다'라고 해석해야 자연스러워요.

0661

다함께 건배하자고 할 때

모두, 건배!

0662

잔을 비우라는 뜻으로 말할 때

자, 원샷이야!

0663

원샷은 하지 말라고 할 때

원샷은 안 돼!

0664

술을 실컷 마시겠다고 말할 때

오늘은 끝까지 마실 거야.

0665

술주정을 하지 말라고 할 때

취해서 시비 걸지 마!

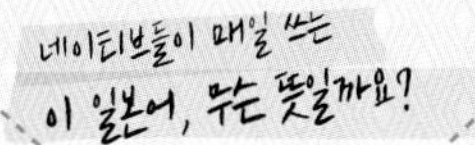

0666~0670.mp3

0666

二日酔(ふつかよ)いだね。

二日酔(ふつかよ)いは '숙취'라는 뜻입니다.
二日酔(ふつかよ)いで頭(あたま)が痛(いた)い(숙취로 머리가 아프다)도 자주 쓰는 표현이지요.

0667

酔(よ)っ払(ぱら)ってるの?

酔(よ)う(술 취하다)를 강조한 말이 酔(よ)っ払(ぱら)う(만취하다)입니다.
'곤드레만드레 취하다'는 ぐでんぐでんに酔(よ)っ払(ぱら)う라고 합니다.

0668

まだ酔(よ)ってない!

'아직 안 ~했어'라는 표현은 일본어로 まだ~て(い)ない라고 합니다.
우리말 그대로 まだ~なかった라는 과거형으로 쓰지 않으므로 주의하세요.

0669

酔(よ)い潰(つぶ)れたよ。

酔(よ)い潰(つぶ)れる는 '술에 취해 망가지다'라는 뜻으로, '만취해서 필름이 끊기다'라고 해석하면 정확합니다.

0670

酔(よ)っ払(ぱら)いだな。

酔(よ)っ払(ぱら)い는 '만취한 사람'을 뜻하는 말로, '취객, 술주정꾼, 술주정뱅이'라고 해석하면 됩니다.

0666

아직 술이 덜 깼다고 할 때

술이 덜 깼네.

0667

상대방이 만취했을 때

술 취했어?

0668

술 취하지 않았다고 할 때

아직 안 취했어!

0669

과음하여 기억이 없을 때

필름이 끊겼어.

0670

술주정꾼이라고 할 때

술주정뱅이군.

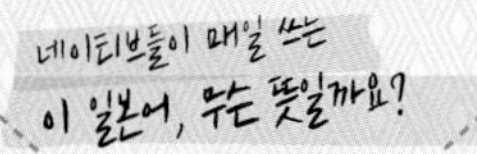

0671~0675.mp3

0671 □□□

本当(ほんとう)に酒飲(さけの)みだね。

酒飲(さけの)みは '술꾼, 술고래'라는 뜻으로, 飲(の)んべえ라고도 합니다.
酒好(さけず)きは '애주가'라는 뜻이므로 함께 알아두세요.

0672 □□□

俺(おれ)は下戸(げこ)なんだ!

下戸(げこ)는 '술을 잘 못 마시는 사람'을 뜻하는데, 간단하게 お酒(さけ)が苦手(にがて)だ라고 해도 뜻은 같습니다.
반대로 '술을 잘 마시는 사람'은 上戸(じょうご)라고 합니다.

0673 □□□

一滴(いってき)も飲(の)めない!

一滴(いってき)는 '한 방울'이라는 뜻으로, '한 방울도 안 마셨다'는 一滴(いってき)も飲(の)まなかった라고 합니다.

0674 □□□

お酒(さけ)はいける口(くち)だよ。

いける는 飲(の)める의 회화체 표현입니다.
'술 잘 마시죠?'라고 물어보려면 いける口(くち)でしょ?라고 하면 됩니다.

0675 □□□

素面(しらふ)じゃ言(い)えない!

素面(しらふ)는 '(술에 취하지 않은) 맨 정신, 맨 얼굴'이라는 뜻입니다.

0671

술꾼이라고 할 때

정말 술꾼이네.

0672

술을 잘 못 마신다고 할 때

나는 술을 잘 못 마셔!

0673

술을 전혀 못 마신다고 할 때

한 방울도 못 마셔!

0674

술을 잘 마시는 사람일 때

술은 잘 마시는 편이야.

0675

술에 취하지 않고는 말할 수 없다고 할 때

맨 정신으로는 말할 수 없어!

0676

仕事(しごと)帰(がえ)りに一杯(いっぱい)どう？

一杯(いっぱい)는 '한 잔'이라는 뜻인데, 음료가 아닌 술에 해당합니다.
대답할 때는 じゃ、一杯(いっぱい)だけね(그럼, 딱 한잔만이야!)라고 하면 됩니다.

0677

二次会(にじかい)、行(い)こう！

二次会(にじかい)는 '2차(두 번째 술자리)'를 뜻하는 말입니다.
もう一軒(いっけん)(한 곳 더)도 자주 쓰는 말이므로 함께 알아두세요.

0678

一緒(いっしょ)に飲(の)み直(なお)そう！

飲(の)み直(なお)す는 '술 마시는 장소나 상대를 바꾸어 또 마시다'라는 뜻입니다.
はしご酒(ざけ)(사다리술)는 2차, 3차로 술집을 바꿔 가며 마시는 '술집 순례'를 말합니다.

0679

酔(よ)いを覚(さ)ましてから帰(かえ)る！

酔(よ)いを覚(さ)ます는 '술/취기를 깨다'라는 뜻이고, ～てから는 '～하고 나서, ～한 후에'라는 뜻입니다.

0680

これはやけ酒(ざけ)だよ。

やけ酒(ざけ)에서 やけ는 '자포자기'라는 뜻입니다.
따라서 이 말은 '자포자기가 되어 홧김에 마시는 술'이라는 뜻이 됩니다.

0676

퇴근 후 술 마시자고 권유할 때

퇴근길에 한 잔 어때?

0677

다른 술자리로 옮기자고 할 때

2차 가자!

0678

자리를 옮겨서 더 마시자고 할 때

함께 다른 곳에서 더 마시자!

0679

취기를 깨고 귀가한다고 할 때

술 깨고 나서 집에 갈 거야!

0680

홧김에 마시는 술이라고 할 때

이건 홧김에 마시는 술이야.

0681~0685.mp3

0681

とりあえず、ビールください。

とりあえず는 '우선, 먼저'라는 뜻입니다.

0682

打ち上げパーティーに行く！

打ち上げパーティー는 정식 행사가 끝난 이후에 하는 '뒷풀이 파티, 쫑파티'를 말합니다.

0683

私はこの店の常連なの。

常連은 '단골손님'이라는 뜻으로, 常連客/常連様의 준말입니다.
다른 표현으로 お得意様(단골)도 있으므로 함께 알아두세요.

0684

あそこが行き付けの店だよ。

行き付けの店는 '늘 가는 단골집, 단골가게'라는 뜻으로, '단골식당, 단골술집'으로도 해석합니다.

0685

今日のお薦めは何ですか。

薦める는 '권하다, 추천하다'라는 뜻으로, 식당에서 종업원에게 주문 전에 묻는 표현입니다.

0681

식사 전에 맥주를 주문할 때

우선, 맥주 주세요.

0682

뒷풀이 파티에 간다고 할 때

뒷풀이 파티에 갈 거야!

0683

자신이 단골손님이라고 할 때

나는 이 가게 단골손님이야.

0684

자주 가는 단골가게를 알려줄 때

저기가 단골집이야.

0685

점원에게 추천 메뉴를 물어볼 때

오늘의 추천 메뉴는 뭐지요?

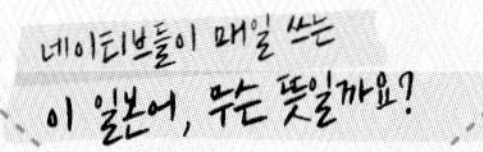

0686~0690.mp3

0686 □□□

これはおまけです。

おまけ는 '덤, 서비스, 경품'이라는 뜻으로, 식당 주인이 손님에게 그냥 드린다고 할 때 씁니다.

0687 □□□

包んでもらえますか。

包む는 '싸다, 포장하다'라는 뜻입니다.
'선물용으로 포장해 주실래요?'는 プレゼント用に包んでもらえますか라고 하면 됩니다.

0688 □□□

お持ち帰りですか。

패스트푸드점에서 점원들이 자주 쓰는 표현입니다.
こちらで召し上がりですか(여기서 드실 겁니까?)도 자주 쓰므로 함께 알아두세요.

0689 □□□

割り勘にしよう!

割り勘은 '각자 부담'이라는 뜻으로, '더치페이'라고 해석하면 자연스러워요.

0690 □□□

お勘定は別々にして下さい。

상점에서의 '계산'은 보통 お勘定 또는 お会計라고 합니다.
이외에 おあいそ·チェック도 있는데, 計算(계산)은 수 계산할 때 쓰므로 주의하세요.

0686

가게 주인이 덤으로 음식을 내놓을 때

이것은 서비스입니다.

0687

남은 음식을 포장해 달라고 할 때

포장해 주실래요?

0688

점원이 손님에게 포장 주문이냐고 물을 때

포장해서 가지고 가실 겁니까?

0689

음식값을 각자 내자고 할 때

더치페이로 하자!

0690

점원에게 계산을 각자 하겠다고 말할 때

계산은 따로따로 해 주세요.

0691~0695.mp3

0691

お買(か)い得(どく)だよ。

백화점이나 마트 등에서 お買(か)い得(どく)ですよ!(세일입니다!)라는 말을 자주 들을 수 있어요.

0692

衝動買(しょうどうが)いだった!

衝動買(しょうどうが)いは '충동구매, 지름신이 오다'라는 뜻으로, '충동구매를 하다'는 衝動買(しょうどうが)いをする라고 합니다.

0693

思(おも)いきって買(か)ったの。

思(おも)いきっては '큰맘 먹고, 과감히, 눈 딱 감고'라는 뜻입니다.

0694

ぼられた!

ぼるは '바가지 씌우다, 부당한 이익을 취하다'라는 뜻입니다.
'바가지 쓰다'는 수동형인 ぼられる라고 하면 됩니다.

0695

爆買(ばくが)いしちゃったよ。

爆買(ばくが)いするは '한꺼번에 대량으로 구매하다'라는 뜻으로, '싹쓸이하다'라고 해석하면 자연스러워요.

0691

지금 구매해야 이득일 때

싸게 잘 사는 거야.

0692

충동적으로 구매했을 때

충동구매였어!

0693

고민 끝에 결국 구매했을 때

큰맘 먹고 샀어.

0694

정가보다 비싸게 구매했다고 할 때

바가지 썼어!

0695

대량으로 구매했을 때

싹쓸이해 버렸어.

0696

なんと50%(ごじゅっ)OFF(オフ)！

なんと는 '놀랍게도, 무려'라는 뜻으로, なんと 뒤에는 보통 숫자가 옵니다.
%(퍼센트)는 パーセント라고 읽어요.

0697

負(ま)けてください！

負(ま)ける는 '지다, 패하다'라는 뜻 외에 '물건 값을 깎다'라는 뜻으로도 씁니다.
値引(ねび)きする 또는 安(やす)くする도 같은 뜻이므로 함께 알아두세요.

0698

駆(か)け引(ひ)きが上手(じょうず)だね。

駆(か)け引(ひ)き는 '밀고 당기기(밀당), 흥정, 줄다리기'라는 뜻입니다.

0699

本当(ほんとう)に掘(ほ)り出(だ)し物(もの)だよ。

掘(ほ)り出(だ)し物(もの)는 '우연히 얻은 진귀한 물건, 의외로 싸게 산 물건'이라는 뜻입니다.
'값싸고 좋은 물건'이라는 뜻으로 자주 쓰므로 기억해 두세요.

0700

通販(つうはん)で買(か)っちゃったよ。

通販(つうはん)은 通信販売(つうしんはんばい)(통신판매)의 준말인데, '홈쇼핑'이라고 해석해야 자연스러워요.

반액 세일이라고 할 때

무려 50% 할인!

0697

물건 값을 깎아 달라고 부탁할 때

깎아 주세요!

0698

물건 값을 잘 깎을 때

가격 흥정을 잘하네.

0699

저렴하게 구입했다고 좋아할 때

정말 싸게 잘 샀어.

0700

홈쇼핑에서 구입했을 때

홈쇼핑에서 사 버렸어.

망각방지 장치 1

하루만 지나도 학습한 내용의 50%는 잊어버립니다. 여러분은 몇 퍼센트나 잊어버렸을까요? 5분 안에 25개를 말해 보세요.

			○	✕	복습
01	웨이트 트레이닝에 푹 빠져 있어.	筋(きん)トレに ______ だよ。	☐	☐	0652
02	운동 신경이 둔해.	運動神経(うんどうしんけい)が ______ よ。	☐	☐	0656
03	통통한 체형이군.	______ 体型(たいけい)だな。	☐	☐	0659
04	나는 맥주병이야.	私(わたし)は ______ なの。	☐	☐	0660
05	자, 원샷이야!	さあ、______ だよ!	☐	☐	0662
06	오늘은 끝까지 마실 거야.	今日(きょう)は ______ 飲(の)むからね。	☐	☐	0664
07	취해서 시비 걸지 마!	酔(よ)って ______ なよ。	☐	☐	0665
08	술이 덜 깼네.	二日(ふつか) ______ だね。	☐	☐	0666
09	술주정뱅이군.	______ だな。	☐	☐	0670
10	정말 술꾼이네.	本当(ほんとう)に ______ だね。	☐	☐	0671
11	한 방울도 못 마셔!	______ も飲(の)めない!	☐	☐	0673
12	맨 정신으로는 말할 수 없어!	______ じゃ言(い)えない!	☐	☐	0675
13	2차 가자!	______、行(い)こう!	☐	☐	0677

정답 01 夢中(むちゅう) 02 鈍(にぶ)い 03 ポッチャリ 04 金(かな)づち 05 一気(いっき) 06 とことん 07 絡(から)む 08 酔(よ)い 09 酔(よ)っ払(ぱら)い 10 酒飲(さけの)み 11 一滴(いってき) 12 素面(しらふ) 13 二次会(にじかい)

			○	✕	복습
14	이건 홧김에 마시는 술이야.	これは　　　　だよ。	☐	☐	0680
15	우선, 맥주 주세요.	、ビールください。	☐	☐	0681
16	나는 이 가게 단골손님이야.	私(わたし)はこの店(みせ)の　　　　なの。	☐	☐	0683
17	이것은 서비스입니다.	これは　　　　です。	☐	☐	0686
18	더치페이로 하자!	にしよう!	☐	☐	0689
19	싸게 잘 사는 거야.	お買(か)い　　　　だよ。	☐	☐	0691
20	충동구매였어!	衝動(しょうどう)　　　　だった!	☐	☐	0692
21	큰맘 먹고 샀어.	買(か)ったの。	☐	☐	0693
22	바가지 썼어!	!	☐	☐	0694
23	깎아 주세요!	ください!	☐	☐	0697
24	가격 흥정을 잘하네.	が上手(じょうず)だね。	☐	☐	0698
25	홈쇼핑에서 사 버렸어.	で買(か)っちゃったよ。	☐	☐	0700

맞은 개수: 25개 중 ______ 개

당신은 그동안 ______%를 잊어버렸습니다.

틀린 문장들은 다시 한번 보고 넘어가세요.

정답 14 やけ酒(ざけ) 15 とりあえず 16 常連(じょうれん) 17 おまけ 18 割(わ)り勘(かん) 19 得(どく) 20 買(が)い 21 思(おも)いきって 22 ぼられた 23 負(ま)けて 24 駆(か)け引(ひ)き 25 通販(つうはん)

망각방지 장치 2

일주일이 지나면 학습한 내용의 70%를 잊어버립니다. 여러분은 몇 퍼센트나 기억하고 있을까요? 대화문으로 확인해 보세요.

061 취미로 사진에 빠져있다고 할 때

kaiwa 061.mp3

A　趣味(しゅみ)は何(なに)？

B　最近(さいきん)、写真(しゃしん)にはまってるけど、
취미라고 말할 정도는 아니야. 0604

A　写真(しゃしん)？ すごいじゃん！ うらやましいなあ。

B　그냥 심심풀이야. 0605

• はまる 푹 빠지다, 열중하다

062 한가할 때 무엇을 하는지 물어볼 때

kaiwa 062.mp3

A　いよいよ週末(しゅうまつ)だよ。

B　한가할 때는 뭘 해? 0608

A　外(そと)で遊(あそ)ぶより、집에서 쉬는 것을 좋아해! 0606

B　私(わたし)と一緒(いっしょ)だね。
好(す)きな音楽(おんがく)を聞(き)きながらゆっくりしてるの。

• いよいよ 드디어　ゆっくりする 느긋하게 쉬다

061

A 취미는 뭐야?

B 요즘 사진에 빠져 있는데,

趣味(しゅみ)と言(い)えるほどじゃない！ 0604

A 사진? 굉장하네! 부럽다!

B ちょっとした暇潰(ひまつぶ)しだよ。 0605

062

A 드디어 주말이야!

B 暇(ひま)な時(とき)は何(なに)をしてるの？ 0608

A 밖에서 노는 것보다 家(いえ)でくつろぐのが好(す)き！ 0606

B 나랑 똑같네.

좋아하는 음악을 들으면서 느긋하게 쉬고 있어.

063 다이어트를 결심할 때

kaiwa 063.mp3

A 今年(ことし)こそ 꼭 살을 빼고 싶어! 0654

B スイミングスクールに通(かよ)ったら、どう？

A 나는 맥주병이야. 0660

B 関係(かんけい)ないんじゃない？ 習(なら)うから。

- ～こそ ~야말로 スイミングスクール 수영교실 通(かよ)う 다니다 習(なら)う 배우다

064 끝까지 술을 마신다고 할 때

kaiwa 064.mp3

A また彼氏(かれし)とけんかした？

B 오늘은 끝까지 마실 거야. 0664 付(つ)き合(あ)ってくれるよね？

A 취해서 시비 걸지 마! 0665

B 分(わ)かった！ 今日(きょう)は朝(あさ)まで飲(の)もう！

- けんかする 싸우다 付(つ)き合(あ)う 함께 하다

063

A 올해야말로 どうしても痩せたい! 0654

B 수영교실에 다니면 어때?

A 私は金づちなの。0660

B 상관없는 거 아냐? 배울 거니까.

064

A 또 남자친구하고 싸웠어?

B 今日はとことん飲むからね。0664 함께 있어 줄 거지?

A 酔って絡むなよ。0665

B 알았어! 오늘은 아침까지 마시자!

065 맨 정신으로는 고백할 수 없다고 할 때

kaiwa 065.mp3

A　飲(の)み過(す)ぎじゃないの？

B　これくらいは大丈夫(だいじょうぶ)だよ。아직 안 취했어! 0668

A　悩(なや)んでないで、ちゃんと告白(こくはく)してみたら？

B　そうしたいけど、맨 정신으로는 말할 수 없어! 0675

- 飲(の)み過(す)ぎ 과음　悩(なや)む 고민하다　告白(こくはく)する 고백하다

066 충동구매로 바가지 썼다고 할 때

kaiwa 066.mp3

A　こんなに買(か)っちゃったの？

B　うん。確(たし)かに 충동구매였어! 0692

A　それはネットで買(か)うと半額(はんがく)なのよ。

B　そう？ しまった! 바가지 썼어! 0694

- ネット 인터넷　しまった 아차, 아뿔싸

065

A　너무 많이 마시는 거 아냐?

B　이 정도는 괜찮아. まだ酔ってない! 0668

A　고민하고 있지 말고, 제대로 고백해 보지 그래?

B　그렇게 하고 싶은데, 素面じゃ言えない! 0675

066

A　이렇게 많이 샀어?

B　응. 틀림없이 衝動買いだった! 0692

A　그것은 인터넷(쇼핑)으로 사면 절반 금액이야.

B　그래? 아뿔싸! ぼられた! 0694

067 사진이 예쁘게 잘 나왔다고 할 때

kaiwa 067.mp3

A　すごくかわいいよ。예쁘게 잘 나왔네. 0613

B　ありがとう。撮(と)ってあげようか？

A　いいの、いいの。사진은 질색이야. 0615

B　そんなこと、言(い)わないで！はい、ポーズ！

- 撮(と)る (사진을) 찍다

068 영화를 죽을 만큼 좋아한다고 할 때

kaiwa 068.mp3

A　この映画(えいが)、見(み)た？

B　うん、すごく面白(おもしろ)かったの。
　　가슴 찡한 감동을 받았어! 0630

A　本当(ほんとう)に映画(えいが)が好(す)きなんだね。

B　うん、영화를 죽을 만큼 좋아해! 0622

067

A 엄청 귀여워. きれいに撮(と)れてるね。 0613

B 고마워. 찍어 줄까?

A 아냐 아냐. 写真(しゃしん)は苦手(にがて)だよ。 0615

B 그런 말 하지 마! 자, 포즈!

068

A 이 영화, 봤어?

B 응, 엄청 재미있었어.
胸(むね)にジーンと来(き)た！ 0630

A 진짜 영화를 좋아하는구나.

B 응, 映画(えいが)が死(し)ぬほど好(す)き！ 0622

069 심한 음치에 몸치라고 할 때

kaiwa 069.mp3

A　カラオケ、行(い)こう！

B　だめ！ 私(わたし)、심한 음치야. 0632

A　嘘(うそ)でしょ？ 全然(ぜんぜん)そう見(み)えないよ。

B　実(じつ)は、リズム音痴(おんち)で 몸치야. 0633

• 実(じつ)は 실은　リズム音痴(おんち) 박치

070 피트니스에 다니고 있다고 할 때

kaiwa 070.mp3

A　最近(さいきん)、筋肉(きんにく)ついてるね。

B　実(じつ)はね、피트니스에 다니고 있어. 0651

A　本当(ほんとう)？ 굉장해! 식스팩이 있어! 0655

B　恥(は)ずかしいから、やめて！

• 筋肉(きんにく)がつく 근육이 붙다　やめる 그만두다

069

A　노래방 가자!

B　안 돼! 나, ひどい音痴(おんち)なの。0632

A　거짓말이지? 전혀 그렇게 안 보여.

B　실은, 박치에 運動(うんどう)オンチだよ。0633

070

A　요즘 근육이 붙었네.

B　실은, ジムに通(かよ)ってるの。0651

A　정말? すごい! 腹筋(ふっきん)が割(わ)れてるよ。0655

B　창피하니까 그만둬!

Part 8

네이티브가 연애할 때 자주 쓰는 표현 100

Part 8 전체 듣기

남녀 간의 연애와 관련된 다양하고 활용도 높은 표현들을 일본어 표현으로 모았습니다. 좋아하는 사람에게 하는 사랑 고백 표현부터 이상형, 데이트 제안, 연애, 프러포즈, 결혼, 실연 등 연애 상황에서 벌어질 수 있는 대부분의 장면을 엄선하였으므로 이번 파트는 훨씬 더 가볍고 재미있게 공부할 수 있어요!

01 고백 1 02 고백 2 03 고백 3 04 달콤한 연애 1 05 달콤한 연애 2 06 달콤한 연애 3
07 이상형 1 08 이상형 2 09 천생연분 · 인연 1 10 천생연분 · 인연 2 11 작업 · 밀당 1
12 작업 · 밀당 2 13 작업 · 밀당 3 14 데이트 · 소개팅 15 연애 관련 표현 1
16 연애 관련 표현 2 17 연애 관련 표현 3 18 프러포즈 · 결혼 19 실연 20 새 출발

0701~0705.mp3

0701 □ □ □

好(す)きになっちゃった!

好(す)きになる는 '좋아하게 되다'라는 뜻으로, 惚(ほ)れる(반하다)와 같은 뜻입니다.
~ちゃった는 ~てしまった(~해 버렸다)의 축약형으로 구어체 표현입니다.

0702 □ □ □

惚(ほ)れちゃったんだ。

惚(ほ)れる는 '반하다, 마음을 빼앗기다'라는 뜻입니다.
惚(ほ)れちゃった는 惚(ほ)れてしまった의 축약형입니다.

0703 □ □ □

一目(ひとめ)惚(ぼ)れしちゃったよ。

一目惚(ひとめぼ)れする는 '첫눈에 반하다'라는 뜻으로, 一目(ひとめ)で惚(ほ)れる라고도 하므로 함께 알아두세요.

0704 □ □ □

ベタ惚(ぼ)れだね。

ベタ는 '전체, 온통'이라는 뜻으로, マジ惚(ぼ)れ라고도 합니다.

0705 □ □ □

あの子(こ)にぞっこんなんだ!

ぞっこん은 '홀딱 반함'이라는 뜻인데, ぞっこん惚(ほ)れる(홀딱 반하다)처럼 부사로도 써요.

0701 □ □ □

좋아하게 되었다고 할 때

좋아하게 되었어!

0702 □ □ □

마음을 빼앗겼다고 할 때

반해 버렸어.

0703 □ □ □

한눈에 반하게 되었을 때

첫눈에 반해 버렸어.

0704 □ □ □

완전 반했다고 할 때

완전 반했네.

0705 □ □ □

누군가에게 푹 빠졌다고 할 때

그 애한테 홀딱 반했어!

0706~0710.mp3

0706

惚(ほ)れ惚(ぼ)れしちゃった!

惚(ほ)れ惚(ぼ)れする는 '홀딱 반하다'라는 뜻으로, 惚(ほ)れる를 두 번 사용하여 강조한 형태입니다.

0707

もうメロメロなんだね。

メロメロ는 너무 좋아하고 있는 상태를 나타내는 말로, '홀딱 반하다, 뿅가다'라고 해석합니다.

0708

すっかり参(まい)ってるようだよ。

すっかり는 '완전히, 전부'라는 뜻이고, 参(まい)る는 '홀딱 반하다, 푹 빠지다'라는 뜻의 회화체 표현입니다.

0709

君(きみ)に夢(む)中(ちゅう)みたいね。

夢中(むちゅう)는 '열중함, 몰두함, 푹 빠짐'이라는 뜻으로, 惚(ほ)れる와 바꿔 쓸 수 있어요.

0710

恋(こい)に落(お)ちたみたい!

恋(こい)に落(お)ちる는 '사랑에 빠지다'라는 뜻입니다. 일본어에서의 '연애 감정'은 愛(あい)가 아니라 恋(こい)를 써요.

0706

완전히 마음을 빼앗겼다고 할 때

홀딱 반해 버렸어!

0707

너무나도 좋아하는 마음을 나타낼 때

진짜 좋아 죽는구나.

0708

홀딱 반해있는 것처럼 보일 때

완전히 푹 빠져 있는 것 같아.

0709

누군가에게 푹 빠진 것처럼 보일 때

너에게 푹 빠진 것 같네.

0710

사랑에 빠진 것 같다고 할 때

사랑에 빠졌나봐!

0711~0715.mp3

0711

心から好き！

心からは '마음으로부터, 진심으로'라는 뜻입니다.

0712

心の底から愛してる！

心の底からは '마음속 깊이, 진심으로'라는 뜻으로, 心からを 강조한 말입니다.
底는 원래 '밑, 바닥'이라는 뜻입니다.

0713

彼女一筋だよ。

一筋는 '일편단심'이라는 뜻으로, 한 가지에만 마음을 기울이고 있다는 뉘앙스입니다.

0714

一途な恋だよね。

一途는 '외곬, 한결 같음'이라는 뜻입니다.
다른 것은 전혀 생각하지 않고 오로지 한 가지에만 몰두해 있다는 뉘앙스입니다.

0715

酔った勢いで言っちゃった！

酔った勢いでは '술김에, 술기운으로'라는 뜻으로, 이성에게 고백할 때 자주 씁니다.

0711

정말 좋아한다고 할 때

진심으로 좋아해!

0712

내 모든 마음을 담아 사랑해

마음속 깊이 사랑하고 있어!

0713

오직 그녀밖에 없다고 할 때

일편단심 그녀뿐이야.

0714

오직 한 사람뿐이라고 할 때

한결 같은 사랑이네.

0715

술에 취해 고백을 했을 때

술기운으로 말해 버렸어!

0716~0720.mp3

0716

□□□

胸(むね)がドキドキしてきた!

ドキドキする는 '두근거리다'라는 뜻으로, 기대하는 상황과 초조한 상황에 모두 쓸 수 있는 표현입니다.

0717

□□□

胸騒(むなさわ)ぎがするんだけど。

胸騒(むなさわ)ぎがする는 '두근거리다, 떨리다, 설레다' 등 다양한 뜻으로 쓰는 말입니다.

안 좋은 상황에서는 잘 쓰지 않으므로 주의하세요.

0718

□□□

胸(むね)キュンだよね!

胸(むね)キュン은 胸(むね)がキュンとする(가슴이 쿵하고 떨리다)의 준말입니다.

우리말로는 '심쿵' 정도로 해석하면 자연스러워요.

0719

□□□

抱(だ)いてもいい?

抱(だ)く는 '품에 안다'라는 뜻입니다.

대답 표현으로는 うん、いいよ(응, 좋아!) 정도가 무난해요.

0720

□□□

ギューと抱(だ)き締(し)めて!

ギューと는 '꽉, 세게'라는 뜻이고, 抱(だ)き締(し)める는 '껴안다'라는 뜻입니다.

0716

떨려서 심장이 두근거릴 때

가슴이 두근거렸어!

0717

가슴이 두근거리고 떨릴 때

가슴이 두근두근 떨려.

0718

가슴이 쿵 떨릴 때

심쿵이네!

0719

안고 싶다고 할 때

안아도 돼?

0720

껴안아 달라고 할 때

꽉 안아 줘!

0721~0725.mp3

0721

いきなりキスされたの。

いきなり는 '느닷없이, 갑자기'라는 뜻으로, 急(きゅう)に 또는 突然(とつぜん)으로 바꿔 쓸 수 있습니다.

0722

路(ろ)チューしたい!

路(ろ)チュー는 路上(ろじょう)でチュー(길거리에서 뽀뽀)의 준말입니다.
路上(ろじょう)는 '노상, 길거리'라는 뜻이고, チュー는 '뽀뽀'라는 뜻입니다.

0723

あの二人(ふたり)はラブラブだね!

ラブラブ는 영어 love를 두 번 사용한 말로, 연인끼리 사랑하는 감정이 넘칠 때 쓰는 말입니다.

0724

公共(こうきょう)の場(ば)でいちゃつくな!

いちゃつく는 '남녀가 스킨십을 하다'라는 뜻으로, '애정표현을 하다'라고 해석하면 무난합니다.
いちゃいちゃする도 같은 뜻이므로 함께 알아두세요.

0725

目(め)に余(あま)る光景(こうけい)だよ。

目(め)に余(あま)る는 '눈에 거슬리다, 눈꼴사납다'라는 뜻의 관용표현입니다.
좋게 보이지 않는 행동이나 상황에 불만을 나타낼 때 씁니다.

0721

상대방한테 갑작스러운 키스를 당했을 때

느닷없이 키스 당했어.

0722

길거리에서 뽀뽀하고 싶다고 할 때

길거리뽀뽀 하고 싶어!

0723

서로 너무 사랑하는 분위기일 때

저 두 사람은 러브러브하네!

0724

공공장소에서 애정표현을 할 때

공공장소에서 애정표현은 그만둬!

0725

눈에 거슬리는 애정표현을 할 때

눈꼴사나운 광경이야.

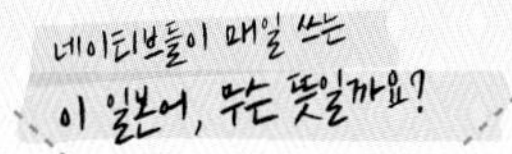

0726~0730.mp3

0726

会(あ)いたくてたまらない!

～てたまらない는 '～해서 참을 수가 없다, 견딜 수가 없다, 죽겠다'라는 뜻의 표현입니다.
たまらない 대신에 死(し)にそう(죽을 것 같아)를 써도 좋아요.

0727

めちゃくちゃ会(あ)いたいよ。

めちゃくちゃ가 부사로 쓰일 때는 '엄청'이라는 뜻입니다.
めちゃめちゃ로 바꿔 써도 좋습니다.

0728

会(あ)えるのを楽(たの)しみにしてる!

楽(たの)しみにする는 '기대하다'라는 뜻으로, 설레고 즐거운 마음으로 기다리고 있다는 뉘앙스입니다.

0729

恋(こい)は盲(もう)目(もく)って、本(ほん)当(とう)だね。

恋(こい)は盲目(もうもく)는 '사랑은 맹목'이라는 뜻의 속담으로, '사랑하면 눈이 먼다'라는 뜻입니다.

0730

壁(かべ)ドンされちゃったの!

壁(かべ)ドン은 '벽치기'라고 해석하면 됩니다.
남자가 좋아하는 여자를 벽에 밀어붙이고 한쪽 손으로 벽을 쾅 치는 행동이지요.

0726

보고 싶어서 참을 수가 없을 때

보고 싶어 죽겠어!

0727

너무 보고 싶을 때

엄청 보고 싶어.

0728

만남을 몹시 기대하고 있을 때

만남을 손꼽아 기다리고 있어!

0729

사랑에 눈이 멀었다고 할 때

사랑은 맹목이라더니 정말이네.

0730

남자로부터 벽치기 고백을 받았을 때

벽치기 당했어!

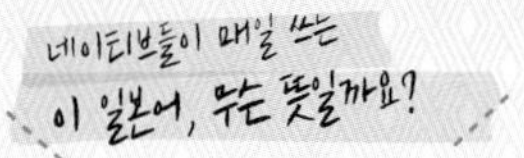

0731~0735.mp3

0731

超(ちょう)タイプ!

タイプ(type)는 '타입'보다 '스타일'이라고 해석하는 것이 자연스러운 경우가 많습니다. 사람 이외에도 사용 가능합니다.

0732

好(この)みのタイプなの。

好(この)み는 '취향, 기호'라는 뜻으로, 好(この)む(좋아하다)라는 동사의 명사형입니다.

0733

好(この)みがうるさいね。

うるさい는 '시끄럽다'라는 뜻 외에 '까다롭다'라는 뜻으로도 씁니다.
보통 ~にうるさい(~에 까다롭다)의 형태로 쓰며, 사람, 음식, 복장 등이 앞에 와요.

0734

私(わたし)にぴったりの人(ひと)だよ。

ぴったり는 꼭 들어맞는 모양을 나타내는 말로, '딱, 꼭'이라고 해석하면 됩니다.

0735

もろタイプなんだけど。

もろ는 '완전, 매우'라는 뜻의 회화체 표현으로, とても 또는 めちゃくちゃ로 바꿔 쓸 수 있어요.

0731

이성이 마음에 드는 스타일일 때

완전 내 스타일이야!

0732

좋아하는 이성 스타일이라고 할 때

내 취향의 스타일이야.

0733

취향이 까다로울 때

취향이 까다롭네.

0734

취향에 맞는 사람이라고 할 때

나에게 딱 맞는 사람이야.

0735

완전 내 스타일이라고 할 때

완전 내 스타일인데.

0736~0740.mp3

0736

□□□

すごく気(き)が合(あ)う！

気(き)が合(あ)うは '마음이 맞다'라는 뜻으로, 서로 마음이 잘 통한다고 할 때 씁니다.

0737

□□□

相性(あいしょう)もすごくいいよ。

相性(あいしょう)는 '성격, 궁합'이라는 뜻으로, 서로 말하지 않아도 통하는 것을 가리키는 말입니다.

0738

□□□

望(のぞ)みが高(たか)いね！

望(のぞ)みが高(たか)い는 '바람이 높다'라는 뜻으로, '눈이 높다'라고 의역하는 것이 자연스러워요.

0739

□□□

高望(たかのぞ)みしすぎ！

高望(たかのぞ)み는 '높은 바람'이라는 뜻으로, 高望(たかのぞ)みする는 '눈높이가 높다'라고 해석하면 자연스러워요.

～すぎる는 '너무 지나치게 ~하다'라는 뜻입니다. 여기에서는 명사형으로 쓰였어요.

0740

□□□

理想(りそう)のタイプにぴったり！

理想(りそう)のタイプ(이상의 타입)은 '이상형'이라고 해석해야 딱 맞는 표현입니다.

0736

마음이 잘 맞는다고 할 때

무지 마음이 맞아!

0737

성격이 잘 맞는다고 할 때

성격도 무지 잘 맞아.

0738

이성을 보는 눈이 까다로울 때

눈이 높네!

0739

이성을 보는 눈이 너무 높을 때

눈높이가 너무 높아!

0740

찾고 있던 이상형의 이성일 때

이상형에 딱 맞아!

0741~0745.mp3

0741

お似合(にあ)いのカップルだね。

お似合(にあ)いは 似合(にあ)う(어울리다)라는 동사의 명사형으로 '잘 어울림'이라는 뜻입니다.

0742

結(むす)ばれる運命(うんめい)なんだよ。

結(むす)ばれるは '연결되다, 이어지다, 맺어지다'라는 뜻입니다.
이 표현에서는 '남녀가 결혼하다'라고 해석해야 무난해요.

0743

運命(うんめい)の絆(きずな)で結(むす)ばれたよね。

絆(きずな)는 '인연, 천생연분'이라는 뜻입니다.
赤(あか)い糸(いと)で結(むす)ばれる(운명의 빨간 끈으로 맺어지다)라는 표현도 함께 알아두세요.

0744

二人(ふたり)は両思(りょうおも)いだね。

両思(りょうおも)いは '서로 사랑하는 것'이라는 뜻으로, 반대말인 '짝사랑'은 片思(かたおも)い라고 합니다.

0745

結婚相手(けっこんあいて)にはもってこいだよ。

もってこいは '꼭 알맞음'이라는 뜻으로, '안성맞춤'이라고 해석해야 자연스러워요.

0741

연인 커플이 잘 어울릴 때

잘 어울리는 커플이네.

0742

남녀가 운명적인 사이라고 할 때

맺어질 운명이야.

0743

천생연분으로 보이는 연인일 때

운명의 인연으로 맺어졌네.

0744

두 사람이 서로 좋아한다고 할 때

두 사람은 서로 좋아하는구나.

0745

결혼 상대자로 딱 좋다고 할 때

결혼 상대자로는 안성맞춤이야.

0746~0750.mp3

0746

俺(おれ)にはもったいない人(ひと)だよ。

もったいない는 '아깝다'라는 뜻으로, 이 표현에서는 '과분하다, 넘치다'라고 해석합니다.

0747

高嶺(たかね)の花(はな)だよ。

高嶺(たかね)の花(はな)는 '높은 봉우리의 꽃'이라는 뜻의 속담으로, '가질 수 없는 것'을 뜻합니다.
우리말로는 '그림의 떡'이라고 해석해야 자연스러워요.

0748

あばたもえくぼだね。

あばたもえくぼ는 '마마자국(곰보)도 보조개'라는 뜻의 속담입니다.
사랑에 빠지면 마마자국도 보조개로 보일 만큼 좋게 보인다는 뉘앙스입니다.

0749

あの二人(ふたり)は釣(つ)り合(あ)わない!

釣(つ)り合(あ)う는 '균형이 잡히다, 어울리다, 적합하다'라는 뜻인데, 주로 釣(つ)り合(あ)わない의 형태로 씁니다.
남녀가 나이나 재산 등의 조건이 차이가 나서 어울리지 않는 경우에 쓰지요.

0750

本当(ほんとう)に不釣(ふつ)り合(あ)いだよね。

不釣(ふつ)り合(あ)い는 '불균형, 안 어울림'이라는 뜻으로, 釣(つ)り合(あ)わない와 같은 뜻의 명사형 표현입니다.

0746

자신에게 아까운 사람이라고 할 때

나한테는 과분한 사람이야.

0747

넘볼 수 없는 사람이라고 할 때

그림의 떡이야.

0748

각자 기준에 맞는 상황일 때

제 눈에 안경이라더니!

0749

나이 차이 등의 조건이 안 맞을 때

저 두 사람은 안 어울려!

0750

조건이 차이 나서 어울리지 않을 때

정말 안 어울리는군.

망각방지 장치 1

하루만 지나도 학습한 내용의 50%는 잊어버립니다. 여러분은 몇 퍼센트나 잊어버렸을까요? 5분 안에 25개를 말해 보세요.

	한국어	일본어	○	✕	복습
01	첫눈에 반해 버렸어.	一目(ひとめ) ＿＿ しちゃったよ。	☐	☐	0703
02	완전 반했네.	＿＿ 惚(ぼ)れだね。	☐	☐	0704
03	그 애한테 홀딱 반했어!	あの子(こ)に ＿＿ なんだ！	☐	☐	0705
04	진짜 좋아 죽는구나.	もう ＿＿ なんだね。	☐	☐	0707
05	완전히 푹 빠져 있는 것 같아.	＿＿ 参(まい)ってるようだよ。	☐	☐	0708
06	마음 속 깊이 사랑하고 있어!	心(こころ)の底(そこ)から ＿＿！	☐	☐	0712
07	일편단심 그녀뿐이야.	彼女(かのじょ) ＿＿ だよ。	☐	☐	0713
08	술기운으로 말해 버렸어!	酔(よ)った ＿＿ で言(い)っちゃった！	☐	☐	0715
09	가슴이 두근거렸어!	胸(むね)が ＿＿ してきた！	☐	☐	0716
10	심쿵이네!	胸(むね) ＿＿ だよね！	☐	☐	0718
11	공공장소에서 애정표현은 그만둬!	公共(こうきょう)の場(ば)で ＿＿ な！	☐	☐	0724
12	보고 싶어 죽겠어!	会(あ)いたくて ＿＿！	☐	☐	0726
13	엄청 보고 싶어.	＿＿ 会(あ)いたいよ。	☐	☐	0727

정답 01 惚(ぼ)れ 02 ベタ 03 ぞっこん 04 メロメロ 05 すっかり 06 愛(あい)してる 07 一筋(ひとすじ) 08 勢(いきお)い 09 ドキドキ 10 キュン 11 いちゃつく 12 たまらない 13 めちゃくちゃ

			○	✕	복습
14	만남을 손꼽아 기다리고 있어!	会(あ)えるのを　　　にしてる!	☐	☐	0728
15	내 취향의 스타일이야.	好(この)みの　　　なの。	☐	☐	0732
16	나에게 딱 맞는 사람이야.	私(わたし)に　　　の人(ひと)だよ。	☐	☐	0734
17	완전 내 스타일인데.	タイプなんだけど。	☐	☐	0735
18	성격도 무지 잘 맞아.	もすごくいいよ。	☐	☐	0737
19	눈이 높네!	が高(たか)いね!	☐	☐	0738
20	잘 어울리는 커플이네.	お　　　のカップルだね。	☐	☐	0741
21	운명의 인연으로 맺어졌네.	運命(うんめい)の絆(きずな)で　　　よね。	☐	☐	0743
22	결혼 상대자로는 안성맞춤이야.	結婚相手(けっこんあいて)には　　　だよ。	☐	☐	0745
23	나한테는 과분한 사람이야.	俺(おれ)には　　　人(ひと)だよ。	☐	☐	0746
24	제 눈에 안경이라더니!	あばたも　　　だね。	☐	☐	0748
25	정말 안 어울리는군.	本当(ほんとう)に不(ふ)　　　だよね。	☐	☐	0750

맞은 개수: 25개 중 ______ 개

당신은 그동안 ______%를 잊어버렸습니다.
틀린 문장들은 다시 한번 보고 넘어가세요.

정답 14 楽(たの)しみ 15 タイプ 16 ぴったり 17 もろ 18 相性(あいしょう) 19 望(のぞ)み 20 似合(にあ)い 21 結(むす)ばれた 22 もってこい 23 もったいない 24 えくぼ 25 釣(つ)り合(あ)い

0751~0755.mp3

0751 □□□

付き合ってる人がいる？

付き合うは '사귀다, 교제하다'라는 뜻인데, 참고로 '함께 하다, 어울리다'라는 뜻으로도 씁니다.

0752 □□□

お茶でも飲んで行かない？

～でもは '～라도'라는 뜻으로, 뭔가 예를 들어 말할 때 쓰는 표현입니다.
お茶(차) 대신에 コーヒー(커피)를 쓰는 경우도 많아요.

0753 □□□

デートに誘ってもいいかな。

誘うは '권유하다, 제의하다, 신청하다, 유혹하다'라는 뜻입니다.
デートに誘うは '데이트를 신청하다'라고 해석하면 됩니다.

0754 □□□

僕と付き合ってくれる？

～てくれる?(～해 줄래?) 대신에 부정형인 ～てくれない？(～해 주지 않을래?)를 써도 좋습니다.
흔쾌히 받아들인다고 할 경우에는 喜んで(기꺼이)라고 하면 됩니다.

0755 □□□

まんざらでもないくせに！

まんざらでもない는 '아주 마음에 없는 것도 아니다'라는 뜻입니다.
상대방에게 내숭떨지 말라고 할 때 쓰면 딱 어울리는 표현이지요.

0751

사귀는 사람이 있는지 물어볼 때

사귀는 사람이 있어?

0752

좀 더 같이 있자고 권유할 때

차라도 마시고 가지 않을래?

0753

조심스럽게 데이트 신청을 할 때

데이트를 신청해도 될까?

0754

자신과 사귀자고 말할 때

나와 사귀어 줄래?

0755

상대방이 내숭떠는 것 같을 때

꼭 싫지도 않으면서!

0756~0760.mp3

0756

二人(ふたり)っきりになりたい！

二人(ふたり)っきり는 '단둘, 둘뿐'이라는 뜻입니다. 참고로 '혼자만, 홀로'는 一人(ひとり)っきり라고 합니다.

0757

駆(か)け落(お)ちしたいよ。

駆(か)け落(お)ち는 남녀가 사랑에 빠져서 함께 도망가는 '사랑의 도피'를 뜻합니다.

두 사람의 사랑을 주변에서 반대하는 경우에 하게 되는 행동이지요.

0758

恋愛(れんあい)に駆(か)け引(ひ)きは必要(ひつよう)なの。

駆(か)け引(ひ)き는 '밀고 당기기'라는 뜻입니다.

보통 '밀당'이라고 해석하는데, 비즈니스에서는 '흥정'이라고도 해석합니다.

0759

本当(ほんとう)にしつこいね。

しつこい는 '끈질기다, 집요하다, 추근거리다'라는 뜻입니다.

しつこい人(ひと)는 '끈질긴 사람, 집요한 사람'이라는 뜻이 되겠네요.

0760

お高(たか)くとまらないで！

お高(たか)くとまる는 '도도하게 굴다, 거만한 태도를 보이다'라는 뜻입니다.

상대방이 내숭을 떨고 있는 것처럼 보일 때 쓰는 표현이지요.

0756

둘만의 시간을 갖고 싶다고 할 때

단둘이 있고 싶어!

0757

멀리 도망가고 싶다고 할 때

사랑의 도피를 하고 싶어!

0758

연애에 밀고 당기기는 필수라고 할 때

연애에 밀당은 필요해.

0759

그만 추근거리라고 할 때

정말로 끈질기네.

0760

괜히 도도한 척하고 있을 때

튕기지 마!

0761

あの二人(ふたり)、なんか怪(あや)しい!

怪(あや)しい는 '수상하다, 의심스럽다'라는 뜻입니다.

0762

彼(かれ)にもてあそばれてるのよ。

もてあそぶ는 '가지고 놀다, 농락하다'라는 뜻으로, 진심으로 사랑하지 않는다고 할 때 쓰는 표현입니다.
彼(かれ)(그) 대신에 彼女(かのじょ)(그녀)를 써도 됩니다.

0763

彼女(かのじょ)にすっぽかされたよ。

すっぽかす는 데이트 등의 약속 장소에 나가지 않는 '바람맞히다'라는 뜻입니다.

0764

ドタキャンされちゃった!

ドタキャン은 '막판 취소'라는 뜻으로, 土壇場(どたんば)でキャンセル(막판에 취소)의 준말입니다.
상대방으로부터 일방적인 취소를 당한 경우에 쓰는 표현이지요.

0765

まだ脈(みゃく)あるって!

脈(みゃく)는 원래 '맥, 맥박'이라는 뜻인데, 회화에서는 '가능성, 희망'이라는 뜻으로도 씁니다.

0761

남녀가 사귀는 듯한 분위기일 때

저 두 사람, 뭔가 수상해!

0762

농락당하고 있다고 말해줄 때

그 남자가 널 가지고 놀고 있어.

0763

약속 장소에 상대방이 안 나왔을 때

그녀에게 바람맞았어.

0764

막판에 약속이 취소되었을 때

막판에 취소되고 말았어!

0765

포기하지 말라고 할 때

아직 가능성 있다니까!

0766~0770.mp3

0766 □□□

またのろけてる？

のろけるは '자랑하다'라는 뜻으로, 애인, 남편, 아내, 자식 등의 자랑을 늘어놓을 때 씁니다.
참고로 '자랑 이야기'는 のろけ話(ばなし)라고 합니다.

0767 □□□

イケメン彼氏(かれし)をゲットしたい！

イケメン은 '미남, 훈남'이라는 뜻입니다.
ゲットする는 영어 get에 する가 붙은 형태로, '가지고 싶다, 원하다'라는 뜻입니다.

0768 □□□

遠距離恋愛(えんきょりれんあい)だよ。

遠距離(えんきょり)(원거리)는 '장거리'라고 해석하면 됩니다.

0769 □□□

本命(ほんめい)だよ。

本命(ほんめい)는 '진짜 애인'이라는 뜻으로, 恋人(こいびと)(애인)보다 강조된 말입니다.
참고로 발렌타이데이 때 '애인에게 주는 초콜릿'을 本命(ほんめい)チョコ라고 해요.

0770 □□□

合(ごう)コンで知(し)り合(あ)ったんだ。

合(ごう)コン은 '미팅, 소개팅'이라는 뜻으로, 合同(ごうどう)コンパ의 준말입니다.
여기서 コンパ는 영어 company에서 온 말로 '다과회, 파티'라는 뜻입니다.

애인 자랑을 늘어놓는 사람에게

또 애인 자랑하는 거야?

0767

잘생긴 남자 친구를 원한다고 할 때

잘생긴 남자친구를 갖고 싶어!

0768

사귀는 사람이 멀리 떨어져 있을 때

장거리 연애야.

0769

진짜로 사랑하는 사람이라고 할 때

진짜 애인이야.

0770

미팅 자리에서 처음 만났다고 할 때

소개팅에서 서로 알게 되었어.

0771~0775.mp3

0771

下心(したごころ)が見(み)え見(み)えだよ。

下心(したごころ)는 '흑심, 속마음'이라는 뜻이고, 見(み)え見(み)えだ는 '훤히 들여다보이다'라는 뜻입니다.

0772

小(ちい)さな親切(しんせつ)! 大(おお)きな下心(したごころ)!

이 표현은 상대방의 작은 친절에 속지 말라는 뜻입니다.
小(ちい)さな(작은)와 大(おお)きな(큰)는 명사 앞에서만 쓰는 연체사입니다.

0773

どうやって口説(くど)いたの?

口説(くど)く는 '(말로) 꼬시다, 유혹하다, 구애하다'라는 뜻입니다.
素敵(すてき)な言葉(ことば)で口説(くど)かれたい(멋진 말로 유혹받고 싶어)라는 표현도 함께 알아두세요.

0774

もしかして、ナンパ?

ナンパ는 '헌팅'이라는 뜻으로, 軟派(なんぱ)(정치보다 이성과의 교제에서 흥미 있는 부류)에서 온 말입니다.
'헌팅하다'는 ナンパする라고 하고 '헌팅 당하다'는 ナンパされる라고 해요.

0775

絶対(ぜったい)、落(お)とすから!

이 표현에서의 落(お)とす(떨어뜨리다)는 '이성을 유혹하여 교제 승낙을 받아내다'라는 뜻입니다.

0771

속마음이 들여다보인다고 할 때

흑심이 훤히 들여다보여.

0772

작은 친절에 넘어가지 말라고 할 때

작은 친절! 큰 흑심!

0773

유혹에 성공한 비결을 물을 때

어떻게 꼬셨어?

0774

모르는 사람이 작업을 걸 때

혹시, 헌팅?

0775

반드시 자신의 애인으로 만들겠다고 할 때

무조건 애인으로 만들 거야!

0776~0780.mp3

0776

恋(こい)バナを聞(き)かせて！

恋(こい)バナは '사랑 이야기, 연애 이야기'라는 뜻으로, 恋話(こいばなし)의 준말입니다.

0777

彼(かれ)はマザコンらしいよ。

マザコン은 '마더 콤플렉스(mother complex)'의 준말로, 우리말의 '마마보이'에 해당합니다.

0778

彼女(かのじょ)は面食(めんく)いなの。

面食(めんく)い는 '얼굴 먹는 사람'이라는 뜻으로, 이성의 외모만 보는 사람'을 말합니다.

0779

お盛(さか)んね！

お盛(さか)んね는 연애에만 열중하고 있는 사람에게 빈정거리며 쓰는 표현입니다.
원래 盛(さか)んだ는 '번성하다, 번창하다'라는 뜻입니다.

0780

モテモテだね！

モテモテだ는 もてる(이성에게 인기 있다)를 두 번 사용하여 강조한 말입니다.
참고로 '인기남'은 モテ男(お)라고 하므로 함께 알아두세요.

0776

연애담을 들려달라고 할 때

연애 이야기를 들려 줘!

0777

남자가 마마보이로 보일 때

그 남자는 마마보이인 것 같아.

0778

이성의 외모를 중시하는 사람에게

그녀는 얼굴만 밝혀!

0779

연애에만 열중한다고 빈정거릴 때

연애질 열심이군!

0780

이성에게 인기가 많다고 할 때

완전 인기 많네.

0781~0785.mp3

0781

浮気(うわき)してるみたい！

浮気(うわき)する는 '바람피우다'라는 뜻입니다.
참고로 '바람둥이'는 浮気者(うわきもの)라고 하므로 함께 알아두세요.

0782

ただの火遊(ひあそ)びだったんだ。

火遊(ひあそ)び는 '아이들의 불놀이'라는 뜻이지만, 어른들에게 쓰면 '무분별한 연애, 불장난'이라는 뜻이 됩니다.

0783

間違(まちが)いなく二股(ふたまた)だよ。

二股(ふたまた)(양다리)는 二股(ふたまた)をかける(양다리를 걸치다)의 준말입니다.
원래 股(また)는 '다리 가랑이, 넓적다리'라는 뜻이지요.

0784

彼(かれ)はどうやら遊(あそ)び人(にん)らしいね。

遊(あそ)び人(にん)은 '바람둥이, 플레이보이'라는 뜻으로, チャラ男(お)라고도 합니다.

0785

この女(おんな)たらし！

女(おんな)たらし는 '난봉꾼, 탕아, 색마, 카사노바'라는 뜻입니다.
女(おんな)をたらす(여자를 농락하다)라는 동사의 명사형이지요.

0781

다른 이성을 몰래 만나는 것 같을 때

바람피우고 있는 것 같아!

0782

일시적인 외도였다고 할 때

단지 불장난이었어.

0783

양다리 걸치고 있다고 할 때

틀림없이 양다리야.

0784

바람둥이니까 조심하라고 할 때

그는 아무래도 바람둥이인 것 같아!

0785

여자를 농락하는 남자를 비난할 때

이 바람둥이야!

0786~0790.mp3

0786

彼(かれ)に告(こく)られた！

告(こく)る는 告白(こくはく)する(고백하다)에서 온 말로, 告(こく)られる라는 '고백 받다'라는 뜻입니다.
プロポーズされたの(프러포즈 받았어)도 함께 알아두세요.

0787

お金(かね)目(め)当(あ)ての結婚(けっこん)かも！

目当(めあ)ては '목적, 목표, 겨냥'이라는 뜻으로, ～を目当(めあ)てに(～을 노리고)도 함께 알아두세요.
～かも(～일지도 모른다)는 ～かもしれない의 회화체 생략형입니다.

0788

あの人(ひと)、バツイチだって。

이혼하여 호적에 표시가 되는 것을 バツ(×표)라고 합니다.
따라서 バツイチ(×표 1개)는 '한 번 이혼한 사람'이라는 뜻입니다.

0789

私(わたし)たちは年(とし)が離(はな)れてるの。

離(はな)れる는 '멀어지다, 떨어지다, 벌어지다'라는 뜻이고, 年(とし)는 '나이, 연령'이라는 뜻입니다.

0790

年(とし)の差(さ)婚(こん)だよね。

年(とし)の差婚(さこん)은 年(とし)の差結婚(さけっこん)의 준말로, '나이차 나는 결혼'이라는 뜻입니다.
年(とし)の差(さ)カップル(나이차 나는 커플)도 자주 쓰므로 함께 알아두세요.

0786

고백을 받았을 때

그에게 고백 받았어!

0787

돈이 목적인 결혼일지도 모를 때

돈을 노린 결혼일지도 몰라!

0788

이혼한 남자나 여자라고 할 때

저 사람, 돌싱이래.

0789

나이차가 난다고 할 때

우리는 나이차가 많이 나.

0790

나이차가 많이 나는 결혼일 때

나이차 나는 결혼이네.

0791~0795.mp3

0791

けつきょく
結局、うまくいかなかった！

うまくいくは '잘 되다'라는 뜻으로, 연애, 시험, 수술, 취직 등 다양한 상황에서 두루 쓸 수 있습니다.

0792

かれし
彼氏にふられたの。

ふられるは '차이다'라는 뜻으로, ふる(차다)라는 동사의 수동형입니다.
彼氏(かれし)(남자친구)는 彼(かれ)라고도 씁니다.

0793

かのじょ す
彼女に捨てられたよ。

捨(す)てられるは '버림받다'라는 뜻으로, 捨(す)てる(버리다)라는 동사의 수동형입니다.

0794

しつれん
失恋して、つらい！

失恋(しつれん)するは '실연하다'라고 직역하기보다 '실연당하다'로 해석해야 자연스럽습니다.
つらいは '괴롭다, 힘들다'라는 뜻입니다.

0795

しつれん いたで た なお
失恋の痛手から立ち直りたい！

痛手(いたで)는 '(마음의) 깊은 상처'라는 뜻이고, 立(た)ち直(なお)る는 '다시 일어서다'라는 뜻입니다.

0791

연애 관계가 틀어졌을 때

결국, 잘 안 됐어!

0792

남자 친구에게 차였을 때

남자 친구한테 차였어.

0793

여자 친구에게 차였을 때

여자 친구한테 버림받았어.

0794

실연당했을 때

실연당해서 괴로워!

0795

실연의 충격에서 벗어나고 싶을 때

실연의 아픔에서 벗어나고 싶어!

0796~0800.mp3

0796

男(おとこ)なんて腐(くさ)るほどいるよ。

～なんて는 '～같은 것, ～따위'라는 뜻입니다.

腐(くさ)るほどいる(썩을 만큼 있다)는 '많이 있다, 널렸다'라고 해석해야 자연스러워요.

0797

諦(あきら)めて、さっぱりしたい！

諦(あきら)める는 '단념하다, 포기하다'라는 뜻이고, さっぱりする는 '후련하다, 깔끔하다'라는 뜻입니다.

0798

もう吹(ふ)っ切(き)れたから。

吹(ふ)っ切(き)れる는 '떨쳐지다'라는 뜻으로, 忘(わす)れる(잊다)와 비슷한 뜻이지만 좀 더 강조된 말입니다.

0799

彼女(かのじょ)とよりを戻(もど)したいよ。

よりを戻(もど)す는 '(사이, 관계 등을) 되돌리다, 다시 시작하다'라는 뜻입니다.

주로 친구, 애인, 부부 등의 남녀 관계에 쓰는 표현입니다.

0800

元(もと)カレと復縁(ふくえん)したい！

접두어 元(もと)～는 '전 ～, 예전 ～'이라는 뜻이고, 復縁(ふくえん)する는 '재결합하다'라고 해석해야 자연스러워요.

0796

세상에 남자는 많다고 할 때

남자는 널렸어.

0797

마음을 정리하고 싶다고 할 때

단념하고, 후련해지고 싶어!

0798

옛사랑을 마음속에서 떨쳐버렸다고 할 때

이제 완전히 잊었으니까.

0799

헤어진 애인과 다시 만나고 싶다고 할 때

여자 친구와 다시 시작하고 싶어!

0800

헤어진 애인과 다시 사귀고 싶다고 할 때

전 남자 친구와 재결합하고 싶어!

망각방지 장치 1

하루만 지나도 학습한 내용의 50%는 잊어버립니다. 여러분은 몇 퍼센트나 잊어버렸을까요? 5분 안에 25개를 말해 보세요.

			○	×	복습
01	꼭 싫지도 않으면서!	でもないくせに!	☐	☐	0755
02	단둘이 있고 싶어!	になりたい!	☐	☐	0756
03	연애에 밀당은 필요해.	恋愛(れんあい)に　　　は必要(ひつよう)なの。	☐	☐	0758
04	정말로 끈질기네.	本当(ほんとう)に　　　ね。	☐	☐	0759
05	저 두 사람, 뭔가 수상해!	あの二人(ふたり)、なんか　　　!	☐	☐	0761
06	막판에 취소되고 말았어!	されちゃった!	☐	☐	0764
07	잘생긴 남자친구를 갖고 싶어!	彼氏(かれし)をゲットしたい!	☐	☐	0767
08	진짜 애인이야.	だよ。	☐	☐	0769
09	흑심이 훤히 들여다보여.	下心(したごころ)が　　　だよ。	☐	☐	0771
10	혹시, 헌팅?	もしかして、　　　?	☐	☐	0774
11	무조건 애인으로 만들 거야!	絶対(ぜったい)、　　　から!	☐	☐	0775
12	연애 이야기를 들려 줘!	を聞(き)かせて!	☐	☐	0776
13	그 남자는 마마보이인 것 같아.	彼(かれ)は　　　らしいよ。	☐	☐	0777

정답 01 まんざら 02 二人(ふたり)っきり 03 駆(か)け引(ひ)き 04 しつこい 05 怪(あや)しい 06 ドタキャン 07 イケメン 08 本命(ほんめい) 09 見(み)え見(み)え 10 ナンパ 11 落(お)とす 12 恋(こい)バナ 13 マザコン

			○	✕	복습
14	그녀는 얼굴만 밝혀!	彼女(かのじょ)は ＿＿＿＿ なの。	☐	☐	0778
15	완전 인기 많네.	＿＿＿＿ だね！	☐	☐	0780
16	바람피우고 있는 것 같아!	＿＿＿＿ してるみたい！	☐	☐	0781
17	그에게 고백받았어!	彼(かれ)に ＿＿＿＿！	☐	☐	0786
18	저 사람, 돌싱이래.	あの人(ひと)、＿＿＿＿ だって。	☐	☐	0788
19	나이차 나는 결혼이네.	＿＿＿＿ 婚(こん)だよね。	☐	☐	0790
20	남자 친구한테 차였어.	彼氏(かれし)に ＿＿＿＿ の。	☐	☐	0792
21	실연당해서 괴로워!	失恋(しつれん)して、＿＿＿＿！	☐	☐	0794
22	남자는 널렸어.	男(おとこ)なんて ＿＿＿＿ ほどいるよ。	☐	☐	0796
23	단념하고, 후련해지고 싶어!	＿＿＿＿、さっぱりしたい！	☐	☐	0797
24	이제 완전히 잊었으니까.	もう ＿＿＿＿ から。	☐	☐	0798
25	전 남자 친구와 재결합 하고 싶어!	元(もと)カレと ＿＿＿＿ したい！	☐	☐	0800

맞은 개수: 25개 중 ＿＿＿ 개

당신은 그동안 ＿＿＿%를 잊어버렸습니다.

틀린 문장들은 다시 한번 보고 넘어가세요.

정답 14 面食(めんく)い 15 モテモテ 16 浮気(うわき) 17 告(こく)られた 18 バツイチ 19 年(とし)の差(さ) 20 ふられた 21 つらい 22 腐(くさ)る 23 諦(あきら)めて 24 吹(ふ)っ切(き)れた 25 復縁(ふくえん)

망각방지 장치 2

일주일이 지나면 학습한 내용의 70%를 잊어버립니다. 여러분은 몇 퍼센트나 기억하고 있을까요? 대화문으로 확인해 보세요.

071 첫눈에 반해 버렸다고 할 때

kaiwa 071.mp3

A 何(なに)かあった？ 飲(の)み過(す)ぎだよ。

B 俺(おれ)、사랑에 빠졌나봐! 0710

A 先週(せんしゅう)、合(ごう)コンで会(あ)った人(ひと)に？

B 彼女(かのじょ)に 첫눈에 반해 버렸어. 0703

- 飲(の)み過(す)ぎ 너무 마심, 과음 合(ごう)コン 미팅, 소개팅

072 그녀 일편단심이라고 할 때

kaiwa 072.mp3

A 浮気(うわき)について思(おも)ったことは？

B 夢(ゆめ)にも思(おも)ったことないよ。
僕(ぼく)は 일편단심 그녀뿐이야. 0713

A 偉(えら)いね。彼女(かのじょ)と結婚(けっこん)するつもり？

B もちろん! 결혼 상대자로는 안성맞춤이야. 0745

- 浮気(うわき) 바람 偉(えら)い 대견하다, 훌륭하다

071

A　무슨 일 있었어? 너무 많이 마시네.

B　나, 恋(こい)に落(お)ちたみたい! 0710

A　지난주에 미팅에서 만난 사람에게?

B　그녀에게 一目惚(ひとめぼ)れしちゃったよ。 0703

072

A　바람에 대해 생각한 적은?

B　꿈에도 생각한 적 없어. 나는 彼女一筋(かのじょひとすじ)だよ。 0713

A　대견하네. 그녀와 결혼할 생각이야?

B　물론이지! 結婚相手(けっこんあいて)にはもってこいだよ。 0745

073 남자는 널렸다고 할 때

kaiwa 073.mp3

A　彼氏とうまくいってる？

B　実は私、남자 친구한테 차였어. 0792

A　だから落ち込んでたんだ。

　　この世に 남자는 널렸어. 0796

B　最後の恋だろうと思ってたのに。

- 落ち込む 풀이 죽다, 의기소침하다

074 자신에게는 그림의 떡이라고 할 때

kaiwa 074.mp3

A　彼女に打ち明けてみなよ。

B　無理だよ。どうせ僕には 그림의 떡이야. 0747

A　彼女のことが好きじゃないの？

B　大好きだよ。완전 내 스타일인데. 0735

- 打ち明ける 고백하다, 털어 놓다　～てみな ~해 봐 (～てみなさい의 반말)　どうせ 어차피

073

A　남자 친구랑 잘 되어 가?

B　실은 나, 彼氏(かれし)にふられたの。 0792

A　그래서 풀이 죽어 있었군.
이 세상에 男(おとこ)なんて腐(くさ)るほどいるよ。 0796

B　마지막 사랑일 거라고 생각했었는데.

074

A　그녀에게 고백해 봐.

B　무리야. 어차피 나에게는 高嶺(たかね)の花(はな)だよ。 0747

A　그녀를 좋아하지 않아?

B　너무 좋아해. もろタイプなんだけど。 0735

075 데이트가 막판에 취소되었다고 할 때

kaiwa 075.mp3

A　どうしたんだよ。しょぼい顔をして!

B　今日デートだったんだけど、
막판에 취소되고 말았어! 0764

A　元気、出せよ。아직 가능성 있다니까! 0765

B　簡単に言うなよ。フォローにならない!

- しょぼい 실망하다, 맥 빠지다, 김새다　脈 가능성　フォロー 위로, 도움

076 결혼 조건이 너무 까다롭다고 할 때

kaiwa 076.mp3

A　年収は500万円くらいじゃないとね。

B　눈높이가 너무 높아! 0739
だから、結婚できないんだよ。

A　でも、そのくらいが平均じゃないの?

B　呆れた! 本当に 눈이 높네! 0738

- 年収 연봉　呆れる 어처구니없다, 기가 막히다

075

A　왜 그래? 실망한 얼굴을 하고서.

B　오늘 데이트였는데, ドタキャンされちゃった! 0764

A　기운 내. まだ脈(みゃく)あるって! 0765

B　쉽게 말하지 마! 위로가 안 돼!

076

A　연봉은 500만엔 정도는 되어야 해.

B　高望(たかのぞ)みしすぎ! 0739 그러니까 결혼 못 하는 거야.

A　하지만, 그 정도가 평균 아니야?

B　어처구니없군! 정말 望(のぞ)みが高(たか)いね! 0738

077 돈을 노린 결혼이라고 할 때

kaiwa 077.mp3

A 例(れい)のカップル、とうとう結婚(けっこん)するそうだよ。

B なんか 저 두 사람은 안 어울려! 0749

A 年(とし)が10歳(じゅっさい)も離(はな)れてるんでしょ？

B そう！ 돈을 노린 결혼일지도 몰라! 0787

- 例(れい)の～ 예의 ~, 지난번에 말한 ~ カップル 커플 とうとう 드디어

078 맞선남이 완전 내 스타일일 때

kaiwa 078.mp3

A お見合(みあ)いしたんだって？

B うん、そう。今回(こんかい)の相手(あいて)は 완전 내 스타일이야! 0731

A それはおめでとう！

B なんか見(み)てるだけでも 심쿵이네! 0718

- お見合(みあ)い 맞선 おめでとう 축하해

077

A　그 커플, 드디어 결혼한대.

B　뭔가 あの二人(ふたり)は釣(つ)り合(あ)わない！ 0749

A　나이가 10살이나 차이 나잖아?

B　맞아! お金目当(かねめあ)ての結婚(けっこん)かも！ 0787

078

A　맞선 봤다면서?

B　그래 맞아. 이번 상대는 超(ちょう)タイプ！ 0731

A　그건 축하해.

B　왠지 보는 것만으로도 胸(むね)キュンだよね！ 0718

079 헤어진 연인을 완전히 잊었다고 할 때

kaiwa 079.mp3

A 彼女と別れたんだって？

B うん。결국, 잘 안 됐어! 0791

A 落ち込んでちゃだめだよ。
気持ちを切り替えなくちゃ！

B 本当に好きだった。でも、이제 완전히 잊었으니까. 0798

• 別れる 헤어지다 落ち込む 의기소침하다 気持ちを切り替える 기분을 바꾸다

080 보고 싶어서 못 참겠다고 할 때

kaiwa 080.mp3

A ご機嫌だね。なんかいいことあったの？

B 昨日、彼に 벽치기 당했어! 0730
すごくドキドキしたよ。

A いいなあ。うらやましい！

B また 보고 싶어 죽겠어! 0726

• ご機嫌 아주 기분이 좋은 모양 ドキドキする 두근거리다

079

A　그녀와 헤어졌다면서?

B　응. 結局(けっきょく)、うまくいかなかった！ 0791

A　의기소침해 있으면 안 돼! 기분을 바꿔야지!

B　정말 좋아했었어.
그렇지만, もう吹(ふ)っ切(き)れたから。 0798

080

A　기분 좋아 보이네. 뭔가 좋은 일 있었어?

B　어제 그이에게 壁(かべ)ドンされちゃったの！ 0730
굉장히 두근거렸어.

A　좋겠다! 부러워!

B　또 会(あ)いたくてたまらない！ 0726

Part 9

네이티브가 직장에서 자주 쓰는 표현 100

직장에서 사용하는 표현들 중에서도 활용 빈도가 가장 높고
바로 써먹을 수 있는 표현들만을 엄선하여 모았습니다.
업무, 일 · 방침, 스트레스와 관련된 표현은 물론이고
칭찬, 비난, 아재 개그 등의 무겁지 않은 주제를 가지고
직장 생활에서 활용 가능한 표현들을 배워 보세요.

0801~0805.mp3

0801

急(いそ)がなくてもいい。

急(いそ)ぐ는 '서두르다, 급히 하다'라는 뜻입니다.
～なくてもいい는 '～하지 않아도 된다/괜찮다'라는 뜻이지요.

0802

ざっとでいいから。

ざっと는 '대충, 대강'이라는 뜻입니다.

0803

かなりアバウトだね。

アバウト는 영어 about에서 온 말로, '대강, 대충'이라는 뜻입니다. ざっと와 바꿔 쓸 수 있어요.

0804

いい加減(かげん)な仕事(しごと)はだめだよ。

いい加減(かげん)だ는 '적당히 하다, 대충하다, 무책임하다'라는 뜻으로, ざっと · アバウト와 같은 뜻입니다.

0805

だらだら仕事(しごと)する人(ひと)が多(おお)い！

だらだら는 '빈둥빈둥, 질질, 지루하게'라는 뜻으로, 특별히 하는 일 없이 한가롭게 시간을 보낼 때 씁니다.

0801

급한 일이 아니라고 할 때

서두르지 않아도 돼!

0802

완벽하지 않아도 된다고 할 때

대강 해도 되니까.

0803

일을 대충 처리했을 때

꽤 대충이네.

0804

일을 열심히 안 하고 대충할 때

대충대충 일하면 안 돼!

0805

일에 집중하지 않는다고 할 때

질질 끌며 일하는 사람이 많아!

0806~0810.mp3

0806 □□□

やることがいっぱいあるよ。

いっぱい는 '가득, 많이'라는 뜻으로, たくさん과 바꿔 쓸 수 있어요.

0807 □□□

締(し)め切(き)りに間(ま)に合(あ)うかな。

間(ま)に合(あ)う는 '정해진 시간 내에 늦지 않게 대다'라는 뜻입니다.

전형적인 일본어 표현이라서 일치하는 우리말은 없지만 꼭 알아두세요.

0808 □□□

これじゃ、間(ま)に合(あ)わない!

間(ま)に合(あ)わない는 '시간에 못 맞추다/맞출 수 없다'라는 뜻으로, '늦다'라고 해석해도 좋습니다.

0809 □□□

今日中(きょうじゅう)に終(お)わらせてね。

今日中(きょうじゅう)に는 '오늘 중으로'라는 뜻이고, 終(お)わらせる는 '끝내다'라는 뜻입니다.

0810 □□□

ぎりぎりセーフ!

セーフ는 야구 용어인 safe에서 온 말로, 間(ま)に合(あ)う와 같은 뜻입니다.

따라서 ぎりぎりセーフ는 ギリギリで間(ま)に合(あ)った로 바꿔 쓸 수 있어요.

0806

할 일이 많이 있을 때

할 일이 가득 있어.

0807

마감시간까지 가능한지 확인할 때

마감시간에 맞출 수 있으려나.

0808

이 상태로는 시간에 맞추기 힘들 때

이래서는 시간에 못 맞춰!

0809

일처리 마감시간을 알려 줄 때

오늘 중으로 끝내 줘!

0810

정해진 시간에 맞추었을 때

아슬아슬하게 성공!

0811~0815.mp3

0811

また残業(ざんぎょう)かよ！

残業(ざんぎょう)는 '잔업'이 아니라 '야근'이라고 해석해야 합니다.
일본어로 '야근'은 夜勤(やきん)이라고 하며 '야간근무'라는 뜻이므로 주의하세요.

0812

毎日(まいにち)残業(ざんぎょう)で、うんざり！

うんざり는 '지긋지긋하다, 진절머리가 나다'라는 뜻으로, 이 말에는 짜증이 섞인 불만이 들어있어요.

0813

身(み)も心(こころ)もくたくただよ。

くたくただ는 기진맥진한 상태를 나타내는 말로 '녹초'라고 해석합니다.
もうくたくただよ(완전히 녹초야)도 자주 쓰는 표현이므로 함께 알아두세요.

0814

残業(ざんぎょう)続(つづ)きの毎日(まいにち)なの。

残業続(ざんぎょうつづ)き는 '야근의 연속'이라는 뜻으로, 残業(ざんぎょう)が続(つづ)く(야근이 계속되다)의 명사형입니다.

0815

今日(きょう)は夜勤(やきん)明(あ)け！

명사 뒤에 쓴 ～明(あ)け는 '～가 끝남/끝나는 날'이라는 뜻입니다.
休(やす)み明(あ)け(휴가가 끝남/끝나는 날)도 자주 쓰는 표현이므로 함께 알아두세요.

0811

□ □ □

또 야근하게 되었을 때

또 야근이군!

0812

□ □ □

계속되는 야근이 싫다고 할 때

매일 야근이라서 지긋지긋해!

0813

□ □ □

너무 힘들어서 기진맥진했을 때

몸도 마음도 녹초야.

0814

□ □ □

매일 야근을 하는 상황일 때

야근이 계속되는 매일이야.

0815

□ □ □

야간근무가 끝나는 날일 때

오늘은 야간근무가 끝나!

0816

ストレスが溜(た)まってるの。

溜(た)まる는 '쌓이다'라는 뜻으로, 仕事(しごと)が溜(た)まってる(일이 쌓여 있다)도 함께 알아두세요.

0817

ストレスだらけだよ。

명사 뒤에 쓰는 ~だらけ는 '~투성이'라는 뜻으로, 좋지 않은 것의 양이 많을 때 쓰는 말입니다.
間違(まちが)いだらけ(실수 투성이)도 자주 쓰는 말이므로 함께 알아두세요.

0818

肩(かた)凝(こ)りがひどい!

肩(かた)凝(こ)り는 '어깨 뭉침, 어깨 결림'이라는 뜻으로 肩(かた)が凝(こ)る(어깨가 결리다/뭉치다)의 명사형입니다.

0819

だいぶ凝(こ)ってるね。

だいぶ는 '꽤, 매우, 상당히'라는 뜻입니다.
肩(かた)が凝(こ)った(어깨가 뭉쳤어!)도 자주 쓰므로 함께 알아두세요.

0820

なかなか疲(つか)れが取(と)れない!

疲(つか)れが取(と)れる는 '피로가 풀리다'라는 뜻으로, 疲(つか)れを取(と)る(피로를 풀다)도 함께 알아두세요.
なかなか는 뒤에 부정형과 함께 쓰면 '좀처럼 ~하지 않다'라고 해석하지요.

0816

스트레스가 너무 많을 때

스트레스가 쌓여 있어.

0817

스트레스가 넘칠 만큼 많을 때

스트레스 투성이야.

0818

어깨 결림이 심할 때

어깨 뭉침이 심해!

0819

어깨가 많이 뭉쳐 있을 때

꽤 어깨가 뭉쳐 있네.

0820

쌓인 피로가 풀리지 않을 때

좀처럼 피로가 안 풀려!

0821~0825.mp3

0821

テキパキ働(はたら)いてるよ。

テキパキ働(はたら)くは '일을 막힘없이 척척 잘 해내다'라는 뜻입니다.

0822

張(は)り切(き)って頑張(がんば)ってね。

張(は)り切(き)るは '가슴을 활짝 펴고 의욕에 넘쳐 있다'라는 뜻으로, '의욕적으로 열심히'라고 해석합니다.
頑張(がんば)るは '힘내다, 노력하다, 분발하다, 열심히 하다'라는 뜻이지요.

0823

もっとやる気(き)を出(だ)して!

やる気(き)는 '하려는 마음, 의욕'이라는 뜻으로, やる気(き)を出(だ)す는 '의욕을 내다'라는 뜻입니다.
やる気(き)がある/ない(할 마음이 있다/없다)도 자주 쓰는 표현이므로 함께 알아두세요.

0824

仕事熱心(しごとねっしん)だな。

일본어 熱心(ねっしん)(열심)은 '맡은 일을 열정적인 마음으로 몰입하여 해내다'라는 뜻입니다.
우리말의 '열심히'에 해당하는 말은 一生懸命(いっしょうけんめい)로, 주로 공부할 때 많이 씁니다.

0825

それも仕事(しごと)のうちだから。

~のうちだ는 '~에 포함되다'라는 뜻의 표현입니다.
앞에 오는 말로 それ(그것) 대신에 飲(の)み会(かい)(회식)를 넣어서 쓰는 경우도 많아요.

0821

막힘없이 일을 해내고 있다고 할 때

척척 일을 잘 해내고 있어.

0822

열심히 일해 달라고 부탁할 때

의욕적으로 열심히 해 줘!

0823

일할 때 의욕을 가지라고 할 때

좀 더 의욕을 내 줘!

0824

일을 열정적으로 할 때

일에 푹 빠져 있군.

0825

업무와 관련 없는 것도 중요하다고 할 때

그것도 일에 포함되니까.

네이티브들이 매일 쓰는 이 일본어, 무슨 뜻일까요?

0826~0830.mp3

0826

サボってるんじゃないよ。

サボる는 '빈둥거리다, 빼먹다, 농땡이 부리다'라는 뜻으로, 해야 할 것을 안 하고 빈둥거릴 때 씁니다.
授業(じゅぎょう)をサボる(수업을 빼먹다)라는 표현도 함께 알아두세요.

0827

しっかり仕事(しごと)しなさい！

しっかり는 '똑바로, 제대로, 확실히'라는 뜻으로, 정신을 차리고 해야 할 것에 전념하라는 뉘앙스입니다.

0828

ばりばり働(はたら)けよ！

ばりばり働(はたら)く는 '열심히 일하다'라는 뜻입니다.
しっかり働(はたら)けよ！(똑바로 일해!)도 자주 쓰는 표현입니다.

0829

仕事(しごと)をなめるなよ。

なめる는 '쉽게 보다, 무시하다, 얕보다, 깔보다'라는 뜻입니다.
なめないでよ。라고 하면 여자가 써도 무난한 표현이 됩니다.

0830

仕事(しごと)を甘(あま)く見(み)ちゃだめ！

甘(あま)く見(み)る는 '쉽게 보다/생각하다, 낙관하다'라고 해석하면 자연스럽습니다.
～ちゃだめ다는 '～해서는 안 된다'라는 뜻으로, ～てはいけない의 회화체 표현이지요.

0826 □□□

일은 안 하고 빈둥거린다고 할 때

그만 좀 빈둥거리지!

0827 □□□

일에 전념하라고 할 때

똑바로 일 좀 해라!

0828 □□□

열심히 일하라고 명령할 때

열심히 일해!

0829 □□□

일을 얕본다고 할 때

일을 쉽게 보지 마!

0830 □□□

일을 만만하게 생각하지 말라고 할 때

일을 만만하게 봐서는 안 돼!

0831~0835.mp3

0831

□ □ □

仕事が雑だな。

雑だは '조잡하다, 엉성하다, 거칠다'라는 뜻으로, 일처리가 꼼꼼하지 못할 때 씁니다.

0832

□ □ □

この仕事には向いてない!

向くは '어울리다, 적합하다'라는 뜻으로, 보통 向いてる 또는 向いてない의 형태로 씁니다.

0833

□ □ □

君は首だ!

여기에서 首(목)는 '해고'라는 뜻입니다. 首にする(해고하다)와 首になる(해고당하다)도 자주 쓰므로 함께 알아두세요.

0834

□ □ □

私語は慎んでください。

私語(사어)는 공적인 자리에서 몰래 하는 사적인 이야기를 뜻하는 '잡담'이라고 해석하면 됩니다.
慎むは '삼가다'라는 뜻의 정중한 금지 표현입니다.

0835

□ □ □

がむしゃらに働いてきたよ。

がむしゃらには '무턱대고, 덮어놓고'라는 뜻으로, 한 가지에만 몰두했다는 뉘앙스입니다.

0831

업무를 꼼꼼하게 처리하지 못할 때

일처리가 엉성하군.

0832

업무가 적합하지 않다고 할 때

이 일에는 어울리지 않아!

0833

회사를 그만두라고 할 때

자네는 해고야!

0834

업무시간에 개인적인 이야기를 할 때

잡담은 삼가 주세요.

0835

무조건 열심히 일만 했다고 할 때

오직 일에만 매달려 왔어.

0836~0840.mp3

0836

気(き)が利(き)くね。

気(き)が利(き)く는 '눈치가 빠르다, 센스가 있다'라는 뜻으로, 칭찬할 때 많이 쓰는 표현입니다.
상대방한테 생각지도 못한 도움을 받게 된 경우에도 쓸 수 있어요.

0837

いつも頼(たの)もしい!

頼(たの)もしい는 '믿음직하다, 의지되다, 기댈 만하다' 등 다양한 뜻으로 쓰는 말입니다.
頼(たの)もしい部下(ぶか)(믿음직한 부하)는 상사에게 큰 선물이지요.

0838

気配(きくば)りがいいね。

気配(きくば)り는 '배려, 마음 씀씀이'라는 뜻입니다.
함께 쓰는 말로 いい(좋다) 대신에 ある(있다)를 써도 됩니다.

0839

やるじゃない!

'하다'라는 뜻의 やる를 칭찬할 때 쓰면 '대단하다'라는 뜻으로 해석합니다.
なかなかやるね(꽤 대단하네!)도 자주 쓰므로 함께 알아두세요.

0840

なかなかのやり手(て)だな。

やり手(て)는 '수완가'라는 뜻으로, 일을 능숙하게 잘 처리하는 사람을 가리키는 말입니다.

0836

눈치가 있다고 칭찬할 때

눈치가 빠르네!

0837

믿음직스럽다고 칭찬할 때

항상 믿음직해!

0838

상대방을 먼저 챙기는 사람일 때

마음 씀씀이가 좋네.

0839

업무 처리를 잘했다고 칭찬할 때

대단하잖아!

0840

척척 일처리를 해내어 칭찬할 때

상당한 수완가군.

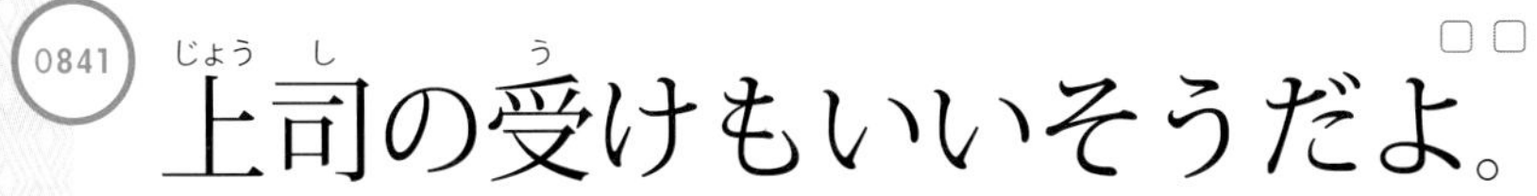

0841~0845.mp3

0841 □□□

上司(じょうし)の受(う)けもいいそうだよ。

受(う)けがいい는 '인기가 있다, 평판이 좋다'라는 뜻입니다.
上司(じょうし)に好(す)かれている(상사에게 호감을 사고 있다)라는 표현을 써도 좋아요.

0842 □□□

仕事(しごと)ぶりがとてもいい！

仕事(しごと)ぶり는 '일하는 모습'이라는 뜻으로, 仕事(しごと)っぷり라고도 하므로 함께 알아두세요.

0843 □□□

飲(の)み込(こ)みが早(はや)いね。

飲(の)み込(こ)み는 '이해하고 납득하는 것'이라는 뜻이고, 早(はや)い는 速(はや)い와 바꿔 쓸 수 있어요.
이해가 느린 경우에는 遅(おそ)い(느리다)를 씁니다.

0844 □□□

物覚(ものおぼ)えが早(はや)いよね。

物覚(ものおぼ)え는 '기억력'이라는 뜻인데, 여기에서는 '업무 파악 능력'이라고 해석합니다.
物覚(ものおぼ)えがいい(기억력이 좋아!)도 자주 쓰므로 함께 알아두세요.

0845 □□□

本当(ほんとう)に律儀(りちぎ)な人(ひと)だな。

律儀(りちぎ)だ는 '의리가 있다, 성실하고 정직하다'라는 뜻으로, 상대방을 칭찬할 때 자주 쓰는 말입니다.

0841

상사의 평판이 좋다고 할 때

상사에게도 평판이 좋대.

0842

일하는 모습이 멋지다고 칭찬할 때

일하는 모습이 매우 좋아!

0843

이해력이 좋다고 할 때

이해가 빠르네.

0844

업무 습득력이 좋다고 할 때

업무 파악이 빠르네.

0845

성실하고 의리 있다고 할 때

정말 의리 있는 사람이군.

0846~0850.mp3

0846

几帳面な人だね。

几帳面だ는 '착실하고 꼼꼼하다'라는 뜻으로, 반듯하고 빈틈없이 일을 잘한다고 할 때 쓰는 말입니다.

0847

少しも抜け目がない!

抜ける(빠지다)에서 온 말인 抜け目는 '빈틈'이라고 해석합니다.
보통 抜け目がない(빈틈이 없다)의 형태로 많이 씁니다.

0848

彼女は世話好きなの。

世話好き는 '남을 잘 돌봐 주는 사람'이라는 뜻입니다.
'매우 친절한 사람'이라고 해석하면 자연스러워요.

0849

情にもろい優しい人だよ。

もろい는 '마음이 여리다, 깨지기 쉽다'라는 뜻입니다.
涙もろい(눈물에 약하다, 눈물을 잘 흘리다)도 자주 쓰므로 함께 알아두세요.

0850

大船に乗った気持ち!

大船に乗った気持ち는 직역하면 '큰 배에 탄 기분/마음'이라는 뜻인데,
믿을 수 있는 사람에게 맡겨서 안심되고 든든하다는 뉘앙스입니다.

0846

일처리가 꼼꼼한 사람일 때

꼼꼼한 사람이네.

0847

허술한 점이 없다고 할 때

조금도 빈틈이 없어!

0848

남을 잘 돌봐주는 사람일 때

그녀는 무척 친절해.

0849

거절을 잘 못하는 사람일 때

정에 약한 착한 사람이야.

0850

안심이 될 정도로 든든할 때

마음이 든든해!

망각방지 장치 1

하루만 지나도 학습한 내용의 50%는 잊어버립니다. 여러분은 몇 퍼센트나 잊어버렸을까요? 5분 안에 25개를 말해 보세요.

			○	×	복습
01	대강 해도 되니까.	でいいから。	☐	☐	0802
02	꽤 대충이네.	かなり　　　　だね。	☐	☐	0803
03	질질 끌며 일하는 사람이 많아!	仕事する人が多い!	☐	☐	0805
04	할 일이 가득 있어.	やることが　　　　あるよ。	☐	☐	0806
05	이래서는 시간에 못 맞춰!	これじゃ、　　　　!	☐	☐	0808
06	아슬아슬하게 성공!	セーフ!	☐	☐	0810
07	또 야근이군!	また　　　　かよ!	☐	☐	0811
08	매일 야근이라서 지긋지긋해!	毎日残業で、　　　　!	☐	☐	0812
09	몸도 마음도 녹초야.	身も心も　　　　だよ。	☐	☐	0813
10	스트레스 투성이야.	ストレス　　　　だよ。	☐	☐	0817
11	좀처럼 피로가 안 풀려!	なかなか疲れが　　　　!	☐	☐	0820
12	척척 일을 잘 해내고 있어.	働いてるよ。	☐	☐	0821
13	좀 더 의욕을 내 줘!	もっと　　　　を出して!	☐	☐	0823

정답 01 ざっと 02 アバウト 03 だらだら 04 いっぱい 05 間に合わない 06 ぎりぎり 07 残業 08 うんざり 09 くたくた 10 だらけ 11 取れない 12 テキパキ 13 やる気

			○	×	복습
14	그것도 일에 포함되니까.	それも仕事(しごと)の　　　　だから。	☐	☐	0825
15	열심히 일해!	働(はたら)けよ!	☐	☐	0828
16	일을 쉽게 보지 마!	仕事(しごと)を　　　　なよ。	☐	☐	0829
17	오직 일에만 매달려 왔어.	に働(はたら)いてきたよ。	☐	☐	0835
18	눈치가 빠르네!	気(き)が　　　　ね。	☐	☐	0836
19	대단하잖아!	じゃない!	☐	☐	0839
20	상당한 수완가군.	なかなかの　　　　だな。	☐	☐	0840
21	상사에게도 평판이 좋대.	上司(じょうし)の　　　　もいいそうだよ。	☐	☐	0841
22	이해가 빠르네.	が早(はや)いね。	☐	☐	0843
23	조금도 빈틈이 없어!	少(すこ)しも　　　　がない!	☐	☐	0847
24	정에 약한 착한 사람이야.	情(じょう)に　　　　優(やさ)しい人(ひと)だよ。	☐	☐	0849
25	마음이 든든해!	に乗(の)った気持(きも)ち!	☐	☐	0850

맞은 개수: 25개 중 ______ 개

당신은 그동안 ______%를 잊어버렸습니다.
틀린 문장들은 다시 한번 보고 넘어가세요.

정답 14 うち 15 ばりばり 16 なめる 17 がむしゃら 18 利(き)く 19 やる 20 やり手(て) 21 受(う)け 22 飲(の)み込(こ)み 23 抜(ぬ)け目(め) 24 もろい 25 大船(おおぶね)

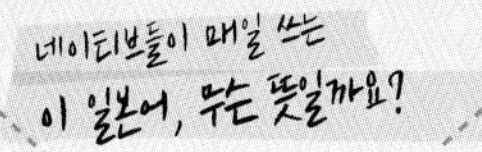

0851~0855.mp3

0851 □□□

自己中(じこちゅう)だね。

自己中(じこちゅう)だ는 自己中心的(じこちゅうしんてき)だ(자기중심적이다)의 준말입니다.

자기 생각만 하는 이기주의적이고 비협조적인 사람에게 쓰는 말이지요.

0852 □□□

気(き)が利(き)かないんだから！

気(き)が利(き)かない는 '눈치가 없다, 센스가 없다'라는 뜻입니다.

0853 □□□

デリカシーがない！

デリカシー는 영어 delicacy에서 온 말로, '세심함, 배려, 마음 씀씀이'라고 해석하면 됩니다.

0854 □□□

気遣(きづか)いが足(た)りないよ。

気遣(きづか)い는 '마음 씀씀이, 배려'라는 뜻으로, 配慮(はいりょ) 또는 気配(きくば)り로 바꿔 쓸 수 있습니다.

0855 □□□

本当(ほんとう)に無神経(むしんけい)な人(ひと)だよ。

無神経(むしんけい)だ는 '무신경하다'라는 뜻으로, 無頓着(むとんじゃく)だ로 바꿔 써도 됩니다.

0851

이기주의적인 사람일 때

자기중심적이네.

0852

센스가 없다고 할 때

눈치가 없다니까!

0853

섬세함이 없다고 할 때

세심한 배려가 없어!

0854

배려가 부족하다고 할 때

배려심이 부족해.

0855

무신경한 성격의 사람일 때

정말로 무신경한 사람이야.

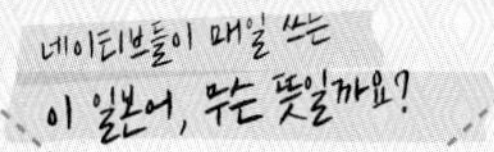

0856~0860.mp3

0856 □□□

思(おも)いやりがないよね。

思(おも)いやりは '(상대방을 생각하는) 배려, 동정심'이라는 뜻으로, 동사 思(おも)いやる의 명사형입니다.

0857 □□□

チームワークを乱(みだ)す人(ひと)だな。

乱(みだ)すは '어지럽히다, 흩트리다, 부수다, 해치다, 깨다' 등 다양한 뜻을 가진 말입니다.

0858 □□□

まったくとろいんだから！

とろいは '멍청하다'라는 뜻으로, 업무 처리 속도가 느려서 답답할 때 쓰는 말입니다.

0859 □□□

自分勝手(じぶんかって)な人(ひと)なの。

自分勝手(じぶんかって)だは '제멋대로 하다'라는 뜻으로, 勝手(かって)だ(마음대로 하다)를 강조한 말입니다.

0860 □□□

使(つか)えない部下(ぶか)だね。

使(つか)えないは '무능하다, 써먹을 수 없다'라는 뜻입니다.
使(つか)える(쓸 만하다, 쓸 수 있다)의 부정형이지요.

0856

자기중심적인 사람일 때

배려가 없네.

0857

팀의 분위기를 해치는 사람일 때

팀워크를 해치는 사람이군.

0858

업무 처리를 잘 못하여 답답할 때

정말 멍청하다니까!

0859

자기 마음대로 일을 처리할 때

제멋대로 하는 사람이야.

0860

능력이 부족한 부하일 때

도움이 안 되는 부하네.

0861

実に独り善がりだな。

独り善がり는 '독선, 독선적인 사람'이라는 뜻입니다.

자신의 잘못을 인정하지 않고 자기만 옳다고 고집부리는 사람에게 쓰는 말입니다.

0862

ケアレスミスが多い！

ケアレスミス는 영어 careless mistake의 준말로, '부주의로 인한 실수'라는 뜻입니다.

うっかりミス라고도 하므로 함께 알아두세요.

0863

態度がでかいね。

態度がでかい는 직역하면 '태도가 크다'라는 뜻인데,

'건방지다, 거만하다, 거들먹거리다'라고 해석해야 자연스러워요.

0864

雰囲気をぶち壊さないで！

ぶち壊す는 壊す(부수다, 깨다)를 강조한 말입니다.

～ないで(～하지 마)는 ～ないでください(～하지 말아요)의 회화체 생략형이지요.

0865

空気が読めない人だよ。

空気を読む(공기를 읽다)는 '분위기 파악을 하다'라고 해석해야 자연스러워요.

강하게 말하려면 空気を読めよ(분위기 파악 좀 해!)라고 합니다.

0861

독선적인 행동을 할 때

정말 독선적이군.

0862

경솔한 실수가 많을 때

부주의로 인한 실수가 많아!

0863

태도가 거만하고 건방질 때

태도가 건방지네.

0864

즐거운 분위기를 망친다고 할 때

분위기 깨지 마!

0865

눈치 없는 행동을 할 때

분위기 파악을 못하는 사람이야.

0866

口(くち)がうまいね。

口(くち)がうまい는 '말솜씨가 좋다'라는 뜻으로, 빈말이나 아부, 아첨 등을 잘하는 사람에게 씁니다.

0867

お世辞(せじ)でも嬉(うれ)しい!

お世辞(せじ)는 '겉치레 말, 발린 말, 아첨, 아부'라는 뜻으로, '빈말'이라고 해석해야 자연스러워요.

0868

煽(おだ)てても何(なに)も出(で)ないよ。

煽(おだ)てる는 '치켜세우다'라는 뜻입니다.
비슷한 표현에는 お世辞(せじ)を言(い)う(아첨하다), 褒(ほ)める(칭찬하다) 등이 있습니다.

0869

またまた!うまいんだから!

またまた(또 또!)는 아부를 잘하는 사람에게 또 아부한다고 비난할 때 쓰는 말입니다.

0870

媚(こ)びることない!

媚(こ)びる는 '아양 떨다, 알랑거리다, 아부하다'라는 뜻으로, 주로 여자들이 많이 쓰는 말입니다.

0866

듣기 좋은 말을 잘한다고 할 때

말 주변이 좋네.

0867

아부라는 것을 알면서도 싫지 않을 때

빈말이라도 기뻐!

0868

아부해 봐야 소용없다고 할 때

치켜세워도 아무것도 안 나와.

0869

또 아부하려는 사람을 비난할 때

또 그러네! 정말 말 잘한다니까!

0870

아부할 필요가 없다고 할 때

아양 떨 필요 없어!

0871

□□□

ごまをするな。

ごまをするは 직역하면 '참깨를 갈다'라는 뜻인데, '아부 떨다, 아부하다, 아첨하다'라고 해석합니다.
참깨를 갈 때 절구에 깨가 이리저리 들어 붙는 모습에서 유래되었어요.

0872

□□□

ごますりが上手(じょうず)だよ。

ごまするは ごまをする(아부하다)의 명사형으로, '아부, 아첨' 또는 '아첨꾼'이라는 뜻입니다.

0873

□□□

それは社交辞令(しゃこうじれい)なのよ。

社交辞令(しゃこうじれい)(사교사령)은 사교상의 칭찬 멘트를 뜻하는 말로,
'빈말, 아첨, 입에 발린 말, 립서비스' 등으로 해석해야 자연스러워요.

0874

□□□

上司(じょうし)の前(まえ)ではペコペコだね。

ペコペコ는 비굴하게 머리를 조아리는 모양을 나타내는 말로, '굽신굽신, 굽신거리다'라는 뜻입니다.

0875

□□□

上司(じょうし)の顔色(かおいろ)を伺(うかが)ってるよ。

顔色(かおいろ)を伺(うかが)う는 '안색을 살피다'라는 뜻인데, '눈치를 보다'라고 해석합니다.
참고로 伺(うかが)う는 '찾아뵙다'라는 뜻으로도 쓰므로 함께 알아두세요.

0871

아부하지 말라고 할 때

아부 떨지 마!

0872

아부를 잘하는 사람에게

아부를 잘하네.

0873

입에 발린 말이라고 알려줄 때

그건 인사치레야.

0874

직장 상사 앞에서 굽신거릴 때

상사 앞에서는 굽신거리네.

0875

상사를 유난히 신경쓸 때

상사의 눈치를 보고 있어.

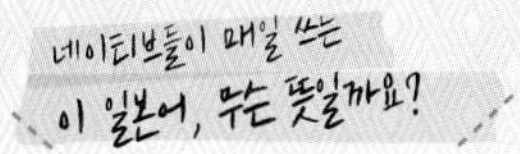

0876

寒(さむ)いよ!

寒(さむ)いは 원래 '날씨가 춥다'라는 뜻인데, '분위기가 썰렁하다'라는 뜻으로도 씁니다.

0877

白(しら)けるよ!

白(しら)けるは '흥이 깨져서 어색한 분위기가 되다'라는 뜻으로, 座(ざ)が白(しら)けるから 온 말입니다.

0878

ダジャレが好(す)きなの。

ダジャレ의 원래 뜻은 '서투른 익살'이지만, '썰렁 개그'라고 해석해야 자연스러워요.
한자로 표기하면 駄洒落(だじゃれ)가 됩니다.

0879

おやじギャグだよ。

おやじギャグ는 '썰렁한 농담, 아재 개그'라는 뜻으로, ダジャレ(썰렁 개그)와 비슷한 말이지요.
おやじ는 '아저씨, 가게 주인, 아버지' 등 다양한 뜻이 있습니다.

0880

超(ちょう)ウケる!

이 표현에서 ウケる(받다)는 '(개그, 농담 등이) 웃기다'라는 뜻입니다.
めっちゃ面白(おもしろ)い!(무지 재미있어!)도 같은 뜻이므로 함께 알아두세요.

0876

재미없는 이야기를 들었을 때

썰렁해!

0877

분위기가 깨진다고 할 때

분위기 깨지네!

0878

썰렁한 개그를 좋아한다고 할 때

썰렁한 개그를 좋아해.

0879

재미없는 말장난이라고 할 때

아재 개그야.

0880

엄청 웃긴다고 할 때

완전 웃겨!

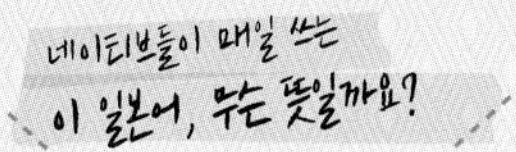

0881~0885.mp3

0881

精一杯(せいいっぱい)、頑張(がんば)ります。

精一杯(せいいっぱい)는 '힘껏, 열심히'라는 뜻으로, 一生懸命(いっしょうけんめい)와 같은 뜻입니다.

0882

なんの取(と)り柄(え)もないです。

取(と)り柄(え)는 '내세울 장점, 매력'이라는 뜻입니다.
なんの取(と)り柄(え)もないですが、頑張(がんば)ります와 같이 겸손하게 자기 소개를 할 때도 씁니다.

0883

週休二日制(しゅうきゅうふつかせい)です。

이 표현은 한 주에 이틀(토요일, 일요일)을 쉬는 제도를 뜻합니다.
二日(ふつか)는 '2일'과 '이틀'의 두 가지 뜻으로 쓰입니다.

0884

ほぼ定時上(ていじあ)がりです。

定時上(ていじあ)がり는 '정시 퇴근, 칼퇴근'이라는 뜻입니다.
定時(ていじ)で上(あ)がる(정시에 퇴근하다, 칼퇴근하다)의 명사형이지요.

0885

有休(ゆうきゅう)を取(と)りたいんですが。

有休(ゆうきゅう)는 有給休暇(ゆうきゅうきゅうか)(유급휴가)의 준말로, 보통 有休(ゆうきゅう)의 형태로 씁니다.
우리말로는 '월차, 연차'라고 해석해야 자연스러워요.

0881

온 힘을 다해 열심히 하겠다고 할 때

힘껏 열심히 하겠습니다.

0882

내세울 장점이 없다고 할 때

아무런 장점도 없습니다.

0883

주말은 쉰다고 할 때

주 5일 근무제입니다.

0884

정시에 퇴근한다고 할 때

거의 칼퇴근입니다.

0885

월차를 신청하려고 할 때

월차를 내고 싶습니다만.

0886~0890.mp3

0886

夏休(なつやす)みが楽(たの)しみだよ。

夏休(なつやす)み는 '여름 방학, 여름 휴가'라는 뜻이고, 楽(たの)しみ는 '기다림, 기대, 낙'이라는 뜻입니다.

0887

よんどころない事情(じじょう)で。

よんどころない는 '부득이하다, 어쩔 수 없다'라는 뜻입니다.
뒤에 오는 문장에는 함께 하지 못한다는 부정적인 내용이 옵니다.

0888

直帰(ちょっき)してもいいですか。

直帰(ちょっき)는 사무실로 복귀하지 않고 외부에서 퇴근하는 '현지 퇴근'이라는 뜻입니다.

0889

差(さ)し入(い)れです。どうぞ!

差(さ)し入(い)れ는 일하는 사람을 격려하기 위한 먹을 것인 '간식' 정도로 해석하면 됩니다.

0890

仕事柄(しごとがら)、よく知(し)ってるよ。

仕事柄(しごとがら)는 '업무 성격상, 업무 특성상, 직업상, 업무상' 등의 다양한 뜻을 가진 말입니다.

0886

여름휴가를 기대하고 있을 때

여름휴가가 기대돼!

0887

어쩔 수 없는 사정이 있을 때

부득이한 사정 때문에.

0888

현지퇴근 허가를 요청할 때

현지퇴근해도 됩니까?

0889

간식을 준비하여 건넬 때

간식입니다. 드세요!

0890

업무 관계로 잘 알고 있다고 할 때

업무 관계로 잘 알고 있어.

0891 □□□

ワンマン社長(しゃちょう)にうんざり!

ワンマン(one-man)은 '독재, 독재자'라는 뜻입니다.
うんざりだ는 '지긋지긋하다, 질리다'라는 뜻입니다.

0892 □□□

今日(きょう)、飲(の)み会(かい)があるの。

飲(の)み会(かい)는 '술 모임, 술자리'라는 뜻으로, '회식'이라고 해석해야 자연스러워요.

0893 □□□

最初(さいしょ)が肝心(かんじん)だからね。

肝心(かんじん)だ는 '특히 중요하다'라는 뜻입니다.
'중요하다'라는 뜻인 重要(じゅうよう)だ · 大切(たいせつ)だ · 大事(だいじ)だ보다 뉘앙스가 더 강한 말입니다.

0894 □□□

天下(あまくだ)りだそうよ。

天下(あまくだ)り는 관청이나 상관 등으로부터의 강압적인 명령에 의한 '낙하산'이라는 뜻입니다.

0895 □□□

コネ入社(にゅうしゃ)だって。

コネ는 '연줄, 인맥'이라는 뜻으로, コネクション(connection)의 준말입니다.
コネで入社(にゅうしゃ)した(연줄로/낙하산으로 입사했다)라고도 쓰므로 함께 알아두세요.

0891

독재 사장이 너무 싫을 때

독재 사장에게 질렸어!

0892

퇴근 후에 술 모임이 있을 때

오늘, 회식이 있어.

0893

무엇이든지 처음이 중요하다고 할 때

처음이 특히 중요해!

0894

인맥을 통해 입사했다고 전할 때

낙하산이래.

0895

인맥으로 입사한 사실을 전달할 때

연줄로 입사했대.

0896~0900.mp3

0896

□□□

いよいよ花金(はなきん)だね。

직장인들이 가장 기다리는 한 주의 마지막 근무일인 금요일을 가리키는 말인 '불금'을 일본어로 花の金曜日(はなのきんようび)(꽃의 금요일)라고 합니다. 줄여서 花金(はなきん)이라고 하지요.

0897

□□□

セクハラだと思(おも)うよ。

セクハラ는 '성희롱'이라는 뜻으로, 영어 sexual harassment에서 온 말입니다.

0898

□□□

パワハラがひどいよね。

パワハラ는 セクハラ(성희롱)를 응용한 말로, 영어 power harassment에서 온 말입니다. 직장 내의 힘 있는 상사가 부하를 괴롭히는 '갑질'이라고 해석하면 됩니다.

0899

□□□

今夜(こんや)は無礼講(ぶれいこう)だから。

無礼講(ぶれいこう)는 회식이나 모임 등에서 서로 직위나 나이를 무시하고 정해진 시간 동안만 반말로 대화하는 것을 뜻하는 말로, '야자타임'이라고 해석하면 자연스러워요.

0900

□□□

リストラされちゃった!

リストラ는 영어 restructuring에서 온 말로, '명예 퇴직, 정리 해고'라는 뜻입니다.

0896

놀기 좋은 평일 마지막 날일 때

드디어 불금이네.

0897

성희롱이라고 주의를 줄 때

성희롱이라고 생각해.

0898

직장 내 괴롭힘이 심할 때

갑질이 심하네.

0899

회식 자리니까 모두 반말 대화를 하자고 할 때

오늘밤은 야자타임이니까.

0900

정리해고를 당했을 때

정리해고되고 말았어!

망각방지 장치 1

하루만 지나도 학습한 내용의 50%는 잊어버립니다. 여러분은 몇 퍼센트나 잊어버렸을까요? 5분 안에 25개를 말해 보세요.

			O	X	복습
01	자기중심적이네.	だね。	☐	☐	0851
02	세심한 배려가 없어!	がない!	☐	☐	0853
03	팀워크를 해치는 사람이군.	チームワークを　人(ひと)だな!	☐	☐	0857
04	정말 멍청하다니까!	まったく　んだから!	☐	☐	0858
05	도움이 안 되는 부하네.	部下(ぶか)だね。	☐	☐	0860
06	태도가 건방지네.	態度(たいど)が　ね。	☐	☐	0863
07	분위기 파악을 못하는 사람이야.	空気(くうき)が　人(ひと)だよ。	☐	☐	0865
08	말 주변이 좋네.	口(くち)が　ね。	☐	☐	0866
09	빈말이라도 기뻐!	お　でも嬉(うれ)しい!	☐	☐	0867
10	또 그러네! 정말 말 잘한다니까!	! うまいんだから!	☐	☐	0869
11	아부를 잘하네.	が上手(じょうず)だよ。	☐	☐	0872
12	상사 앞에서는 굽신거리네.	上司(じょうし)の前(まえ)では　だね。	☐	☐	0874
13	분위기 깨지네!	よ!	☐	☐	0877

정답 01 自己中(じこちゅう) 02 デリカシー 03 乱(みだ)す 04 とろい 05 使(つか)えない 06 でかい 07 読(よ)めない 08 うまい 09 世辞(せじ) 10 またまた 11 ごますり 12 ペコペコ 13 白(しら)ける

			O	X	복습
14	썰렁한 개그를 좋아해.	____が好(す)きなの。	☐	☐	0878
15	완전 웃겨!	超(ちょう)____!	☐	☐	0880
16	힘껏 열심히 하겠습니다.	____、頑張(がんば)ります。	☐	☐	0881
17	아무런 장점도 없습니다.	なんの____もないです。	☐	☐	0882
18	부득이한 사정 때문에.	____ない事情(じじょう)で。	☐	☐	0887
19	간식입니다. 드세요!	____です。どうぞ!	☐	☐	0889
20	업무 관계로 잘 알고 있어.	____、よく知(し)ってるよ。	☐	☐	0890
21	오늘, 회식이 있어.	今日(きょう)、____があるの。	☐	☐	0892
22	처음이 특히 중요해!	最初(さいしょ)が____だからね。	☐	☐	0893
23	연줄로 입사했대.	____入社(にゅうしゃ)だって。	☐	☐	0895
24	드디어 불금이네.	いよいよ____だね。	☐	☐	0896
25	갑질이 심하네.	____がひどいよね。	☐	☐	0898

맞은 개수: 25개 중 ______ 개

당신은 그동안 ______%를 잊어버렸습니다.
틀린 문장들은 다시 한번 보고 넘어가세요.

정답 14 ダジャレ 15 ウケる 16 精一杯(せいいっぱい) 17 取(と)り柄(え) 18 よんどころ 19 差(さ)し入(い)れ 20 仕事柄(しごとがら) 21 飲(の)み会(かい) 22 肝心(かんじん) 23 コネ 24 花金(はなきん) 25 パワハラ

망각방지 장치 2

일주일이 지나면 학습한 내용의 70%를 잊어버립니다. 여러분은 몇 퍼센트나 기억하고 있을까요? 대화문으로 확인해 보세요.

081 일 처리를 대충 한다고 꾸짖을 때

kaiwa 081.mp3

A　でき上(あ)がったんですけど。

B　なんか 꽤 대충이네. 0803

A　すみません。急(いそ)いでたもんですので。

B　これじゃ、使(つか)いものにならないよ。
やり直(なお)して、오늘 중으로 끝내 줘! 0809

- でき上(あ)がる 다 되다, 완성하다　急(いそ)ぐ 서두르다　やり直(なお)す 다시 하다

082 회식도 업무라고 알려줄 때

kaiwa 082.mp3

A　なんか嫌(いや)なことでもあった？

B　実(じつ)は 오늘, 회식이 있어. 0892

A　仕方(しかた)ないだろう。그것도 일에 포함되니까. 0825

B　でも、今日(きょう)は大事(だいじ)な約束(やくそく)があるのよ。

- 仕方(しかた)ない 어쩔 수 없다　大事(だいじ)だ 중요하다

081

A 다 되었는데요.

B 왠지 かなりアバウトだね。 0803

A 죄송합니다. 서둘렀었기 때문에요.

B 이래서는 써먹을 수 없어.
다시 해서 今日中(きょうじゅう)に終(お)わらせてね。 0809

082

A 뭔가 안 좋은 일이라도 있었어?

B 실은 今日(きょう)、飲(の)み会(かい)があるの。 0892

A 어쩔 수 없잖아. それも仕事(しごと)のうちだから。 0825

B 하지만, 오늘은 중요한 약속이 있어.

083 일을 잘해서 믿음직하다고 할 때

kaiwa 083.mp3

A 企画書(きかくしょ)、できました。

B 대단하잖아! 0839 さすが仕事(しごと)ができるね。

A 企画実現(きかくじつげん)に向(む)けて頑張(がんば)ります。

B 항상 믿음직해! 0837

- できる 다 되다, 완성하다 さすが 과연 ~に向(む)けて ~을 향해

084 멋진 분이라고 아부할 때

kaiwa 084.mp3

A 素敵(すてき)な方(かた)だと思(おも)ってます。
仲間(なかま)からの信頼(しんらい)も厚(あつ)いし。

B 또 그러네! 정말 말 잘한다니까! 0869
本気(ほんき)にしちゃうよ。

A 本気(ほんき)です。ずっと憧(あこが)れてました。

B やめて！ 치켜세워도 아무것도 안 나와. 0868

- 信頼(しんらい)が厚(あつ)い 신뢰가 두텁다 憧(あこが)れる 동경하다

083

A　기획서, 완성했습니다.

B　やるじゃない! 0839 과연 일을 잘하네.

A　기획 실현을 향해 전력으로 힘내겠습니다.

B　いつも頼(たの)もしい! 0837

084

A　멋진 분이라고 생각하고 있어요.
동료로부터의 신뢰도 두텁고.

B　またまた! うまいんだから! 0869 믿어 버릴 거야.

A　진심입니다. 줄곧 동경하고 있었어요.

B　그만해! 煽(おだ)てても何(なに)も出(で)ないよ。0868

085 간식을 준비했다고 할 때

kaiwa 085.mp3

A　つまらないものですが、간식입니다. 드세요! 0889

B　うまそうなケーキ! ありがとう。

A　お腹(なか)が空(す)いた時(とき)に食(た)べてください。
今日(きょう)、残業(ざんぎょう)でしょう?

B　さすが! 本当(ほんとう)に 눈치가 빠르네! 0836

- つまらない 사소하다, 하찮다　さすが 과연

086 자기중심적인 사람이라고 할 때

kaiwa 086.mp3

A　山田(やまだ)さん、また先(さき)に帰(かえ)っちゃったんだって?

B　自分勝手(じぶんかって)で 자기중심적이네. 0851

A　ビシッと言(い)ってよ。처음이 특히 중요해! 0893

B　コネ入社(にゅうしゃ)だって噂(うわさ)があるよ。

- 自分勝手(じぶんかって)だ 제멋대로이다　ビシッと 따끔하게, 호되게　コネ 연줄, 인맥

085

A　사소한 것이지만, 差し入れです。どうぞ! 0889

B　맛있어 보이는 케이크! 고마워.

A　출출할 때 드세요. 오늘 야근이지요?

B　과연! 정말 気が利くね。0836

086

A　야마다 씨, 또 먼저 퇴근했다면서?

B　제멋대로이고 自己中だね。0851

A　따끔하게 말 좀 해! 最初が肝心だからね。0893

B　연줄로 입사했다는 소문이 있어.

087 상사의 갑질이 심하다고 할 때

kaiwa 087.mp3

A　会社(かいしゃ)がつらい！ 上司(じょうし)も変(へん)だし、行(い)きたくないな。

B　上司(じょうし)の 갑질이 심하네. 0898

A　人間関係(にんげんかんけい)も苦手(にがて)で、몸도 마음도 녹초야. 0813

B　それは大変(たいへん)だね。

- つらい 괴롭다　苦手(にがて)だ 자신 없다, 서투르다, 싫어하다

088 연예인을 닮았다고 아부할 때

kaiwa 088.mp3

A　課長(かちょう)って、松本潤(まつもとじゅん)に似(に)てて、カッコいいです。

B　照(て)れるな。빈말이라도 기뻐! 0867

A　お世辞(せじ)じゃなくて、本当(ほんとう)ですよ。

B　아부를 잘하네. 0872

- 松本潤(まつもとじゅん) 일본 인기 배우　照(て)れる 쑥스럽다

087

A　회사가 괴로워! 상사도 이상해서 가고 싶지 않아!

B　상사의 パワハラがひどいよね。 0898

A　인간관계도 자신 없고, 身(み)も心(こころ)もくたくただよ。 0813

B　그것 참 큰일이네.

088

A　과장님은 마쓰모토 준을 닮아서 멋있어요.

B　쑥스럽군. お世辞(せじ)でも嬉(うれ)しい! 0867

A　빈말이 아니라 정말이에요.

B　ごますりが上手(じょうず)だよ。 0872

089 매일 하는 야근이 스트레스라고 할 때

kaiwa 089.mp3

A 人事異動になったんだって？

B それがね、야근이 계속되는 매일이야. 0814

A もう少し馴染めばよくなるよ。

B 毎日が 스트레스 투성이야. 0817

- 馴染む 익숙해지다, 친숙해지다

090 새로운 직장에 대하여 말할 때

kaiwa 090.mp3

A 新しい職場はどう？ 少し慣れた？

B ええ、いいですよ。それに、주 5일 근무제입니다. 0883

A 残業とかは？

B 一切ありません。거의 칼퇴근입니다. 0884

- 慣れる 익숙해지다, 적응되다 一切 일체, 일절

089

A 인사이동이 되었다면서?

B 그게 말이야, 残業続き(ざんぎょうつづ)の毎日(まいにち)なの。 0814

A 좀 더 익숙해지면 좋아질 거야.

B 매일이 ストレスだらけだよ。 0817

090

A 새 직장은 어때? 좀 적응됐어?

B 네, 좋아요. 게다가, 週休二日制(しゅうきゅうふつかせい)です。 0883

A 야근 같은 것은?

B 일절 없어요. ほぼ定時上(ていじあ)がりです。 0884

Part
10

네이티브가 SNS·인터넷·스마트폰에서 자주 쓰는 표현 100

스마트폰과 인터넷의 발달은 언어 습관까지 바꾸어 놓았습니다.
또한 네이티브들끼리의 대화에서도 신조어 및 유행어가
빼놓을 수 없을 만큼 잘 발달되어 있습니다.
SNS · 인터넷 · 스마트폰을 사용할 때의 필수 표현부터
활용 빈도가 높은 신조어 표현들을 정성껏 엄선하였습니다.

01 SNS · 인터넷 1 02 SNS · 인터넷 2 03 SNS · 인터넷 3 04 SNS · 인터넷 4
05 SNS · 인터넷 5 06 SNS · 인터넷 6 07 스마트폰 1 08 스마트폰 2 09 스마트폰 3
10 스마트폰 4 11 스마트폰 5 12 채팅 용어 1 13 채팅 용어 2 14 신조어 · 유행어 1
15 신조어 · 유행어 2 16 신조어 · 유행어 3 17 신조어 · 유행어 4 18 신조어 · 유행어 5
19 신조어 · 유행어 6 20 신조어 · 유행어 7

0901~0905.mp3

0901

友達(ともだち)リクエスト、ありがとう！

여기에서의 友達(ともだち)(친구)는 페이스북(フェイスブック) 등의 'SNS상의 친구'입니다.
リクエスト(request)(신청)는 申(もう)し込(こ)み 또는 申請(しんせい)라고도 합니다.

0902

承認(しょうにん)してくれてありがとう！

承認(しょうにん)(승인)은 '친구 신청 수락'이라는 뜻으로, 友達承認(ともだちしょうにん)의 준말입니다.

0903

フォローしてあげる！

フォロー(follow)する는 '팔로우하다'라는 뜻입니다.
참고로 '팔로워'는 フォロワー(follower)라고 하므로 함께 알아두세요.

0904

あまりつぶやくことはない！

つぶやく는 원래 '중얼거리다, 짹짹거리다'라는 뜻인데,
여기에서는 'SNS 트위터(ツイッター)에서 글을 쓰는 것'을 뜻합니다.

0905

アカは持(も)ってるけど。

アカ는 '계정'이라는 뜻으로, アカウント(account)의 준말입니다.

0901

SNS상의 친구 신청을 고마워할 때

친구 신청, 고마워!

0902

SNS상의 친구 신청 수락을 받았을 때

승인해 줘서 고마워!

0903

SNS상의 친구로 추가한다고 할 때

팔로우해 줄게!

0904

SNS에 자주 글을 올리지 않을 때

별로 트윗은 하지 않아!

0905

SNS 계정이 있지만 사용을 잘 안 할 때

계정은 갖고 있는데.

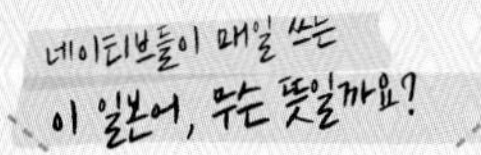

0906~0910.mp3

0906 □□□

まだSNS(エスエヌエス)初心者(しょしんしゃ)なんだ。

初心者(しょしんしゃ)(초심자)는 '초보자'라고 해석해야 자연스럽습니다.

0907 □□□

さっき写真(しゃしん)をアップしたよ。

アップする는 アップロード(uproad)する의 준말로, '업로드하다, 올리다'라는 뜻입니다.
さっき는 '아까, 조금 전, 방금 전'이라는 뜻이지요.

0908 □□□

もうネットに上(あ)がってる!

ネット(net)는 インターネット(internet)의 준말입니다.
上(あ)がる(오르다, 올라가다)는 アップされる(업로드되다, 올려지다)와 같은 뜻입니다.

0909 □□□

偶然(ぐうぜん)ネットで見(み)つけたの。

偶然(ぐうぜん)은 '우연히'라는 뜻인데, 뒤에 조사 に를 붙이지 않으므로 주의하세요.
見(み)つける는 '찾다, 발견하다'라는 뜻입니다.

0910 □□□

私(わたし)もメル友(とも)がほしい!

メル友(とも)는 メール友達(ともだち)(메일 친구)의 준말입니다.
~がほしい는 '~을 갖고 싶다, ~을 바라다/원하다'라는 뜻입니다.

0906

SNS 초보자라고 할 때

아직 SNS 초보자야.

0907

SNS상에 사진을 올렸을 때

좀 전에 사진을 올렸어.

0908

연예인 스캔들 사진이 올라와있다고 할 때

이미 인터넷에 다 떴어!

0909

인터넷 검색을 하다 발견했다고 할 때

우연히 인터넷에서 발견했어.

0910

메일을 주고받는 친구가 필요할 때

나도 메일 친구를 갖고 싶어!

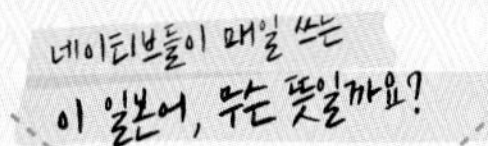

0911

認証(にんしょう)ショットを撮(と)ったよ。

認証(にんしょう)ショットは '인증 샷'이라는 뜻이고, 撮(と)るは '사진을 찍다, 영상을 촬영하다'라는 뜻입니다.

0912

メールが文字化(もじば)けしてるね。

文字化(もじば)けは '글자가 깨짐'이라는 뜻으로, 文字(もじ)が化(ば)ける(글자가 깨지다)의 명사형입니다.
원래 化(ば)けるは '모습이 딴판으로 바뀌다'라는 뜻이지요.

0913

パソコンがフリーズしたよ。

フリーズ(freeze)するは '얼다'라는 뜻으로, 컴퓨터나 스마트폰 화면이 작동되지 않을 때 씁니다.
다른 말로 固(かた)まる(굳어지다)를 써도 좋습니다.

0914

SNS(エスエヌエス)に自撮(じど)りをよく載(の)せるの。

自撮(じど)りは '셀카'라는 뜻이고, 載(の)せるは '(글, 사진 등을) 올리다, 싣다'라는 뜻입니다.

0915

これは一押(いちお)しだよ。

押(お)すは '밀다, 추천하다'라는 뜻으로, 一押(いちお)しは '강력 추천'이라고 해석하면 됩니다.

0911

증거 사진을 찍었다고 할 때

인증 샷을 찍었어.

0912

받은 메일이 읽을 수 없는 상태일 때

메일의 글자가 깨졌어.

0913

컴퓨터 화면이 정지되었을 때

컴퓨터가 다운됐어.

0914

셀카 사진을 자주 올린다고 할 때

SNS에 셀카를 자주 올려.

0915

강력하게 추천한다고 할 때

이건 강추야.

0916~0920.mp3

0916

かべ　がみ
壁紙がとてもきれいだね。

かべがみ
여기에서의 壁紙(벽지)는 '(컴퓨터, 핸드폰 등의) 바탕화면, 배경화면'을 뜻합니다.

0917

あん　しょう　ばん　ごう　　わす
暗証番号を忘れちゃった!

あんしょうばんごう
暗証番号는 '비밀번호'라는 뜻으로, パスワード(password)와 같은 뜻입니다.

0918

へん　ひと
変な人はブロックするよ。

ブロック(block)する는 '차단하다, 막다, 금지하다'라는 뜻입니다.

かいじょ
반대말인 '풀다, 해제하다'는 解除する입니다.

0919

もと
元カレをブロックした!

もと　　もとかれ し
元カレ는 元彼氏의 준말로, '전 남자친구'라는 뜻입니다.

もと　　もとかのじょ
참고로 '전 여자친구'는 元カノ라고 하며 元彼女의 준말입니다.

0920

めい　わく
また迷惑メールだよ。

めいわく
迷惑メール는 '스팸메일'이라는 뜻으로, スパムメール라고도 하므로 함께 알아두세요.

0916

컴퓨터나 핸드폰의 바탕화면을 칭찬할 때

바탕화면이 너무 예쁘네.

0917

비밀번호가 생각나지 않을 때

비밀번호를 잊어 버렸어!

0918

원하지 않는 경우는 차단하겠다고 할 때

이상한 사람은 차단할 거야.

0919

연락을 차단시켰다고 할 때

전 남자 친구를 차단했어!

0920

또 스팸메일이 왔을 때

또 스팸메일이야.

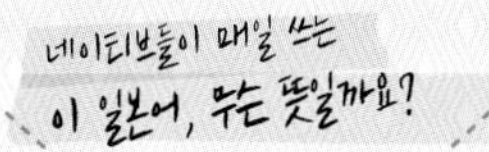

0921~0925.mp3

0921 □□□

コメント、お願(ねが)いね！

コメント(comment)(답변)는 여기에서 '(SNS상의) 댓글'이라고 해석합니다.
お願(ねが)い는 '부탁해!'라는 뜻이지요.

0922 □□□

じゃんじゃんコメントしてね！

じゃんじゃん은 '마구, 신나게, 쉴 새 없이'라는 뜻이고, コメントする는 '댓글을 달다'라는 뜻입니다.
する 대신에 書(か)く 또는 つける를 써도 같은 뜻이에요.

0923 □□□

コメントをどんどん送(おく)って！

どんどん은 '자꾸, 계속'이라는 뜻이고, 送(おく)る는 '보내다'라는 뜻입니다.

0924 □□□

レス、忘(わす)れずにお願(ねが)い！

レス는 レスポンス(response)(대답, 답변)의 준말로, 여기에서는 '댓글, 리플'이라고 해석합니다.
~ずに(~하지 않고, ~하지 말고)는 ~ないで와 같은 뜻입니다.

0925 □□□

亀(かめ)レス過(す)ぎるだろう。

亀(かめ)レス(거북이 댓글)는 거북이처럼 댓글을 늦게 달거나 메일 답변을 늦게 보내는 것을 말합니다.
~だろう는 ~でしょ(う)와 바꿔 쓸 수 있어요.

0921

댓글을 달아 달라고 부탁할 때

댓글 좀 부탁해!

0922

댓글을 많이 달아 달라고 할 때

마구 댓글 달아 줘!

0923

댓글을 많이 써 달라고 할 때

댓글을 많이 보내 줘!

0924

댓글을 꼭 달아 달라고 부탁할 때

댓글, 잊지 말고 부탁해!

0925

댓글을 늦게 달았다고 할 때

댓글이 너무 늦잖아.

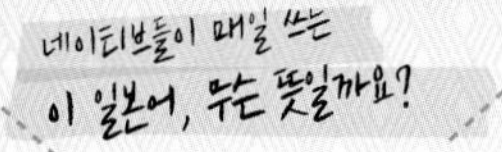

0926 **悪質(あくしつ)なコメントは許(ゆる)せない！**

悪質(あくしつ)なコメントは '악질적인 댓글'이라는 뜻으로, '악플'이라고 해석하면 됩니다.
許(ゆる)すは '용서하다'라는 뜻인데, '허락하다, 허가하다'라는 뜻으로도 씁니다.

0927 **コメント欄(らん)が炎上(えんじょう)してるの。**

원래 炎上(えんじょう)する(염상하다)는 '불타오르다'라는 뜻입니다.
여기에서는 '악플, 비난 등이 쏟아지다/쇄도하다/가득 차다'라고 해석해야 자연스러워요.

0928 **悪質(あくしつ)な書(か)き込(こ)みも多(おお)いよ！**

書(か)き込(こ)みは 'SNS상에서 쓰는 댓글'이라고 해석하면 됩니다. 넓은 의미의 コメント이지요.

0929 **荒(あ)らしは大嫌(だいきら)い！**

荒(あ)らしは 비난이나 욕 등의 댓글을 올리는 사람인 '악플러'라는 뜻입니다.
大嫌(だいきら)いだ는 '너무 싫다, 진짜 싫다, 질색이다' 등으로 해석합니다.

0930 **荒(あ)らしはスルーが一番(いちばん)だよ。**

スルー는 영어 through에서 온 말로, '무시하다, 개의치 않다'라고 해석해야 자연스럽습니다.
無視(むし)する(무시하다)로 바꿔 쓸 수 있어요.

0926

악성 댓글은 용서하지 않겠다고 할 때

악플은 용서할 수 없어!

0927

악성 댓글과 비난이 쇄도한다고 할 때

댓글란이 악플로 도배되었어.

0928

악성 댓글도 많다고 할 때

악플도 많아!

0929

악성댓글을 다는 사람이 싫다고 할 때

악플러는 진짜 싫어!

0930

악플러는 무시하는 것이 좋다고 할 때

악플러는 무시하는 게 제일이야.

0931~0935.mp3

0931

待(ま)ってるから、メールしてね！

일본에서는 '핸드폰의 문자 메시지'를 メール(mail, 메일)라고 합니다.
왜냐하면 일본에서는 핸드폰으로 문자를 보낼 때 인터넷 메일 주소로 보내기 때문이지요.

0932

メアドを教(おし)えて！

メアド는 メールアドレス(mail address, 메일 주소)의 준말입니다.
教(おし)える는 '가르치다'라는 뜻 외에 '알려 주다'라는 뜻으로도 씁니다.

0933

ちゃんとメールに返信(へんしん)してよ。

ちゃんと는 '제대로, 똑바로'라는 뜻이고, 返信(へんしん)する는 '답장을 쓰다, 답장하다'라는 뜻입니다.

0934

写(しゃ)メ、ありがとう！

写(しゃ)メ는 写真(しゃしん)メール(사진 문자, 폰카)의 준말입니다.
핸드폰에 저장된 사진을 보낸다고 할 때 씁니다.

0935

絵文字(えもじ)、本当(ほんとう)に好(す)きだよね。

絵文字(えもじ)(그림 문자)는 '이모티콘'을 뜻하는 말인데, 최근에는 顔文字(かおもじ)(얼굴 문자)도 인기가 많습니다.

0931

문자 메시지로 보내 달라고 할 때

기다릴 테니까 문자해 줘!

0932

메일 주소를 알려 달라고 할 때

메일 주소를 알려 줘!

0933

문자를 받으면 바로 답장하라고 할 때

똑바로 문자에 답장해!

0934

핸드폰으로 찍은 사진을 받았을 때

사진 문자, 고마워!

0935

이모티콘을 자주 사용하는 사람일 때

이모티콘을 정말 좋아하는구나.

0936~0940.mp3

0936

マナーモードにしてくれる？

マナーモード(매너 모드)는 '(핸드폰 소리의) 무음'을 뜻하는 말입니다.

0937

スマホばかりいじってるよ。

スマホ는 スマートフォン(스마트폰)의 준말입니다.

いじる는 '만지작거리다, 주무르다, 사용하다'라는 뜻입니다.

0938

スマホケースがかわいい！

참고로 '스마트폰 케이스'는 スマホカバー(스마트폰 커버)라고도 하므로 함께 알아두세요.

かわいい는 '귀엽다'라는 뜻으로, 사람과 사물 둘다 쓸 수 있어요.

0939

電源(でんげん)が切(き)れてるよ。

電源(でんげん)が切(き)れる는 '전원이 끊어지다'라는 뜻입니다.

電源(でんげん)を切(き)る(전원을 끊다)도 자주 쓰는 표현이므로 함께 알아두세요.

0940

私(わたし)の携帯(けいたい)はガラケーだよ。

ガラケー는 ガラパゴス携帯(けいたい)(갈라파고스 핸드폰)의 준말입니다.

고립된 갈라파고스섬 같은 핸드폰이라는 뉘앙스로 '피처폰, 2G폰'에 해당해요.

0936

핸드폰 소리를 무음으로 해 달라고 할 때

무음으로 해 줄래?

0937

스마트폰만 하고 있다고 할 때

스마트폰만 만지작거리고 있어.

0938

핸드폰 케이스를 칭찬할 때

스마트폰 케이스가 귀여워!

0939

핸드폰의 전원이 꺼져 있을 때

전원이 꺼져 있어.

0940

핸드폰이 스마트폰이 아니라고 할 때

내 핸드폰은 피처폰이야.

0941~0945.mp3

0941

その着メロ、いいね！

着メロは 着信メロディ(착신 멜로디)의 준말로, '벨소리'라고 해석하면 됩니다.

0942

着うたを変えたね。

着うたは 着信歌(착신 노래)의 준말로, 통화연결음인 '컬러링'이라고 해석하면 됩니다.

0943

待ち受け画像がきれい！

画像(화상)는 '인터넷 상의 사진'을 뜻하는 말입니다.

きれいだ는 '예쁘다, 아름답다, 멋지다' 등의 다양한 뜻으로 씁니다.

0944

スマホ依存症みたい！

依存症(의존증)는 '중독'이라고 해석해야 자연스럽습니다.

한자어인 中毒(중독)로 바꿔 써도 됩니다.

0945

テレビ電話もできるよ。

テレビ電話(TV 전화)는 '영상 전화, 영상 통화'라고 해석해야 자연스럽습니다.

0941

핸드폰의 착신 벨소리가 좋을 때

그 벨소리, 좋네!

0942

핸드폰의 컬러링을 바꾸었을 때

컬러링을 바꿨구나.

0943

핸드폰의 대기화면이 멋있을 때

대기화면이 멋져!

0944

스마트폰 의존증인 것 같을 때

스마트폰 중독인 것 같아!

0945

영상통화가 가능하다고 할 때

영상통화도 할 수 있어.

0946~0950.mp3

0946

この辺(へん)は圏外(けんがい)だよ。

圏外(けんがい)(권외)는 핸드폰을 사용하기 위한 '전파를 수신할 수 없는 지역'을 뜻하는 말입니다.

0947

自撮(じど)り写真(しゃしん)に騙(だま)されるなよ。

騙(だま)されるは '속다'라는 뜻인데, 동사 騙(だま)す(속이다)의 수동형입니다.

0948

自撮(じど)り棒(ぼう)を買(か)ったの。

自撮(じど)り棒(ぼう)는 '셀카봉'이라는 뜻으로, セルカ棒(ぼう)라고도 합니다.

0949

電池(でんち)が切(き)れてる!

電池(でんち)(전지)는 '건전지, 배터리'라는 뜻으로, バッテリー라고도 합니다.
切(き)れる는 '(수명 등이) 다 되다, 끝나다'라는 뜻입니다.

0950

電池(でんち)が長(なが)く持(も)つね。

長(なが)く持(も)つ(길게 가지다)는 '오래 가다, 오래 사용하다'라고 해석해야 자연스러워요.
반대말인 長(なが)く持(も)たない(빨리 닳다, 빨리 줄어든다)도 자주 쓰므로 함께 알아두세요.

0946

전파 수신이 안 되는 상황일 때

이 주변은 핸드폰이 안 터져.

0947

셀카 사진 그대로 믿지 말라고 할 때

셀카 사진에 속지 마!

0948

셀카봉을 구입했다고 할 때

셀카봉을 샀어.

0949

남아 있는 배터리가 없을 때

배터리가 다 됐어!

0950

배터리를 오래 쓸 수 있을 때

배터리가 오래 가네.

망각방지 장치 1

하루만 지나도 학습한 내용의 50%는 잊어버립니다. 여러분은 몇 퍼센트나 잊어버렸을까요? 5분 안에 25개를 말해 보세요.

			○	✕	복습
01	별로 트윗은 하지 않아!	あまり ＿＿＿ ことはない!	☐	☐	0904
02	우연히 인터넷에서 발견했어.	偶然(ぐうぜん) ＿＿＿ で見(み)つけたの。	☐	☐	0909
03	나도 메일 친구를 갖고 싶어!	私(わたし)も ＿＿＿ がほしい!	☐	☐	0910
04	메일의 글자가 깨졌어.	メールが文字(もじ) ＿＿＿ してるね。	☐	☐	0912
05	컴퓨터가 다운됐어.	パソコンが ＿＿＿ したよ。	☐	☐	0913
06	이건 강추야.	これは ＿＿＿ だよ。	☐	☐	0915
07	이상한 사람은 차단할 거야.	変(へん)な人(ひと)は ＿＿＿ するよ。	☐	☐	0918
08	또 스팸메일이야.	また ＿＿＿ メールだよ。	☐	☐	0920
09	댓글 좀 부탁해!	＿＿＿、お願(ねが)いね!	☐	☐	0921
10	마구 댓글 달아 줘!	＿＿＿ コメントしてね!	☐	☐	0922
11	댓글, 잊지 말고 부탁해!	＿＿＿、忘(わす)れずにお願(ねが)い!	☐	☐	0924
12	댓글란이 악플로 도배되었어.	コメント欄(らん)が ＿＿＿ してるの。	☐	☐	0927

정답 01 つぶやく 02 ネット 03 メル友(とも) 04 化(ば)け 05 フリーズ 06 一押(いちお)し 07 ブロック 08 迷惑(めいわく) 09 コメント 10 じゃんじゃん 11 レス 12 炎上(えんじょう)

			○	✕	복습
13	악플러는 진짜 싫어!	＿＿は大嫌(だいきら)い！	☐	☐	0929
14	메일 주소를 알려 줘!	＿＿を教(おし)えて！	☐	☐	0932
15	똑바로 문자에 답장해!	ちゃんとメールに＿＿してよ。	☐	☐	0933
16	사진 문자, 고마워!	＿＿、ありがとう！	☐	☐	0934
17	무음으로 해 줄래?	＿＿にしてくれる？	☐	☐	0936
18	스마트폰만 만지작거리고 있어.	スマホばかり＿＿よ。	☐	☐	0937
19	그 벨소리 좋네!	その＿＿、いいね！	☐	☐	0941
20	컬러링을 바꿨구나.	＿＿を変(か)えたね。	☐	☐	0942
21	대기화면이 멋져!	＿＿画像(がぞう)がきれい！	☐	☐	0943
22	영상통화도 할 수 있어.	＿＿もできるよ。	☐	☐	0945
23	이 주변은 핸드폰이 안 터져.	この辺(へん)は＿＿だよ。	☐	☐	0946
24	배터리가 다 됐어!	電池(でんち)が＿＿！	☐	☐	0949
25	배터리가 오래 가네.	電池(でんち)が長(なが)く＿＿ね。	☐	☐	0950

맞은 개수: 25개 중 ＿＿ 개

당신은 그동안 ＿＿%를 잊어버렸습니다.
틀린 문장들은 다시 한번 보고 넘어가세요.

정답 13 荒(あ)らし 14 メアド 15 返信(へんしん) 16 写(しゃ)メ 17 マナーモード 18 いじってる 19 着(ちゃく)メロ 20 着(ちゃく)うた 21 待(ま)ち受(う)け 22 テレビ電話(でんわ) 23 圏外(けんがい) 24 切(き)れてる 25 持(も)つ

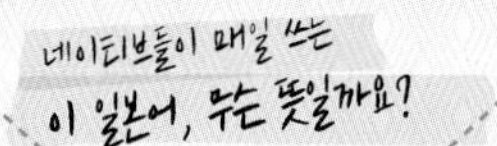

0951~0955.mp3

0951

いつも既読(きどく)スルーだよね。

既読(きどく)スルーは '문자를 받아서 읽고도 답장을 안 보내는 것'이라는 뜻입니다.
スルーは 영어 through의 가타카나 표기이지요.

0952

既読無視(きどくむし)しないで！

既読無視(きどくむし)는 '문자를 읽고도 무시하는 것'이라는 뜻으로, 既読(きどく)スルー와 같은 뜻으로 쓰는 말입니다.

0953

オレオレ詐欺(さぎ)に気(き)を付(つ)けて！

オレオレ詐欺(さぎ)(나야 나 사기)에서 オレオレ는 俺(おれ)、俺(おれ)(나야 나!)입니다.
가족으로 사칭하여 사기를 치는 '보이스피싱'이라고 해석하면 됩니다.

0954

それ、振(ふ)り込(こ)め詐欺(さぎ)だよ。

振(ふ)り込(こ)め詐欺(さぎ)(송금해 사기)에서 振(ふ)り込(こ)め는 振(ふ)り込(こ)む(송금하다)에서 온 말입니다.
オレオレ詐欺(さぎ)와 마찬가지로 '보이스피싱'입니다.

0955

ワン切(ぎ)りじゃない？

ワン(one)切(ぎ)り는 전화벨이 한 번만 울리고 끊기며 '부재중 전화번호를 남기는 것'입니다.
상대방이 부재중 번호로 확인 전화를 걸면 고액의 정보료가 자동 결제되는 사기 수법입니다.

0951

문자를 받고도 답을 안 보낼 때

늘 문자를 씹네.

0952

문자를 읽고도 무시할 때

문자를 씹지 말아 줘!

0953

전화 사기를 조심하라고 할 때

보이스피싱을 조심해!

0954

전화 사기라고 확신할 때

그거, 보이스피싱이야.

0955

부재중 수신번호에 속지 말라고 할 때

원컷 콜 아니야?

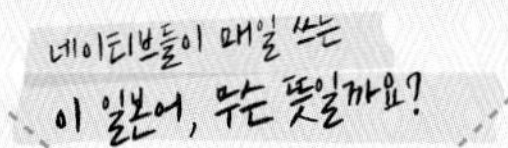

0956~0960.mp3

0956 **彼女(かのじょ)についてkwsk。**

kwsk는 詳(くわ)しい(자세하다, 상세하다)의 부사형인 詳(くわ)しく의 영문 표기(ku wa si ku)의 자음만을 따서 만든 말입니다. '자세히 설명해 줘!'라는 뜻이지요.

0957 **続(つづ)けてください。wktk。**

wktk는 わくわく와 てかてか가 합쳐진 わくてか의 영문 표기(wa ku te ka)의 자음만을 따서 만든 말입니다. 뭔가 즐거운 일이 일어나기를 기대할 때 씁니다.

0958 **パネェくらい先輩(せんぱい)に惚(ほ)れた!**

パネエ는 半端(はんぱ)ない(엄청나다, 장난 아니다)를 줄인 パない의 ない를 거칠게 발음한 말입니다. '진심, 쩐다, 작살' 등으로 해석하면 됩니다.

0959 **遠回(とおまわ)しにディスってるよね。**

ディスる는 dis(디스)에 る가 붙은 형태로, '디스하다, 바보 취급을 하다'라는 뜻입니다. 遠回(とおまわ)しに는 '완곡히, 에둘러, 돌려서'라는 뜻입니다.

0960 **それ、見(み)て爆笑(ばくしょう)した!**

爆笑(ばくしょう)する(폭소하다)는 갑자기 웃음이 터져 나올 때 쓰는 '(웃음이) 빵 터지다'라고 해석합니다.

0956

자세한 설명을 요구할 때

그녀에 대해 자세히 알려 줘!

0957

두근거리며 기다리고 있다고 할 때

계속해 주세요. 완전 기대돼!

0958

엄청날 정도로 반했다고 할 때

진심으로 선배에게 반했어!

0959

바보 취급을 하지 말라고 할 때

에둘러 무시하고 있네.

0960

웃음이 터져 나왔다고 할 때

그거, 보고 빵 터졌어!

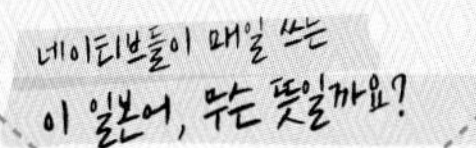

0961~0965.mp3

0961

リア充(じゅう)だよね。

リア充(じゅう)는 リアル充実(じゅうじつ)(리얼 충실)의 준말로, '현실에 충실한 사람'이라는 뜻입니다.
일과 취미생활을 모두 잘하는 성실한 사람을 말하는데, 최근에는 '애인 있는 사람'을 뜻해요.

0962

ググってみたら？

ググる는 '구글(Google)에서 검색하다'라는 뜻입니다.
ググったよ(구글로 검색했어), ググってみる？(구글로 검색해 볼래?)도 함께 알아두세요.

0963

ポチったよ。

ポチる는 '(웹사이트 상에서) 주문하다, 구입하다, 지르다'라는 뜻입니다.
ポチ는 마우스를 클릭할 때 나는 소리로, 인터넷쇼핑에서 구매 버튼을 마우스로 눌렀다는 뜻입니다.

0964

ワンチャンあるで！

ワンチャン은 ワンチャンス(one chance)의 준말로, '가능성은 낮지만 기회는 있다'라는 뜻입니다.
주로 응원하거나 격려할 때 쓰는 표현이지요. あるで는 あるよ와 같은 뜻입니다.

0965

マジレス、ありがとう！

マジレス는 '진지한 댓글'이라는 뜻으로, 질문에 대해 진지하게 답변할 때 쓰는 말입니다.

0961

매우 성실한 사람이라고 할 때

현실에 충실한 사람이네.

0962

검색엔진 구글로 검색하라고 할 때

구글로 검색해 보지 그래?

0963

인터넷으로 구매했다고 할 때

주문했어.

0964

가능성이 있기는 있다고 할 때

한 번의 찬스는 있어!

0965

진지한 댓글에 고맙다고 할 때

성실한 댓글, 고마워!

0966

□□□

豆腐(とうふ)メンタルだね。

豆腐(とうふ)メンタル(두부 멘탈)은 부드러운 두부처럼 '극도로 몹시 약한 정신력'을 뜻하는 말입니다. 우리말의 '유리 멘탈'과 같은 뜻이지요.

0967

□□□

もうメンタル崩(くず)れよ。

メンタル崩(くず)れは メンタルが崩(くず)れる(멘탈이 붕괴되다)의 명사형입니다. 崩(くず)れる 대신에 의태어 へろへろ(어질어질)를 쓰기도 합니다.

0968

□□□

大人(おとな)買(が)いしちゃった!

大人(おとな)買(が)いは '(경제력이 있는 성인이므로) 사고 싶은 것을 마음껏 사는 것'이라는 뜻입니다.

0969

□□□

爆食(ばくぐ)いしちゃったよ。

爆食(ばくぐ)いは '폭풍 흡입, 폭풍 식사'라는 뜻입니다.
참고로 물건을 대량으로 구입하는 '폭풍 구매'는 爆買(ばくが)い라고 하므로 함께 알아두세요.

0970

□□□

これ、バカ売(う)れだよ。

バカ売(う)れは めちゃくちゃ売(う)れる(엄청 잘 팔리다)를 더욱 강조한 말입니다. 여기서의 バカ(바보)는 강조의 뜻으로 쓴 접두어입니다.

0966

정신력이 약하다고 할 때

유리 멘탈이네.

0967

멘탈붕괴라고 할 때

이미 멘탈붕괴야.

0968

한꺼번에 많이 구입했다고 할 때

대량구매 하고 말았어!

0969

폭식을 했다고 할 때

폭풍 흡입해 버렸어.

0970

인기리에 잘 팔리는 상품이라고 할 때

이거, 대박상품이야.

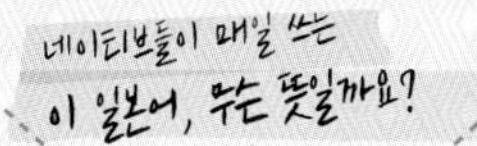

0971~0975.mp3

0971 ☐☐☐

彼女(かのじょ)は干物(ひもの)女(おんな)だよ。

干物(ひもの)(건어물)는 '건어물처럼 감정이 메말라 연애하기를 포기한 여자'를 뜻합니다.
일본 드라마 '호타루의 빛'에서 처음 등장한 말로, 최고의 유행어가 되었지요.

0972 ☐☐☐

彼(かれ)は草食系男子(そうしょくけいだんし)だよ。

草食系男子(そうしょくけいだんし)는 '초식남(연애에 소극적인 남자)'이라고 해석합니다.
'육식남(연애에 적극적인 남자)'은 肉食系男子(にくしょくけいだんし)라고 합니다.

0973 ☐☐☐

絶食系男子(ぜっしょくけいだんし)も増(ふ)えてるって。

絶食系男子(ぜっしょくけいだんし)(절식남)는 '연애에는 관심 없고 자기 취미생활만 하는 남자'를 뜻합니다.

0974 ☐☐☐

俺(おれ)、チャラ男(お)じゃないよ。

チャラ男(お)는 ちゃらちゃら(경박하다)와 男(おとこ)(남자)가 합쳐진 말로, '경박하고 가벼운 남자'를 뜻합니다.
아무 여자한테나 작업을 거는 껄렁한 날라리 같은 노는 남자를 말하지요.

0975 ☐☐☐

ツンデレだから、好(す)き!

ツンデレ는 つんつんでれでれ의 준말로, つんつん(퉁명스럽고 무뚝뚝함)과 でれでれ(부끄러워함)가 합쳐진 말입니다. '겉으로는 무뚝뚝하지만 속마음은 다정하고 따뜻한 남자'를 가리키는 말이지요.

0971

연애하기를 포기한 여자라고 할 때

그녀는 건어물녀야.

0972

연애에 매우 소극적인 남자라고 할 때

그는 초식남이야.

0973

연애에 무관심한 남자라고 할 때

절식남도 늘어나고 있대.

0974

여자들과 노는 날라리가 아니라고 할 때

나, 껄렁한 남자 아니야.

0975

무뚝뚝하지만 마음은 다정한 남자라고 할 때

'츤데레'라서 좋아해!

0976~0980.mp3

0976

私(わたし)、婚活(こんかつ)してるよ。

婚活(こんかつ)는 結婚活動(けっこんかつどう)(결혼활동)의 준말로, 결혼을 목적으로 맞선을 보는 등의 적극적인 행동을 뜻합니다.

0977

今年(ことし)も就活生(しゅうかつせい)だよ。

就活生(しゅうかつせい)(취활생)은 就職活動生(しゅうしょくかつどうせい)(취직활동생)의 준말로, '취준생'이라고 해석합니다.

0978

熟年離婚(じゅくねんりこん)も増(ふ)えてるみたい！

熟年(じゅくねん)(숙년)은 '50살 이후의 연령'이고 熟年離婚(じゅくねんりこん)은 '황혼 이혼'이라는 뜻입니다.

～みたい(~인 것 같다)는 주관적인 추측을 나타내는 표현이지요.

0979

結局(けっきょく)、卒婚(そつこん)しちゃったの。

卒婚(そつこん)(졸혼: 결혼 졸업)은 '법적인 결혼 상태는 유지한 채로 각자 독립된 인생을 살아가는 것'을 뜻합니다.

최근에는 '황혼 이혼'보다 '졸혼'을 선호한다고 하네요.

0980

僕(ぼく)、今(いま)死(し)んでるよ。

死(し)んでる(죽어 있다)라는 표현은 몸 상태가 안 좋거나 술에 만취했을 때에도 씁니다.

0976

결혼하기 위한 활동을 하고 있다고 할 때

나, 결혼활동 하는 중이야.

0977

아직 취업준비생이라고 할 때

올해도 취준생이야.

0978

중년 이혼이 늘고 있다고 할 때

황혼 이혼도 늘고 있는 것 같아!

0979

졸혼 상황을 시작하게 되었을 때

결국, 졸혼해 버렸어.

0980

몸 상태가 매우 좋지 않다고 할 때

나, 지금 상태가 최악이야.

0981~0985.mp3

0981 □□□

目(め)の保養(ほよう)になるね。

保養(ほよう)는 '보양, 휴양'이라는 뜻으로, 目(め)の保養(ほよう)는 '눈 호강, 안구 정화'라고 해석하면 자연스러워요.
아름다운 경치나 멋진 연예인 사진 등을 볼 때 쓸 수 있지요.

0982 □□□

最高(さいこう)の癒(いや)しだよ。

癒(いや)す는 '(상처, 병 등을) 고치다, 치유하다'라는 뜻입니다.
마음에 평안이나 안정감을 주는 사람, 동물, 물건 등을 통한 '힐링'이라고 해석하면 됩니다.

0983 □□□

あの人(ひと)が私(わたし)のウィル彼(かれ)なの。

ウィル彼(かれ)는 ウィル(will)와 彼氏(かれし)가 합쳐진 말입니다.
조만간 애인이 될 가능성이 있는 남자인 '썸남'이라는 뜻입니다.

0984 □□□

ぶっちゃけ、俺(おれ)のタイプ！

ぶっちゃけ는 ぶっちゃける(솔직히 까놓고 말하다)에서 온 말로, '솔까말'과 같은 뜻입니다.
일반적으로는 正直(しょうじき)に言(い)うと(솔직히 말하면)라는 표현을 씁니다.

0985 □□□

萌(も)え！

萌(も)え는 이성에게 호감, 연모, 흥분 등 강한 사랑을 느낄 때 의성어처럼 쓰는 말입니다.
萌(も)える(싹트다) 또는 燃(も)える(불타다)에서 온 말이라고 생각하면 이해하기 쉬워요.

0981

눈 호강이 될 만한 멋진 사진을 보았을 때

안구 정화가 되네.

0982

안정감을 주는 대상이라고 할 때

최고의 힐링이야.

0983

친구 이상 연인 미만의 관계에 있는 이성일 때

저 사람이 내 썸남이야.

0984

솔직히 말해서 내 스타일이라고 할 때

솔직히 말해서, 내 스타일이야!

0985

완전히 마음을 빼앗겼다고 할 때

완전 뿅가네!

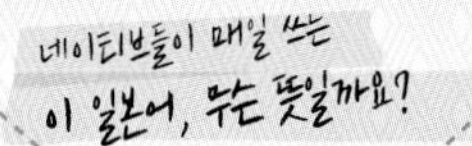

0986~0990.mp3

0986 □□□

ただのマイブームだよ。

マイブーム(my boom)는 유행과 상관없이 혼자만 푹 빠져 있는 것을 뜻합니다.
주로 다양한 형태의 물건, 영화, 취미, 음식 등에 쓸 수 있어요.

0987 □□□

いつもどや顔(がお)だよね。

どや顔(がお)에서 どや는 どうだ？(어때?)의 사투리입니다.
'나 어때? 멋지지? 굉장하지?'라는 뉘앙스로 말하는 '자만심/우월감이 가득한 얼굴'이라는 뜻입니다.

0988 □□□

私(わたし)の夫(おっと)はメタボなのよ。

メタボ는 영어 metabolic에서 온 말로, '내장지방형 비만'이라는 뜻입니다.
참고로 脱(だつ)メタボする는 '다이어트하다'라고 해석하면 무난합니다.

0989 □□□

今夜(こんや)はパリピだ！

パリピ는 영어 party people(파티, 클럽 등 화려한 이벤트를 좋아하는 사람)의 준말입니다.
'신나게 놀다'라고 해석하면 됩니다.

0990 □□□

彼女(かのじょ)はアラフォーだろう。

アラフォー는 around 40의 약자로, '40세 전후(35세~45세)의 여성'을 가리키는 말입니다.
일본 드라마 'Around 40'에서 유행된 말이지요. アラサー(around 30)도 함께 알아두세요.

0986

자기 자신만 푹 빠져 있다고 할 때

그냥 나 혼자만의 붐이야.

0987

우월감에 빠져 있는 사람일 때

항상 우월감에 찬 얼굴이야.

0988

비만으로 배가 나온 사람일 때

내 남편은 복부 비만이야.

0989

신나는 파티라고 할 때

오늘밤은 신나게 노는 거야!

0990

여자 나이가 40세 전후라고 할 때

그녀는 40세 전후일 거야.

0991~0995.mp3

0991

オールしよう！

オールは オールナイト(all night)의 준말로, '밤샘, 올나이트'라는 뜻입니다.
참고로 徹夜(철야)는 일을 하면서 밤을 샐 때 쓰는 말이므로 주의하세요.

0992

この頃は一人ご飯だよ。

一人ご飯은 '혼밥(혼자 먹는 밥)'이라는 뜻입니다.
참고로 '혼술'은 一人飲み, '혼자 놀기'는 一人遊び라고 합니다.

0993

また事故った！

事故る는 명사 事故(사고)에 る를 붙여 동사가 된 형태로, '사고를 치다, 사고를 내다'라고 해석합니다.

0994

もしかして、でき婚なの？

子供ができる(아이가 생기다)에서 파생된 표현이 できちゃった結婚(아이가 생겨서 한 결혼)입니다.
이 표현을 줄여서 できちゃった婚 또는 でき婚이라고 합니다.

0995

チンして食べてね！

チンする는 '전자레인지에 데우다/돌리다'라는 뜻입니다.
チン은 전자레인지 설정 시간이 끝났을 때 나는 소리인 '땡'이라는 의성어입니다.

0991

밤새워 놀자고 할 때

올나이트 하자!

0992

혼자 밥을 먹는다고 할 때

요즘은 혼밥이야.

0993

또 사고를 일으켰을 때

또 사고 쳤어!

0994

혼전임신 결혼인 것 같을 때

혹시 속도위반 결혼이야?

0995

전자레인지로 데워서 먹으라고 할 때

전자레인지에 데워서 먹어!

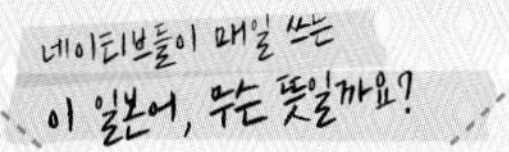

0996~1000.mp3

0996

そのスタンプ、かわいい!

SNS에서 사용하는 '이모티콘'이나 '스티커'를 일본어로는 スタンプ(stamp)라고 합니다.
'그림문자'인 絵文字(えもじ)가 발전된 형태이지요.

0997

あの人(ひと)はオーラがすごいね。

オーラ는 사람에게서 뿜어져 나오는 '아우라, 기운, 포스'를 가리키는 말입니다.

0998

歩(ある)きスマホは危(あぶ)ない!

歩(ある)きスマホ는 '길을 걸어가면서 스마트폰을 사용하는 것'을 뜻합니다.
危(あぶ)ない는 '위험하다'라는 뜻으로, 危険(きけん)だ라고도 합니다.

0999

歩(ある)きタバコはむかつくよ。

歩(ある)きタバコ는 '길을 걸으면서 담배를 피우는 것(노상 흡연, 길거리 흡연)'을 뜻합니다.
むかつく는 '몹시 화가 나다'라는 뜻의 회화체 표현입니다.

1000

アルハラだから、やめて!

アルハラ는 '알콜 희롱'이라는 뜻으로, セクハラ(성희롱)에서 파생된 말입니다.
술을 못 마시는 사람에게 억지로 음주를 강요하는 행위로, 일본에서는 폭력 행위로 규정되어 있지요.

0996

이모티콘이나 스티커가 예쁠 때

그 이모티콘, 귀여워!

0997

사람에게서 느껴지는 포스가 있을 때

저 사람은 아우라가 굉장하네.

0998

스마트폰 사용에 주의하라고 할 때

보행 중 스마트폰 사용은 위험해!

0999

노상 흡연은 화가 난다고 할 때

길거리 흡연은 몹시 화가 나!

1000

음주를 강요하지 말라고 할 때

술희롱이니까 그만둬!

망각방지 장치 1

하루만 지나도 학습한 내용의 50%는 잊어버립니다. 여러분은 몇 퍼센트나 잊어버렸을까요? 5분 안에 25개를 말해 보세요.

			○	×	복습
01	늘 문자를 씹네.	いつも既読(きどく)　　　だよね。	☐	☐	0951
02	보이스피싱을 조심해!	詐欺(さぎ)に気(き)を付(つ)けて！	☐	☐	0953
03	그거, 보고 빵 터졌어!	それ、見(み)て　　　した！	☐	☐	0960
04	현실에 충실한 사람이네.	だよね。	☐	☐	0961
05	한 번의 찬스는 있어!	あるで！	☐	☐	0964
06	이미 멘탈붕괴야.	もうメンタル　　　よ。	☐	☐	0967
07	대량구매 하고 말았어!	しちゃった！	☐	☐	0968
08	이거, 대박상품이야.	これ、　　　だよ。	☐	☐	0970
09	그녀는 건어물녀야.	彼女(かのじょ)は　　　だよ。	☐	☐	0971
10	그는 초식남이야.	彼(かれ)は　　　男子(だんし)だよ。	☐	☐	0972
11	나, 껄렁한 남자 아니야.	俺(おれ)、　　　じゃないよ。	☐	☐	0974
12	'츤데레'라서 좋아해!	だから、好(す)き！	☐	☐	0975
13	나, 결혼활동 하는 중이야.	私(わたし)、　　　してるよ。	☐	☐	0976

정답 01 スルー 02 オレオレ 03 爆笑(ばくしょう) 04 リア充(じゅう) 05 ワンチャン 06 崩(くず)れ 07 大人買(おとなが)い 08 バカ売(う)れ 09 干物女(ひものおんな) 10 草食系(そうしょくけい) 11 チャラ男(お) 12 ツンデレ 13 婚活(こんかつ)

			○	✕	복습
14	올해도 취준생이야.	今年(ことし)も ＿＿＿＿ だよ。	☐	☐	0977
15	안구 정화가 되네.	目(め)の ＿＿＿＿ になるね。	☐	☐	0981
16	저 사람이 내 썸남이야.	あの人(ひと)が私(わたし)の ＿＿＿＿ なの。	☐	☐	0983
17	솔직히 말해서, 내 스타일이야!	＿＿＿＿、俺(おれ)のタイプ!	☐	☐	0984
18	그냥 나 혼자만의 붐이야.	ただの ＿＿＿＿ だよ。	☐	☐	0986
19	내 남편은 복부 비만이야.	私(わたし)の夫(おっと)は ＿＿＿＿ なのよ。	☐	☐	0988
20	오늘밤은 신나게 노는 거야!	今夜(こんや)は ＿＿＿＿ だ!	☐	☐	0989
21	그녀는 40세 전후일 거야.	彼女(かのじょ)は ＿＿＿＿ だろう。	☐	☐	0990
22	혹시 속도위반 결혼이야?	もしかして、＿＿＿＿ なの?	☐	☐	0994
23	전자레인지에 데워서 먹어!	＿＿＿＿ して食(た)べてね!	☐	☐	0995
24	저 사람은 아우라가 굉장하네.	あの人(ひと)は ＿＿＿＿ がすごいね。	☐	☐	0997
25	술희롱이니까 그만둬!	＿＿＿＿ だから、やめて!	☐	☐	1000

맞은 개수: 25개 중 ＿＿ 개

당신은 그동안 ＿＿＿＿%를 잊어버렸습니다.
틀린 문장들은 다시 한번 보고 넘어가세요.

정답 14 就活生(しゅうかつせい) 15 保養(ほよう) 16 ウィル彼(かれ) 17 ぶっちゃけ 18 マイブーム 19 メタボ 20 パリピ 21 アラフォー 22 でき婚(こん) 23 チン 24 オーラ 25 アルハラ

망각방지 장치 **2**

일주일이 지나면 학습한 내용의 70%를 잊어버립니다. 여러분은 몇 퍼센트나 기억하고 있을까요? 대화문으로 확인해 보세요.

091 사진을 업로드 했다고 할 때

kaiwa 091.mp3

A　もう自撮り(じどり)を載(の)せたの？

B　うん。좀 전에 사진을 올렸어. 0907

A　本当(ほんとう)？早(はや)く見(み)たいね。

B　댓글 좀 부탁해! 0921

- **自撮り**(じどり) 셀카　**載せる**(のせる) (글, 사진 등을) 올리다, 싣다

092 악플러는 진짜 싫다고 할 때

kaiwa 092.mp3

A　掲示板(けいじばん)がまた炎上(えんじょう)してるよ。

B　악플러는 진짜 싫어! 0929

A　いちいち反応(はんのう)することないよ。

B　うん、その通(とお)り！ 악플러는 무시하는 게 제일이야. 0930

- **炎上**(えんじょう) 악플 쇄도　**その通り**(とおり) 옳소, 바로 그거야

091

A 벌써 셀카를 올렸어?

B 응. さっき写真(しゃしん)をアップしたよ。 0907

A 정말? 빨리 보고 싶네.

B コメント、お願(ねが)いね！ 0921

092

A 게시판이 악플로 도배되었어.

B 荒(あ)らしは大嫌(だいきら)い！ 0929

A 일일이 반응할 필요 없어.

B 응, 바로 그거야! 荒(あ)らしはスルーが一番(いちばん)だよ。 0930

093 사진 촬영이 취미라고 할 때

kaiwa 093.mp3

A 사진 문자, 고마워! 0934

B 景色(けしき)がきれいだったから、撮(と)ってみたの。

A すごくきれいだったよ。
写真(しゃしん)撮(と)るのが趣味(しゅみ)なんだね。

B うん。그냥 나 혼자만의 붐이야. 0986

- 写真(しゃしん)を撮(と)る 사진을 찍다

094 구글로 검색해 보라고 할 때

kaiwa 094.mp3

A あの人(ひと)が彼(かれ)の新(あたら)しい彼女(かのじょ)だよ。

B 현실에 충실한 사람이네. 0961 うらやましい!

A リア充(じゅう)って、何(なに)?

B リア充(じゅう)、知(し)らないの? 구글로 검색해 보지 그래? 0962

- うらやましい 부럽다

093

A　写(しゃ)メ、ありがとう！ 0934

B　경치가 예뻐서 찍어 봤어.

A　엄청 예뻤어. 사진 찍는 것이 취미구나.

B　응. ただのマイブームだよ。 0986

094

A　저 사람이 그의 새 여자 친구야.

B　リア充(じゅう)だよね。 0961 부럽다!

A　リア充(じゅう)라는 게 뭐야?

B　リア充(じゅう) 모르니? ググってみたら？ 0962

095 졸혼이 붐이라고 할 때

kaiwa 095.mp3

A 最近(さいきん)、황혼 이혼도 늘고 있는 것 같아! 0978

B 違(ちが)うよ。今時(いまどき)はね、離婚(りこん)より卒婚(そつこん)がブームだって。

A そうなんだ。やけに詳(くわ)しいね!

B うちの両親(りょうしん)も 결국, 졸혼해 버렸어. 0979

- 今時(いまどき) 요즘 やけに 엄청 詳(くわ)しい 자세히 알고 있다

096 유리 멘탈이라고 할 때

kaiwa 096.mp3

A 田中君(たなかくん)、今日(きょう)休(やす)むそうだよ。

B ちょっと注意(ちゅうい)しただけなのに。유리 멘탈이네. 0966

A 相当凹(そうとうへこ)んでるみたい!

B こっちこそ 이미 멘탈 붕괴야. 0967

- 凹(へこ)む 기가 죽다, 굴복하다

095

A 요즘 熟年離婚(じゅくねんりこん)も増(ふ)えてるみたい! 0978

B 아니야. 요즘엔 말이야, 이혼보다 졸혼이 붐이래.

A 그렇구나. 엄청 자세히 알고 있네.

B 우리 부모님도 結局(けっきょく)、卒婚(そつこん)しちゃったの。 0979

096

A 다나카 군, 오늘 쉰대.

B 좀 주의를 주었을 뿐인데. 豆腐(とうふ)メンタルだね。 0966

A 상당히 기가 죽어 있는 것 같아!

B 나야말로 もうメンタル崩(くず)れよ。 0967

097 대박상품이라고 할 때

kaiwa 097.mp3

A　こんなにたくさん買(か)ったの？

B　スーパーで安売(やすう)りしてたから、대량구매 하고 말았어! 0968

A　衝動買(しょうどうが)いじゃない？

B　違(ちが)うよ。今(いま)ね、이거, 대박상품이야. 0970

• 安売(やすう)りする 싸게 팔다　衝動買(しょうどうが)い 충동구매

098 고양이와 노는 것이 힐링이라고 할 때

kaiwa 098.mp3

A　普通(ふつう)、家(いえ)で何(なに)してる？

B　猫(ねこ)と遊(あそ)ぶの。私(わたし)にとって 최고의 힐링이야. 0982

A　分(わ)かる！ 頭(あたま)をなでなでするのもいいだろう。

B　うん。見(み)てるだけで 안구 정화가 되네. 0981

• 普通(ふつう) 보통, 일반적으로　なでなでする 쓰다듬다

097

A 이렇게 많이 샀어?

B 슈퍼에서 세일했기 때문에 大人(おとな)買(が)いしちゃった！ 0968

A 충동구매 아니야?

B 아니야. 지금 말이지, これ、バカ売(う)れだよ。 0970

098

A 보통 집에서 뭐 해?

B 고양이와 놀아. 나에게 있어서 最高(さいこう)の癒(いや)しだよ。 0982

A 알아! 머리를 쓰다듬어 주는 것도 좋지.

B 응. 보고만 있어도 目(め)の保養(ほよう)になるね。 0981

099 그녀는 40세 전후라고 할 때

kaiwa 099.mp3

A　あの人(ひと)、マジでタイプなんだよね。

B　でも、그녀는 40세 전후일 거야. 0990

A　うっそ! きれいすぎて、てっきりアラサーだと思(おも)ってた。

B　それにしても、저 사람은 아우라가 굉장하네. 0997

- マジで 진짜로　てっきり 틀림없이　アラサー 30세 전후　それにしても 그건 그렇다 치고

100 술자리에서 음주를 강요하지 말라고 할 때

kaiwa 100.mp3

A　じゃ、飲(の)んで! 飲(の)んで! 一気(いっき)!

B　それは 술희롱이니까 그만둬! 1000

A　まだ若(わか)いんだから、大丈夫(だいじょうぶ)だよ。
　　오늘밤은 신나게 노는 거야! 0989

B　変(へん)なこと、言(い)わないで! 白(しら)けるよ。

- 白(しら)ける 흥이 깨져서 어색한 분위기가 되다

099

A　저 사람, 진짜 내 스타일이야.

B　그렇지만, 彼女(かのじょ)はアラフォーだろう。 0990

A　거짓말! 너무 예뻐서, 틀림없이 30대 전후라고 생각했어.

B　그건 그렇다 치고, あの人(ひと)はオーラがすごいね。 0997

100

A　자, 마셔! 마셔! 원샷!

B　그것은 アルハラだから、やめて！ 1000

A　아직 젊으니까 괜찮아. 今夜(こんや)はパリピだ！ 0989

B　이상한 말, 하지 마! 분위기 깨지네.

ㅈ

ㅊ

일본어회화 핵심패턴 233

233개 기초 패턴으로 일본어 말문이 트인다!

회화의 기초를 짱짱하게 다져주는 필수 패턴만 엄선했다!
초급자의 발목을 잡는 동사활용, 문법도 패턴으로 쉽게 끝낸다!

난이도: 첫걸음 | **초급** | **중급** | 고급

기간: 80일

대상: 회화의 기초를 다지고 싶은 초급자

목표: 내가 하고 싶은 일본어 표현 자유자재로 만들기

비즈니스 일본어회화& 이메일 핵심패턴 233

인현진 지음 | 312쪽 | 16,800원

일본 비즈니스의 모든 상황은 233개 패턴으로 이뤄진다!

전화 통화, 출장, 프레젠테이션, 이메일 등 비즈니스 현장에서 겪게 되는 모든 상황을 모아, 꼭 필요한 233개 패턴으로 압축했다. 비즈니스 회화뿐만 아니아 이메일까지 한 권으로 OK!

난이도 첫걸음 | 초급 | 중급 | 고급

기간 80일

대상 일본을 대상으로 비즈니스를 해야 하는 직장인, 고급 표현을 익히고 싶은 일본어 초중급자

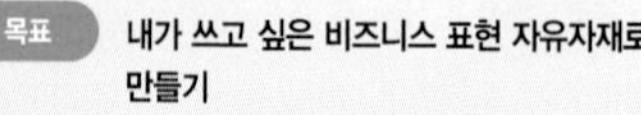

목표 내가 쓰고 싶은 비즈니스 표현 자유자재로 만들기

네이티브가 매일 쓰는 이 말,
무슨 뜻일까요?

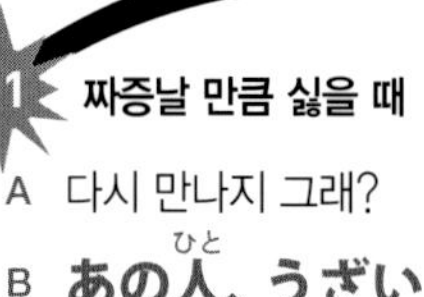

01 짜증날 만큼 싫을 때

A 다시 만나지 그래?

B **あの人(ひと)、うざい！**

▶ 정답은 41쪽에

02 감동을 받았다고 할 때

A 이 영화 봤어?

B 응. **胸(むね)にジーンと来(き)た！**

▶ 정답은 77쪽에

03 대충이라고 할 때

A 다 되었는데요.

B **かなりアバウトだね。**

▶ 정답은 179쪽에

04 간식을 준비했을 때

A 출출할 때 드세요.

B 정말 **気(き)が利(き)くね。**

▶ 정답은 193쪽에

The Native Japanese Speaks Easily -1000 Sentences

네이티브는 쉬운 일본어로 말한다 – 1000문장 편

03730

9 791159 241147

ISBN 979-11-5924-114-7

값 16,000원